Kognitive Landschaften von Lehrern

D1734115

Europäische Hochschulschriften

Publications Universitaires Européennes
European University Studies

Reihe VI
Psychologie

Série VI   Series VI
Psychologie
Psychology

Bd./Vol. 409

PETER LANG
Frankfurt am Main · Berlin · Bern · New York · Paris · Wien

Matthias Alexander Grimm

Kognitive Landschaften von Lehrern

Berufszufriedenheit und
Ursachenzuschreibungen angenehmer
und belastender Unterrichtssituationen

2. Auflage

PETER LANG
Europäischer Verlag der Wissenschaften

Die Deutsche Bibliothek - CIP-Einheitsaufnahme

Grimm, Matthias Alexander:

Kognitive Landschaften von Lehrern : Berufszufriedenheit und Ursachenzuschreibungen angenehmer und belastender Unterrichtssituationen / Matthias Alexander Grimm. - 2. Aufl. - Frankfurt am Main ; Berlin ; Bern ; New York ; Paris ; Wien : Lang, 1996
    (Europäische Hochschulschriften : Reihe 6, Psychologie ; Bd. 409)
    Zugl.: Hamburg, Univ., Diss., 1992
    ISBN 3-631-30331-9

NE: Europäische Hochschulschriften / 06

D 18
ISSN 0531-7347
ISBN 3-631-30331-9

© Peter Lang GmbH
Europäischer Verlag der Wissenschaften
Frankfurt am Main 1993
2. Auflage 1996
Alle Rechte vorbehalten.

Printed in Germany 1 2 3 4 6 7

Inhaltsverzeichnis

Vorwort zur 2. Auflage

Die vorliegende Schrift ist das Ergebnis einer fast sieben Jahre dauernden empirischen Forschungsuntersuchung, die am Fachbereich Psychologie der Universität Hamburg Ende 1985 begonnen und Mitte 1992 abgeschlossen wurde.

Die für den wissenschaftlichen Bereich verhältnismäßig große Resonanz auf die erste Auflage dieses Buchs und die fortwährende Aktualität von lehrerbezogenen Themen wie "Streß im Unterricht", "Lehrerbelastung", "Lehrer-Burnout", "Berufszufriedenheit von Lehrern" usw. machen nun eine Zweitauflage erforderlich.

Nach Fertigstellung dieser Arbeit bzw. Herausgabe der ersten Auflage erschienen weitere Fachbücher und -artikel, die sich aus zum Teil unterschiedlichen Blickwinkeln mit den obengenannten Themen befassen. Den Schwerpunkt jedoch bilden Veröffentlichungen zum Thema "Lehrer-Burnout", u.a. von A.-R. BARTH (Burnout bei Lehrern, Göttingen 1992), von H. GUDJONS (Entlastung im Lehrerberuf, Hamburg 1993) und von E. MEYER (Burnout und Streß, Praxismodelle zur Bewältigung, Hohengehren 1994). Darüber hinaus steht mit dem Heidelberger Burnout-Test (BOT) nunmehr auch ein lehrerspezifisches Diagnostikum zur Verfügung, das 20 Aspekte im Zusammenhang mit Tätigkeit, Einstellungen und Erleben von Lehrern erfaßt.

Aber auch regelmäßige Veröffentlichungen in der Tages- und Wochenpresse über den Lehrerberuf und Mißstände an den Schulen, zum Teil vor dem Hintergrund gesellschaftlicher Entwicklungen wie Kostendruck im öffentlichen Bereich, Flexibilisierung der Arbeitszeit und Innovationsdruck im Bildungswesen rücken diesen Berufsstand immer wieder ins öffentliche Bewußtsein. Mehr denn je sind Lösungen zur Verbesserung der Situation von Lehrern gefragt; diese müssen jedoch mehr als bisher in unterschiedliche Richtung gehen. Politische und kollektive Lösungsansätze haben zwar weiterhin ihren Wert, verlieren jedoch im Zuge zunehmender Autonomie der Schulen und jedes einzelnen Lehrers an Bedeutung. Dieser Eindruck wird auch gestützt durch meine eigenen Erfahrungen in der Zusammenarbeit mit einzelnen Lehrern und Lehrergruppen: Durch das subjektive Erleben der Schwerfälligkeit und Begrenztheit von institutionellen Veränderungsprozessen und behördlicher Unterstützung zeigen Lehrer zunehmend Interesse und Bereitschaft, selbst Verantwortung für ihr Handeln und Erleben zu übernehmen, z.B. auch selbstgesteuert durch Team-orientierte Arbeitsformen.

Die Ergebnisse der hier veröffentlichten Untersuchung und die daraus gezogenen Schlußfolgerungen sind nach kritischer Reflexion noch immer aktuell und bieten interessierten Lehrern und Forschern reichhaltiges Material für die Praxis bzw. weiterführende Fragestellungen.

Mein Dank gilt allen Lehrern, die sich damals im Rahmen der Datenerhebungsphase die Zeit nahmen und im Fragebogen bereitwillig Auskunft gaben. Ohne ihr Engagement und ihre Offenheit hätte diese Studie nicht realisiert werden können. Ganz besonders bedanken möchte ich mich bei denjenigen Lehrern, die mithalfen, weitere Fragebögen an Kollegen zu verteilen und somit dazu beitrugen, den Absatz der Bögen nach dem Schneeballsystem zu vervielfachen. Erwähnen möchte ich in diesem Zusammenhang auch den "Verband Bildung und Erziehung" mit seinen Landesverbänden, die "Gewerkschaft Erziehung und Wissenschaft" mit ihren Landesverbänden, die "Institute für Lehrerfort- und Weiterbildung" in Mainz und Bremen und das "Hessische Institut für Bildungsplanung und Schulentwicklung", die bereit waren, mir eine größere Zahl von Fragebögen abzunehmen bzw. Adressen von Ansprechpartnern zu nennen. Insbesondere der Kontakt zu den Landesverbänden der genannten Organisationen ermöglichte eine einigermaßen flächendeckende Verbreitung des Fragebogens über das (alte) Bundesgebiet.

Ein Hinweis zum Sprachgebrauch: Wenn in dieser Arbeit von "Lehrern", "Schülern", "Politikern" usw. gesprochen wird, sind damit selbstverständlich auch "Lehrerinnen", "Schülerinnen", "Politikerinnen" usw. gemeint. Die deutsche Sprache erweist sich bei geschlechtsneutralen Formulierungen als außerordentlich widerspenstig. Würde man konsequenterweise auch Pronomen weiblich und männlich deklinieren, wäre dieser Text unter sprachästhetischen Gesichtspunkten unerträglich und ungenießbar.

Hamburg, im April 1996   Matthias Alexander Grimm

1. Lehrer und Unterrichtssituationen - ein Modell der kognitiven Landschaft

1.1. Ausgangslage und Problemstellung

Es gibt kaum einen Berufsstand, dem eine solche Bedeutung zukommt wie dem des Lehrerberufs. Das liegt zum einen an der großen Zahl von Lehrern in unserem Lande, die eine Großstadt wie Frankfurt am Main bevölkern könnten (ca. 650.000 Lehrer allein in den alten Bundesländern), zum anderen in der Tatsache begründet, daß ausnahmslos jeder im Laufe seiner Schulzeit eine Reihe von Lehrern in ihrer Berufsausübung über viele Jahre unmittelbar erlebt hat.

Nicht zuletzt deshalb steht die Schule - und als deren Repräsentant der Lehrer - im Blickfeld öffentlicher Aufmerksamkeit und im Brennpunkt unterschiedlicher, einander häufig widerstreitender Interessen. Schüler, Eltern, Lehrer, Politiker, Kultusbürokratien, Interessenverbände, Gewerkschaften und Wirtschaft artikulieren Forderungen und Erwartungen an die Schule, denen sie gerecht werden soll. Diese Vorstellungen divergieren, da sie von unterschiedlichen Grundpositionen ausgehen (SCHÖNEMEIER, 1979). Erwartungen und Kritik manifestieren sich in regelmäßigen Abständen in den Medien. Schlagzeilen wie "Verdummt eine Generation?" (STERN, 8/1988) oder "Volle Klassen und Lehrermangel - Düstere Zukunft für Unterricht" (HAMBURGER ABENDBLATT, 24./25.08.1991) machen die Runde. Selbst DER SPIEGEL lieferte in letzter Zeit drei Titelstorys zum vorliegenden Thema: "Tollhaus Schule" (15/1988), "Verbummelte Zeit - Deutscher Bildungstrott, zuviel Schule, zu langes Studium" 38/1990) sowie "Chaos Schule - Mißwirtschaft im Klassenzimmer" (41/1991). Je nach Intention erscheinen Lehrer mal als die Opfer einer schwerfälligen Administration, mal als die Schuldigen verheerender Qualifikationsdefizite bei den Schülern, mal als Handlanger der Wirtschaft. Dies sind Schlaglichter, die die unterschiedlichen Facetten der öffentlichen Person "Lehrer" beleuchten und kommunizieren.

Auf der wissenschaftlichen Ebene, in der Lehrerforschung, lassen sich grob folgende drei Linien ausmachen (nach RHEINBERG & MINSEL, 1986):

1. Die Erforschung effektspezifischer Lehrervariablen:
   Untersucht wird, wie weit bestimmte Einstellungen und Verhaltensweisen des Lehrers über die Unterrichtssituation auf die Schüler Einfluß nehmen. Ziel ist es, herauszufinden, wie der Lehrer Lernsituationen gestaltet und die Motivation der Schüler fördert. Das Hauptinteresse gilt schülerseitigen Effekten. In diesen Bereich fallen die Untersuchungen zum "guten Lehrer" und zum "idealen Unterrichtsstil", z.B. in der Erziehungspsychologie von TAUSCH und TAUSCH (1979), aus deren Umfeld eine Vielzahl der auf die Lehrerforschung bezogenen empirischen Untersuchungen stammt.

2. Die Erforschung von Lehrerkognitionen:
Hier versucht man, das Lehrerverhalten handlungstheoretisch zu rekonstruieren. Über ein System vermittelnder Kognitionen werden die Unterrichtsaktivitäten des Lehrers aufgeklärt und vorhergesagt. Das Aufspüren subjektiver Theorien von Lehrern soll Aufschluß über kognitive Prozesse bei der Beurteilung von Schülern, bei der Unterrichtsplanung, beim Umgang mit Schwierigkeiten im Unterricht usw. geben (vgl. hierzu HECKHAUSEN, 1974; KRAMPEN, 1986; MANDL & HUBER, 1983b).

3. Erforschung der Auswirkungen des Berufs auf den Lehrer:
Diese Richtung befaßt sich mit der Frage, wie Lehrer ihre Tätigkeit erleben und wie sich der Unterricht bei ihnen auswirkt. Hierzu gehören Untersuchungen zu den Emotionen des Lehrers im Unterricht, zur Berufsmotivation, zur Berufszufriedenheit und zur Berufssozialisation. Bei diesen Forschungsansätzen steht eindeutig die Person des Lehrers im Mittelpunkt. Es geht nicht um Auswirkungen auf die Schüler, im Gegenteil: Diesen kommt vielmehr die Bedeutung unabhängiger Einflußgrößen zu.

Die vorliegende Studie läßt sich der Intention nach dem drittgenannten Bereich zuordnen. Jedoch lassen sich an einigen Stellen Brücken zu den anderen Bereichen schlagen. Zum Teil bedient sich diese Studie des Vokabulars der Lehrer-Kognitionsforschung, so daß Zusammenhänge insbesondere zwischen diesen beiden Forschungslinien deutlich werden.

Die Erforschung der Auswirkungen des Berufs auf den Lehrer hat in der Pädagogischen Psychologie wenig Tradition. Das liegt nach RUDOW (1990a) daran, daß man sie eher der Arbeitspsychologie zuordnete (vgl. Übersichtsarbeit zu empirischen Untersuchungen in diesem Bereich bei RUDOW, 1990b). Die meisten Untersuchungen basieren folglich auf arbeitswissenschaftlichen Theoriekonstrukten und bedienen sich der entsprechenden Terminologie. Erfaßt werden physiologische Variablen, Inhalte der Tätigkeit usw.. Stressoren sind hierbei als von außen einwirkende Größen definiert, denen Lehrer ausgesetzt sind und die zu Belastungen führen. Ziel der meisten Untersuchungen (siehe Kapitel 1.3. Zur Arbeitsbelastung und -zufriedenheit von Lehrern) ist das Identifizieren derartiger Stressoren und das korrelative Inbeziehungsetzen mit z.B. physiologischen Symptomen. Ein solches Verständnis führte zu Datensammeln und Forschen in alle Himmelsrichtungen ohne Berücksichtigung der Komplexität und des Prozeßcharakters des Gegenstandes (vgl. auch WEIDENMANN, 1984). ULICH, MAYRING und STREHMEL (1983) bemängeln, daß in solchen Studien oft nicht einmal Quellen und Auswirkungen unterschieden werden. So können beispielsweise ungünstige Beziehungen zwischen Lehrer und Schülern das Ergebnis starker Arbeitsbelastung oder aber deren Ursache sein; Probleme im privaten Bereich ebenfalls Ursache oder Wirkung. Eine solche Betrachtungsweise legt ein mechanistisches Menschenbild zugrunde, nach dem der Lehrer als passives Wesen bestimmten Belastungssituationen scheinbar schutzlos ausgeliefert ist. Erhobene Informationen über Häufigkeit des Vorkommens von Belastungsfaktoren sagen jedoch nichts darüber aus, wie der einzelne Lehrer diese verarbeitet.

So ausschnitthaft und eingeengt die Untersuchungspläne einiger arbeitswissenschaftlicher Untersuchungen zur Lehrerbelastung sind (z.B. bei MÜLLER-LIMMROTH, 1980), so vereinfachend sind auch die Empfehlungen, die aus den Ergebnissen abgeleitet werden. So wird die Arbeitsbelastung des Lehrers durch die Arbeitszeit definiert und unterstellt, daß eine lange Arbeitszeit automatisch zu einer hohen Belastung führe. Im Umkehrschluß wird dann eine generelle Kürzung der Arbeitszeit als Kollektivmaßnahme gefordert, welche die Arbeitsbelastung für alle Lehrer senken soll. Solche Lösungsstrategien zielen an der wirklichen Problematik vorbei, da sie individuelle Merkmale des Lehrers und die daraus ableitbaren differenzierten Bedürfnisse nicht berücksichtigen.

Ziel dieser Untersuchung ist das Aufspüren der von Lehrern als angenehm bzw. als belastend wahrgenommenen Unterrichtssituationen, der dabei erlebten positiven bzw. negativen Gefühle und der Ursachenzuschreibungen, d.h. der Attribuierung dieser Erlebnisse. Darüber hinaus interessieren die Bewältigungsstrategien, mit denen Lehrer belastenden Unterrichtssituationen begegnen. Es geht hier um Zusammenhänge zwischen den genannten Parametern und um die Frage, welche kognitive Landschaft - hier definiert als attributions- und bewältigungstheoretisches Konzept - Lehrern zur Verfügung steht, um sich effizient mit Unterrichtssituationen auseinandersetzen zu können. Als ein weiteres Kriterium innerhalb des Geflechts kognitiver Parameter gilt die Zufriedenheit im Lehrerberuf. Diese Ausführungen verdeutlichen, daß die hier skizzierte Problemstellung über den rein arbeitswissenschaftlichen Ansatz weit hinausgeht, interindividuelle Differenzen impliziert und klären will, welche Situations- und Gefühlswahrnehmungen mit welchen kognitiven Strukturen korrespondieren.

Den Kern dieser Studie bilden transaktionale Konzepte, welche neuere Erkenntnisse der Belastungs- und Bewältigungsforschung (u.a. LAZARUS & LAUNIER, 1978; SCHWARZER, 1987; JERUSALEM, 1990) berücksichtigen sowie z.T. Ergebnisse aus der Lebensereignisforschung (vgl. FILIPP, 1990), welche die kognitiven Prozesse bei der Bewältigung belastender Lebensereignisse erhellen. Dieser Ansatz ist bislang vornehmlich an Patienten bzw. an Personen mit einschneidenden Lebensereignissen untersucht worden. Studien, welche die eben aufgeführten streßtheoretischen Konzepte an der Zielgruppe "Lehrer" erforschten, sind noch rar gesät. Daher besitzt diese Studie explorativen Charakter, bedient sich einer Reihe bislang nicht in Verbindung gebrachter psychologischer Konstrukte und versucht, diese miteinander zu verknüpfen.

Ziel der vorliegenden Arbeit ist es also, zu einer differenzierten Diagnose der vorhandenen Zusammenhänge zwischen den Parametern 'Unterrichtssituationen', 'Gefühle', 'Attributionen' und 'Bewältigungsstrategien' sowie 'Zufriedenheit im Beruf' zu gelangen. Ausgangspunkt der Betrachtungen ist nicht der Lehrerberuf als Ganzes, sondern fokussiert das zentrale Element "Unterricht". Aus den Ergebnissen sollen für einzelne Lehrergruppen gezielte praktische Empfehlungen abgeleitet werden, die mit Hilfe von Beratung, Training oder therapeutischer Intervention auf eine Erweiterung des kognitiven bzw. verhaltensmäßigen Repertoires abzielen.

1.2. Das Bild vom Lehrer im Wandel

Der Lehrerberuf unterscheidet sich in seiner Tätigkeits- und Anforderungsstruktur in vielerlei Hinsicht von anderen Berufen. Im Gegensatz zum Kaufmann oder Landwirt definiert er sich über die Existenz einer anderen Bezugsrolle, die des Schülers (RITSCHER, 1983). Ohne Schüler gäbe es keine Lehrer, womit der Lehrerrolle ein intermediärer Charakter zukommt. Sie bezieht sich somit auf ein Interaktionsverhältnis, wie es z.B. auch in der Rolle des Arztes (Arzt-Patient) gegeben ist.

Hinzu kommt, daß die Berufsausübung und das Lehrerverhalten von besonderem öffentlichen Interesse sind, da Lehrer an zumeist staatlichen Institutionen arbeiten, die ihre Schüler zwangsweise rekrutieren (Schulpflicht) (DÖRING, 1989). Deshalb haftet dem Lehrerberuf etwas "Öffentliches" an. Sein Bekanntheitsgrad ist höher als der anderer Berufe. Jedermann urteilt ständig über diesen Beruf, entweder als Schüler oder als Eltern von Schülern. Über pädagogische Fragen zu diskutieren, fühlt sich jeder berufen, ein Berufsbild des Lehrers zu entwerfen ebenso (PEAGITSCH, 1983; vgl. auch die grundsätzlichen Ausführungen zur gesellschaftlichen Funktion institutionalisierter Erziehung bei FEND, 1981).

Die Grenzen zwischen dem Anspruch an Schule als Institution und den explizit formulierten Erwartungen an den Lehrer als Person sind fließend. Die den Lehrern entgegengebrachten Erwartungen sind entweder diffus oder von einer einseitigen Interessenlage her bestimmt. Demgemäß wird die vom Lehrer erbrachte Leistung stets mit einem speziellen Interesse gesehen und gewertet. Die in der Literatur formulierten Ansprüche an Lehrer besagen (zusammenfassend JENDROWIAK & KREUZER, 1980), der Lehrer soll im Dienste des Staates staatstragende Werte vermitteln und politisches Engagement entfalten, als Vertreter kirchlicher Interessen soll er religiöse Gebräuche und Sitten pflegen, als Persönlichkeit soll er Leit- und Vorbilder aufbauen und einen charakterlich einwandfreien Lebenswandel führen, als Fachmann ist er verpflichtet, ein Fachgebiet voll zu beherrschen und als Pädagoge ist er schließlich angehalten, die Inhalte kindgemäß und anschaulich zu vermitteln.

Die konkreten Anforderungen verweisen auf Ansichten und Forderungen, die - in unterschiedlichem Ausmaß - bis heute virulent sind und einen Qualifikationskatalog ergeben, der eine unüberschaubare Fülle von Einzelkriterien aufweist. Der Lehrer kann sich den Ansprüchen offensichtlich kaum entziehen, sie begleiten ihn immer, sie sind Bestandteil seines täglichen Lebens. Manifest werden die latent vorhandenen und diffus formulierten Ansprüche an Lehrer dann, wenn z.B. Klagen über mangelhafte theoretische Leistungen von Auszubildenden, über Schüler mit ungenügenden Kenntnissen der Rechtschreibung, unhöfliche, randalierende und Alkohol konsumierende Jugendliche laut werden und in Schule und Lehrer gleichermaßen die Ursache dafür gesehen wird (JENDROWIAK & KREUZER, 1980). Lehrer, so ULICH (1983), werden für viele Mißstände und Probleme in der Schule verantwortlich gemacht, die jedoch tatsächlich und eindeutig zu Lasten der übergeordneten schulpolitischen Entscheidungsinstanzen gehen.

Lehrer werden in der Öffentlichkeit als Leute angesehen, die verhältnismäßig wenig arbeiten (KAHL, 1987). Als Beamte unterliegen sie nicht der Gefahr des Arbeitsplatzverlustes und können sich daher dem üblichen Leistungs- und Konkurrenzdruck relativ gut entziehen. Außerdem haben sie besonders viele Feiertage und brauchen nur vormittags an ihrem Arbeitsplatz in der Schule zu sein. WUNDER (1987) spricht in diesem Zusammenhang von Vorurteilen, die den Lehrern entgegengebracht werden, und die aus der besonderen Struktur des Arbeitsplatzes gespeist werden. Daß Vor- und Nachbereitung vielfach nachmittags und abends zu Hause, zusätzliche Aktivitäten wie Klassenreisen, Schülerfeste und Elternabende stattfinden, schlägt im öffentlichen Ansehen nicht zu Buche.

Insbesondere in den siebziger Jahren beschäftigten sich zahlreiche Autoren mit der Lehrerrolle und den daraus resultierenden Konflikten. DÖRING (1989) faßt die einschlägige Literatur zum Rollenansatz in einem Drei-Ebenen-Modell zusammen:

1. Gesellschaftliche Ebene:
   Dieser Themenkomplex bezieht sich auf den Zusammenhang Gesellschaft-Schule-Lehrer, d.h. auf die Ambivalenz der Schule als Instrument zur Erlangung individueller und gesellschaftlicher Tüchtigkeit bei gleichzeitigem Vorhandensein der Schulpflicht und dem damit verbundenen Zwangscharakter. Darüber hinaus werden Sozialstatus und -prestige erörtert.
2. Historische Ebene:
   Hier werden Fragestellungen und Problemkreise diskutiert, die sich mit der Entstehungsgeschichte des Lehrerstandes im allgemeinen und der Sozialgeschichte verschiedener Lehrergruppen im besonderen beschäftigen.
3. Berufsspezifische Ebene:
   Hier liegt das Schwergewicht der Rollendebatte, in der Fragen zu den Eigenheiten des Lehrerberufs, Arbeitsbedingungen, Werte des Lehrerverhaltens, Gesichtspunkte bei der Berufswahl und -ausbildung und Konflikte beim Berufsvollzug diskutiert werden.

REINHARDT (1978) geht von einer dreifachen Konfliktstruktur der Lehrerrolle aus: dem Konflikt zwischen Selektions- und Erziehungsfunktion, dem Konflikt zwischen langfristigen pädagogischen Zielen und aktuellen Schülerbedürfnissen, dem Konflikt zwischen der Orientierung am einzelnen Schüler und an der Schülergruppe. Gerade der Widerspruch zwischen der Begutachter- und Selektionsfunktion einerseits und der kompensatorisch-edukativen Funktion mit einem demokratischen, partnerschaftlichen Führungsstil andererseits ist nach NAVE-HERZ (1973) unvereinbar. Der Lehrer ist demnach Richter und Anwalt des Kindes in Personalunion. Nach RÖSEL (1974) erwächst der Konflikt aus dem Widerspruch zwischen der pädagogischen Selbstrolle und den gegenläufigen Erwartungen in den jeweiligen Rollensegmenten der Lehrerrolle (Lehrer-Schüler, Lehrer-Eltern, Lehrer-Schulbürokratie usw.).

Es lassen sich eine Reihe weiterer rollentheoretischer Konstrukte aufzählen: Nach KLOSE (1971) befindet sich der Lehrer in einem Geflecht hierarchisch bedingter Abhängigkeiten innerhalb der Schule (Schüler, Kollegen, Schulleiter usw.) sowie außerhalb (Eltern, Wirtschaft usw.). Weitere Autoren betonen die intermediäre Funktion des Lehrers, als Mittler zwischen den Generationen (KOB, 1959), als Bindeglied zwischen Schulorganisation und Schulklasse (KNAPP, 1985), wieder andere die Diffusität, die dem Lehrer aufgrund der Unbestimmtheit seiner Aufgaben Spielräume beschert, welche er wegen fehlender Bestimmungskriterien für Handlungsstrategien nicht nutzen kann (GÖTZ, 1973).

Auf der Ebene der Anforderungen an den Lehrerberuf unterscheiden RHEINBERG und MINSEL (1986) drei Dimensionen:

1. Die didaktisch-methodische Dimension,
   womit das lehrhandwerkliche Geschick bei Planung, Durchführung und Bewertung des Unterrichts gemeint ist.
2. Die edukative Dimension,
   welche Techniken pädagogischer Verhaltensmodifikationen umfaßt.
3. Die institutionell-rechtliche Dimension,
   die sich auf staatliche Reglementierungen des Unterrichts- und Erziehungsgeschehens bezieht.

Ungeachtet aller kritisch-reflektorischer Betrachtungen nimmt der Beruf des Lehrers in der Prestigehierarchie unserer Gesellschaft einen Platz im oberen Drittel der Rangreihe ein. DIETERICH (1983) referiert eine Reihe von Untersuchungen, die aber auch deutlich machen, welche Unsicherheit bei Lehrern in der Selbstwahrnehmung des eigenen beruflichen Ansehens anzutreffen sind. Das mag auch daran liegen, daß die Ausstattung des Lehrers mit Statussymbolen, so DIETERICH (1983), vergleichsweise spärlich ist. Der Uniform des Offiziers, der Robe des Richters und dem Kittel des Arztes hat der Lehrer nichts entgegenzusetzen. Er verfügt über keine Praxis, kein Büro und keine Mitarbeiter.

Abschließend ist festzustellen, daß das Interesse an der Konfliktträchtigkeit der Lehrerrolle, legt man die Anzahl der Veröffentlichungen zu diesem Thema zugrunde, in den vergangenen Jahren spürbar abgenommen hat. Ein Grund dafür mag darin liegen, daß die verschiedenen Rollenmodelle trotz deren Differenziertheit dem Lehrer kaum praktisches Werkzeug an die Hand gegeben haben, das ihm als Wegweiser aus Konfliktsituationen dienen konnte. Der Lehrer fungiert in den Rollenmodellen als abhängige Variablen externer Einflußgrößen. Wirken zwei davon in antagonistischer Weise, so kommt es automatisch zum Rollenkonflikt innerhalb der Lehrerpersönlichkeit. Zieht man die praktische Konsequenz aus solchen Modellen, so ist eine Lösung eines solchen Konfliktes ausschließlich durch externen Zugriff möglich. Dies kann den Lehrer auf Dauer nicht befriedigen, insbesondere dann nicht, wenn in bestimmten Problemsituationen äußere Hilfe auf sich warten läßt.

1.3. Zur Arbeitsbelastung und -zufriedenheit von Lehrern

Arbeitsbelastung und Arbeitszufriedenheit von Lehrern wurden bislang aus den verschiedensten Blickwinkeln, verbunden mit z.T. unterschiedlichen Interessen, beforscht. Ausgehend von den bereits in Kapitel 1.1. (Ausgangslage und Problemstellung) angedeuteten Fragestellungen und Überlegungen werden an dieser Stelle einige empirische Befunde zur Arbeitsbelastung und -zufriedenheit von Lehrern kurz vorgestellt.

1.3.1. Zur Arbeitsbelastung von Lehrern

MÜLLER-LIMMROTH (1980) unternahm einen umfassenden Versuch, die den Lehrer "objektiv" belastenden Faktoren zu ermitteln. Dazu befragte er 185 Lehrer aus allen Schularten und ermittelte eine durchschnittliche Wochenarbeitszeit von 53 Stunden und 23 Minuten. Zusätzlich zur reinen Unterrichtszeit von 18 Stunden und 27 Minuten kamen Vor- und Nachbereitung, Korrekturen, Konferenzen, Pausenzeiten und weitere Tätigkeiten - überwiegend organisatorischer und pädagogischer Art -, die den weitaus größeren Teil der Arbeit, nämlich 34 Stunden und 56 Minuten, ausmachten. 43% der befragten Lehrer leisteten zudem Sonntagsarbeit. Weitere Lehrer-Ergebnisse:

- 87,6% fühlten sich überbeansprucht;
- 56,7% hielten die Klassen für zu groß;
- 76,5% sagten aus, sie übten ihren Beruf gern aus, 12,7%, sie seien unzufrieden;
- 57,4% nannten das Schülerverhalten positiv, 22,2% negativ bzw. aggressiv;
- 64,3% beurteilten die Konzentrationsfähigkeit der Schüler als negativ;
- 57,2% nannten die Räumlichkeiten als unzureichend;
- 51,4% gaben an, sie hätten ungenügende Lehrmittel;
- 67,4% fühlten sich durch Lärm von außen gestört;
(vgl. auch die Übersicht zu Untersuchungen zur Lehrerarbeitszeit bei KISCHKEL, 1984).

SAUPE und MÖLLER (1981) gehen in ihrem Belastungskonzept über das MÜLLER-LIMMROTHsche (1980) Streßverständnis hinaus und implizieren Prozesse der kognitiven Streßverarbeitung bei Lehrern. Sie definieren Streß als Ausdruck eines Mißverhältnisses zwischen äußeren Belastungsfaktoren einer Arbeitssituation und den subjektiven und objektiven Möglichkeiten einer Person, damit zurechtzukommen. Sie befragten 404 über die Mitgliederkartei der GEW Berlin gewonnene Lehrer unterschiedlicher Schultypen, die zu verschiedenen Belastungsaspekten Stellung nehmen sollten. Folgendes Bild zeigte sich:

- 71,1% hatten das Gefühl, nie mit ihrer Arbeit fertig zu sein;
  dies führt zu dem Empfinden, nicht abschalten zu können und stets weiterarbeiten zu müssen;
- 30,3% der Lehrer äußerten Schuldgefühle;

sie meinten, für den Unterricht unzureichend vorbereitet zu sein und bei Konflikten zu wenig helfend und klärend einzugreifen;
- 18,3% der Lehrer verfügten über soziale Unterstützung;
  sie tauschten mit Kollegen regelmäßig Erfahrungen aus;
- 33,8% gaben an, Kontrolle über die Arbeitsbedingungen zu haben;
  gemeint ist die Möglichkeit, Bedingungen und Tätigkeiten nach eigenen Zielen und Interessen zu beeinflussen;
- 78,0% meinten, sich in einem Rollenkonflikt zu befinden;
  sie sahen sich unterschiedlichen, sich gegenseitig ausschließenden Erwartungen und Ansprüchen ausgesetzt;
- 66,5% fühlten sich in ihrem privaten Leben beeinträchtigt;
  dies wird verursacht durch konkrete Arbeitsbelastung bzw. mangelnde Fähigkeit, Berufs- und Privatleben voneinander abzugrenzen;
- 49,4% sagten aus, sie hätten Konflikte mit der Disziplin;
  Probleme der Aufrechterhaltung von Disziplin im Unterricht ist ein zentrales Thema der inneren Konflikte für Lehrer;
- für 38,9% stimmten Person-Umwelt nicht überein;
  dies bedeutet ein empfundenes Mißverhältnis zwischen den subjektiven Möglichkeiten und Ansprüchen und den tatsächlichen Anforderungen und Entfaltungsmöglichkeiten;
- 55,7% der Lehrer gaben an, nach Schulschluß erschöpft zu sein;
  sie fühlten sich nicht mehr in der Lage, unmittelbar im Anschluß weiterzuarbeiten;
- 19,0% hielten sich für depressiv;
  depressiv im Sinne von Mattigkeit, psychischer Passivität und Resignation;
- 61,5 der Lehrer äußerten, sie seien gereizt;
  Belastungen bestimmen über den Arbeitsalltag hinaus ihr Erleben und Verhalten;
- 11,7% nannten verschiedene psychosomatische Beschwerden.

Als geschätzte wöchentliche durchschnittliche Gesamtarbeitszeit gaben die befragten Lehrer 48 Stunden und 58 Minuten an. Insgesamt äußerten sich junge Lehrer stärker belastet als erfahrenere.

Den entscheidenden Belastungsfaktor sieht KAHL (1987) in der Tatsache begründet, daß die o.g. Aufgaben pädagogischer und organisatorischer Art nicht klar definiert sind, sondern jedem Lehrer Interpretationsspielraum lassen. Jeder Lehrer muß selbst entscheiden, wann und warum er seine Aufgaben als erledigt ansieht. Es existieren keine verbindlichen und eindeutigen Kriterien. Als weiteren Belastungsfaktor sieht KAHL (1987) die Zensurengebung, da diese von ihren Grundsätzen her umstritten ist und die Lehrer diese nur sehr eingeschränkt in gerechter Weise handhaben können.

BIENER (1988) berichtet von einer Untersuchung an 325 Schweizer Lehrern, die zu ihrem Streßerleben in unterschiedlichen Lebensbereichen befragt wurden, u.a. Berufsstreß, Familienstreß, Freizeitstreß, Gesundheitsstreß. 21% der Lehrer fühlten sich überlastet, davon auffällig mehr Männer als Frauen. Zählt man die mittleren Belastungswerte hinzu, so sind sogar 60% der Lehrkräfte beruflich gestreßt. Dafür nannten die Lehrer die unterschiedlichsten Gründe, z.B. "ich bin zu sensibel", "habe schlechte Arbeitsbedingungen", "Sorgen mit Schülereltern". Zwei Gruppen von Lehrern ließen sich herausgliedern, die eine sucht die Ursachen eher bei sich selbst, die andere eher in den äußeren Bedingungen.

KYRIACOU und SUTCLIFFE (1978) befragten 257 Lehrer in England nach ihren Streßursachen. Per Faktorenanalyse ermittelten sie vier Faktoren:

1. Schüler-Fehlverhalten:
   Unruhe, schwierige Klassen, Unfreundlichkeit, mangelndes
   Interesse, geringe Fähigkeiten.
2. Schlechte Arbeitsbedingungen:
   keine Beförderung, niedriges Gehalt, schlechte Ausstattung, große Klassen, zu viele Unterrichtsstunden.
3. Zeitdruck:
   zu viel Arbeit, administrative Arbeit, zu wenig Zeit, um den Unterricht vorzubereiten, zu wenig Zeit für einzelne Schüler.
4. Mangelnder Schulethos ("poor school ethos"):
   inadäquate "Disziplinpolitik" der Schule, Einstellungen und Verhalten des Schulleiters, schlechte Arbeitsmoral.

Lehrerinnen empfanden Verhaltensdefizite der Schüler als stressender als Lehrer. Jüngere und unerfahrenere Lehrer beurteilten zahlreiche Faktoren als stressender als erfahrenere, u.a. "schwierige Klassen", "Disziplin wahren", "geringe Aufstiegschancen".

Folgende Untersuchungen berücksichtigen belastende Faktoren speziell in Unterrichtssituationen:

WULK (1988) analysiert den Lehrerberuf und die daraus resultierenden Belastungen über den Arbeitsplatz, der dreigeteilt ist: Unterricht, Schule außerhalb der Klasse und häuslicher Arbeitsplatz. Von 68 Lehrern beruflicher Schulen erhob WULK (1988) kritische Situationen an den drei Arbeitsplätzen und verdichtete diese mittels Inhaltsanalyse. An dieser Stelle seien nur die Störbedingungen am Arbeitsplatz "Unterricht" dargestellt:

1. Disziplinarische Störungen:
   allgemeine Störungen, Konflikte zwischen den Schülern, Verweigerung der Mitarbeit.
2. Lärm- und Geräuschbelästigung des Lehrers:
   Lärm in der Klasse, durch Hypermotorik und Unruhe verursachte Geräuschkulisse.
3. Mangelhafte Lernvoraussetzungen bei den Schülern:
   keine Lernbereitschaft, Lese- und Rechtschreibstörungen.
4. Schulorganisatorische Störungen, Kritik der Schüler:
   Schulorganisatorische Störungen des Unterrichts, d.h. fehlende Fachräume und Gerätschaften sowie Kritik der Schüler an Kollegen bzw. Schule.

5. Mängel des Lehrers:
   eigene negative Befindlichkeit, Lehrer reagiert aggressiv, Lehrer findet zu Schülern keinen Kontakt.

KRIEGER et al. (1976) ermittelten, in welchem Ausmaß Lehrer durch verhaltensauffällige Schüler belastet werden. 226 Lehrer bearbeiteten eine Symptomliste. Eine Faktorenanalyse ergab folgende sechs Dimensionen:

1. Unterrichtsbehinderung durch Unruhe:
   Schwatzen, vorlautes Verhalten, Spielereien, Unfug, Bewegungsunruhe, Aufmerksamkeitsstörungen, Arbeitsunlust.
2. Unterrichtsbehinderung durch Fähigkeitsmangel:
   mangelndes Selbstvertrauen, Störungen der Merkfähigkeit, Unselbständigkeit.
3. Aggressive Verhaltensweisen:
   Unterdrückung anderer, auffällige Aggressivität, Intoleranz, gegenseitige Ablehnung, unfaires Verhalten.
4. Schwere Vergehen:
   Stehlen, Schuleschwänzen, Lügen, Betrügen.
5. Unkameradschaftliches Strebertum:
   Arbeitswut, Konkurrenzverhalten, Strebertum, Übergefügigkeit, Petzen.
6. Außenseiter- und Cliquenprobleme:
   Einzelgängertum, Abkapselung, Cliquenbildung.

Die weiteren Analysen ergaben, daß mit zunehmendem Alter der Schüler die unterrichtsbehindernden Aktivitäten ab-, die Passivität der Schüler jedoch zunahm. Die mittleren Altersstufen sind vor allem durch Schwierigkeiten im Sozialverhalten gekennzeichnet. Die befragten Lehrerinnen äußerten insgesamt größere Schwierigkeiten als die Lehrer. Beim Stadt-Land-Vergleich ergab sich, daß Schwierigkeiten durch das Verhalten der Schüler untereinander von den Lehrern in der Stadt stärker empfunden wurden.

Es gibt, wie schon angedeutet, eine Reihe von Hinweisen, nach denen insbesondere junge Lehrer belasteter sind als erfahrenere (SAUPE & MÖLLER, 1981; KYRIACOU & SUTCLIFFE, 1978). Dies mag mit der Sozialisation der Junglehrer zusammenhängen und Ausdruck des sogenannten Praxisschocks (MÜLLER-FOHRBRODT et al., 1978; HAUSSER & MAYRING, 1982; BEINER & MÜLLER, 1982) sein, den angehende Lehrer beim Übertritt vom Studium in die Schule im Rahmen der zweiphasigen Lehrerausbildung erleben und der eine Reihe von belastenden Aspekten mit sich bringt.

Lange Zeit wurde in der Forschung die Frage vernachlässigt, was Lehrer eigentlich in belastenden Unterrichtssituationen empfinden, welche Ängste sie erleben. Möglicherweise mag das Interesse dafür gering gewesen sein, zumal die Beschäftigung mit der Schülerangst einen Boom in den Medien und der Forschung erlebte (WEIDENMANN, 1983). Demgegenüber gilt die Lehrerangst als tabuisiert und wird verdrängt (WINKEL, 1986; siehe auch BRÜCK, 1986). PEEZ (1983) fand heraus, daß Lehrer, die zu ihrer Angst befragt wurden, am häufigsten Versagens- und Konfliktangst angaben. Versagensängste sind dort wahrscheinlicher, so RHEINBERG und MINSEL (1986), wo pädagogische Mißerfolge offenkundig sind und zugleich die unmittelbare Verantwortlichkeit des Lehrers klar scheint. Konfliktängste resultieren aus der Befürchtung, sich auf Machtkämpfe mit den Schülern einlassen zu müssen.

DÖRING (1989) unterscheidet folgende vier Angsttypen bei Lehrern:

1. Schülerangst:
   Sie bezieht sich auf aggressive und verhaltensauffällige Schülergruppen.
2. Kompetenzangst:
   Damit ist die Befürchtung gemeint, der Lehrer könne vor den Schülern versagen.
3. Kollegen- und Vorgesetztenangst:
   Sie beinhaltet die Furcht vor Konflikten mit Kollegen und dem Schulleiter.
4. Angst vor den Eltern:
   Sie bezieht sich auf die Angst vor Unannehmlichkeiten mit Eltern, die der Lehrer als konkurrierende Erziehungsmacht wahrnimmt.

Demgegenüber ordnet WEIDENMANN (1983) Lehrerängste - Bedrohung, Ungewißheit und Hilflosigkeit - verschiedenen Tätigkeitsbereichen zu:

1. Dem Tätigkeitsbereich "Qualifikation":
   Er umfaßt die Dimension "Lehrer als Experte" für die Vermittlung lehrplanbezogener Qualifikation.
2. Dem Tätigkeitsbereich "Selektion":
   In dieser Dimension geht es um den "Lehrer als Richter" im doppelten Sinne des Wortes, d.h. als Be- und Verurteiler.
3. Dem Tätigkeitsbereich "Integration":
   Darunter fallen Handlungen, mit denen der Lehrer seine Leitungsfunktion realisiert.
4. Dem Tätigkeitsbereich "Kontakt":
   Dabei geht es um den "Lehrer als Partner", d.h. um die zwischenmenschlichen Beziehungen zwischen Lehrer und Schüler".

Hier wird deutlich, daß WEIDENMANN (1983) den Versuch unternimmt, die Angstreaktionen des Lehrers mit dem Rollenkonzept (siehe vorangegangenes Kapitel) zu verbinden.

In einer Studie an insgesamt 112 Baden-Württembergischen Lehrern (Lehreranwärtern, Grund- und Hauptschullehrern und Sonderschullehrern) zur Lehrerangst ermittelte NUDING (1984) das Ausmaß an Besorgtheit und Aufgeregtheit von Lehrern angesichts unterschiedlicher belastender Situationen. Bei Lehreranwärtern überwog die Besorgtheit angesichts von Lehrplananforderungen, neuer Klassen oder kurzfristig angemeldeter Unterrichtsbesuche. Schon länger im Schuldienst stehende Grund- und Hauptschullehrer zeigten Aufgeregtheit beim Anblick des Schulrats im Haus und Besorgtheit hinsichtlich Unterrichtsbesuchen. Die Sonderschullehrer waren besorgt, was die Lehrplananforderungen und Unterrichtsbesuche anbetrifft und wenn der Schulleiter sie zu sich bittet.

Über psychologische und physiologische Streßsymptome von Lehrern berichten KYRIACOU und SUTCLIFFE (1978) in ihrer Untersuchung; in der Reihenfolge ihrer Bedeutsamkeit: erschöpft/matt, frustriert, gestreßt, sehr ärgerlich, sehr angespannt, ängstlich, deprimiert, nervös, Kopfschmerzen, starkes Herzklopfen, unfähig, fertig zu werden, Verlust der Stimme, hoher Blutdruck, panisch, übersäuerter Magen, weinerlich, kalter Schweiß. JENDROWIAK und KREUZER (1980) teilen mit, daß Magen-, Gallen-, und Darmkrankheiten bei Lehrern relativ häufig auftreten, ebenso Kreislauferkrankungen und Herzinfarkte. Ein erhöhtes Herzinfarktrisiko für Lehrer wird auch von MÜLLER-LIMMROTH (1980) bestätigt. Die geschilderten Krankheiten bzw. Symptome deuten, faßt man das Resümee der Autoren zusammen, auf zugrundeliegende psychische Belastungen hin.

Kennzeichnend für die meisten der genannten Studien ist, daß sie situative Belastungsquellen und Belastungssymptome bei Lehrern identifizieren und diese zum Teil korrelativ in Verbindung bringen. Es fehlen Hinweise darauf, wie Lehrer die genannten Belastungen kognitiv verarbeiten, ob bestimmte Persönlichkeitsmerkmale mit der Art der Belastungsverarbeitung zusammenhängen und ob sich daraus bestimmte, über demographische Merkmale hinausgehende Lehrertypen ableiten lassen. Deshalb haben die Ergebnisse der genannten Untersuchungen deskriptiven Charakter und können interindividuelle Unterschiede bei der Bewältigung nicht erklären. Lediglich BIENER (1988) unterscheidet zwischen zwei Lehrergruppen, von denen eine die Streßursachen eher bei sich, die andere eher in den äußeren Bedingungen sucht.

1.3.2. Burnout bei Lehrern

Nach ARONSON et al. (1983) ist Burnout ein Zustand körperlicher, emotionaler und geistiger Erschöpfung. Die Betroffenen fühlen sich körperlich verausgabt, hilflos, hoffnungslos und emotional erschöpft. Sie entwickeln negative Einstellungen zum Selbst, zu ihrem Beruf, zu anderen Menschen und zum Leben ganz allgemein. Die Betroffenen, meist in sozialen Berufen tätig, begannen einst ihren Beruf mit großem Idealismus, brennen jedoch aufgrund chronischer emotionaler Belastung aus.

Lehrer sind, nimmt man die Zahl der Veröffentlichungen zum Thema "Burnout bei Lehrern" als Indikator, die am meisten beforschte Gruppe (vgl. KLEIBER & ENZMANN, 1990). Viele Lehrer verlieren schon nach kurzer Zeit ihren Elan und ihr Engagement (RAIBLE, 1978). Kennzeichnend für den Prozeß des "Ausbrennens" sind Depersonalisation bzw. Dehumanisierung, was bedeutet, daß sich die Einstellung zu den Schülern wandelt. Versucht der Lehrer anfänglich noch, Schülerprobleme aus deren Psyche oder dem häuslichen Milieu heraus zu erklären und durch einfühlendes Verstehen aufzufangen, so wächst dieser selbstauferlegte Anspruch dem Lehrer allmählich über den Kopf (BURISCH, 1985). Der Lehrer ähnelt zunehmend einem Bürokraten, dessen Beziehungen zu Kollegen und Freunden sich mehr und mehr verschlechtern (BURISCH, 1985). Die Beschreibungen zum Burnout erinnern zum Teil an die Praxisschock-Symptomatik. Beide Syndrome sind gekennzeichnet durch divergierende Erwartungen und Ansprüche in zwei aufeinanderfolgenden Phasen: Einer Phase des Idealismus folgt eine Phase der Desillusionierung.

Bei der Frage nach den Ursachen des Burnout bei Lehrern vertritt HOFFMANN (1987) die These, daß die Ansprüche an Lehrer ständig steigen, wodurch die pädagogische Tätigkeit zunehmend aufgewertet werde. Durch einen wachsenden Anspruchsdruck fühlten sich immer mehr Pädagogen überfordert. HOFFMANN (1987) nennt weitere Faktoren, die das Burnout möglicherweise verursachen: divergente Ansprüche von Eltern; die sprunghaft gestiegene Bedeutung der Notengebung für die Chancen der Schüler auf dem kleiner gewordenen Arbeitsmarkt; kleine Klassen, welche die pädagogische Arbeit anstrengender mache; Einzelkämpfer-Mentalität.

1.3.3. Zur Arbeitszufriedenheit von Lehrern

Eine Reihe von Untersuchungen haben sich mit der Frage nach der Berufszufriedenheit von Lehrern und Variablen, welche die Berufszufriedenheit beeinflussen, beschäftigt. ROTH (1972) befragte 218 Lehrer nach ihrer Berufszufriedenheit mit dem Ergebnis, daß sich 83% zufrieden und lediglich 11% der Lehrer unzufrieden äußerten. Die Berufszufriedenheit differierte kaum geschlechts-, jedoch altersspezifisch. Ältere Lehrer äußerten sich zufriedener über ihren Beruf als jüngere. 155 Grundschul-, Hauptschul- und Gymnasiallehrer wurden von ENGELHARDT und LÜCK (1973) nach verschiedenen Aspekten ihres Berufs und ihrer Berufsbelastung befragt. 49% gaben an, daß sie ihren Beruf "ganz sicher" noch einmal wählen würden, nur 4% sagten "sicher nicht". 79% bezeichneten ihre Arbeit als "interessant und befriedigend". Insgesamt äußerten sich Lehrerinnen und Lehrer gleich zufrieden über ihren Beruf. Beim Vergleich verschiedener Schultypen zeigte sich kein Unterschied in der Arbeitszufriedenheit zwischen Grund- und Hauptschullehrern. Gymnasiallehrer erwiesen sich demgegenüber als unzufriedener mit ihrem Beruf. Darüber hinaus fand sich höhere Arbeitszufriedenheit bei Lehrern kleinerer Schulen sowie bei Lehrern, die ihren Schulleiter als verständnisvoll erleben.

KRAMPEN (1978) befragte 180 Lehrer an Grund-, Haupt-, Realschulen und Gymnasien nach ihrer Berufszufriedenheit. Über 90% der befragten Lehrer äusserten sich zufrieden bzw. sehr zufrieden. Lediglich 9,4% gaben Werte an, die auf Unzufriedenheit hindeuten. Nach der Berufszufriedenheits-Reihenfolge der Lehrergruppen nach dem Schultyp sind Grundschullehrer am zufriedensten. Es folgen Gymnasiallehrer, Realschullehrer und Hauptschullehrer. Diese Reihenfolge steht im Widerspruch zu der von ENGELHARDT und LÜCK (1973). Weiterhin ergab die Untersuchung, daß die berufliche Zufriedenheit zu Geschlecht,

Alter, Konfession und Dauer der Berufsausübung der Lehrer in keiner signifikanten Beziehung steht. KRAMPEN (1978) relativiert den erstaunlichen Befund hoher Berufszufriedenheit der Lehrer dahingehend, daß Äußerungen über die eigene berufliche Zufriedenheit, wenn persönlicher und beruflicher Erfolg subjektiv gleichgesetzt wird bzw. kognitiv ein hoher Zusammenhang zwischen ihnen besteht, gleichzeitig Aussagen über den eigenen Erfolg beinhalten. Das Eingeständnis von beruflicher Unzufriedenheit ginge dann einher mit dem Eingeständnis von generellem Versagen und allgemeiner Erfolglosigkeit. Der Befund einer hohen allgemeinen Berufszufriedenheit von Lehrern wurde von KRAMPEN und SCHWAB (1980) in einer weiteren Befragung von 160 Lehrern erneut bestätigt.

In einer weiteren Untersuchung ermittelte KRAMPEN (1981) die Berufszufriedenheit von Lehrern unter Berücksichtigung verschiedener Berufsbereiche. Über die abermals bestätigte hohe allgemeine Berufszufriedenheit hinaus streuten die bereichsspezifischen Angaben aber stark. Lehrer sind danach mit dem Kontakt zu den Schülern, mit ihrer Unterrichtstätigkeit und mit dem Kontakt zu den Kollegen am zufriedensten. Die geringste Zufriedenheit liegt bei den Weiterbildungsmöglichkeiten, bei der schulischen Verwaltung und bei den Aufstiegsmöglichkeiten vor.

Einen Fragebogen zur allgemeinen Berufzufriedenheit und zu Zufriedenheiten in Einzelbereichen von Lehrern entwickelte MERZ (1980). Ebenso wie bei KRAMPEN (1978), KRAMPEN und SCHWAB (1980) und KRAMPEN (1981) äusserten die befragten Lehrer im allgemeinen häufiger Zufriedenheit als Unzufriedenheit. Von den Einzelzufriedenheiten trug die Tätigkeit selbst am meisten zur Gesamtzufriedenheit bei, es folgten die Berufsbelastung und die Zufriedenheit mit dem sozialen Image. Außerdem wurde u.a. deutlich, daß Lehrerinnen im Durchschnitt in ihrem Beruf zufriedener sind als Lehrer - insbesondere in der Grundschule -, daß die Berufszufriedenheit mit dem Alter ansteigt und daß Volksschullehrer zufriedener als Gymnasiallehrer sind.

MERZ und WEID (1981) erforschten Zusammenhänge zwischen der allgemeinen Berufszufriedenheit und der beruflichen Wertorientierung an einer Stichprobe von 196 Lehrern. Die Autoren interpretieren die Ergebnisse dahingehend, daß ein pädagogischer Idealismus (hohe Gewichtung der Ziele "den Schülern in jeder Beziehung Vorbild sein", "den Schüler zu systematischem, logischem Denken erziehen", "auch über den eigentlichen Unterricht hinaus erzieherische Aufgaben erfüllen", geringe Gewichtung des Ziels "dem Schüler gegenüber Autorität bewahren") und ein Systemkonformismus (hohe Gewichtung der Ziele "Unterrichtsplan einhalten", "den Schüler zu Disziplin und Ordnungsliebe anhalten", geringe Gewichtung der Ziele "Kreativität und phantasievolles Verhalten des Schülers fördern", "Eigenständigkeit und Selbständigkeit des Schülers fördern") wichtige Voraussetzungen für eine positiv ausgeprägte Berufszufriedenheit von Lehrern sind. Auch diese Untersuchung bestätigte, daß die allgemeine Berufszufriedenheit mit zunehmendem Alter und zunehmender Dauer der Berufstätigkeit ansteigt. Darüber hinaus erwiesen sich Grundschullehrer als zufriedener als Hauptschullehrer, Lehrerinnen zufriedener als Lehrer.

In seinem Übersichtsartikel faßt LITTIG (1980) die Merkmalsbereiche, welche die Berufszufriedenheit determinieren, zusammen:

1. Organisatorische und soziale Faktoren:
   soziales Klima des Lehrerkollegiums und hierarchische Struktur der Schulorganisation.
2. Materiale Schulumwelt:
   Ausstattung und Lage der Schule.
3. Curriculare Bedingungen:
   wissenschaftliche und didaktische Ausbildung des Lehrers und die daraus resultierende Realisierung der Lehrpläne durch Unterrichtsgestaltung und -inhalte.
4. Einfluß der Schülereltern:
   Rückmeldungen der Eltern an den Lehrer über den Erfolg seiner Lehrtätigkeit sowie ihre Erwartungen an künftiges Lehrerverhalten.
5. Private Interessen:
   gesellschaftliche Integration, soziale Absicherung der Familie sowie außerschulische Nebentätigkeiten des Lehrers.

Abschließend sei erwähnt, daß das Ausmaß allgemeiner Berufszufriedenheit über die Dauer des Berufslebens variiert. Nach KLEINBECK (1977) liegen die Zufriedenheitswerte zu Beginn der Berufstätigkeit hoch, sinken anschließend rasch ab und steigen daraufhin wieder an.

Zur Zufriedenheit von Lehrern lassen sich die Ergebnisse der vorliegenden Studien dahingehend zusammenfassen, daß sich ein überwältigender Anteil von Lehrern zufrieden über den eigenen Beruf äußert und die allgemeine Berufszufriedenheit mit steigendem Alter und wachsender Berufserfahrung stetig zunimmt. Methodisch sind diese Befunde insofern problematisch, da es sich bei den befragten Lehrern möglicherweise um eine "Survival-Population" handelte und die "Drop-outs" nicht erfaßt wurden. Die Ergebnisse zur Zufriedenheit im Hinblick auf weitere demographische Merkmale (Geschlecht, Schultyp) sind heterogen. Darüber hinaus tragen eine Reihe interner (Einstellungen) und externer (situativer und organisationsbedingter) Faktoren in unterschiedlicher Weise zur Berufszufriedenheit bei. Wie diese Faktoren jedoch zusammenwirken, kann hingegen nicht eindeutig bestimmt werden.

Keine der genannten Untersuchungen definiert Zufriedenheit über Unterrichtssituationen, über Emotionsparameter oder über die Qualität der Beziehung zwischen Lehrer und Schülern. Erwähnt sei in diesem Zusammenhang ein etwas anderer und origineller Ansatz: RANDOLL (1981) hat Lehrer gebeten, sich an Unterrichtsereignisse zu erinnern, in denen sie Befriedigung, Freude und Glück erlebten - mit folgendem Ergebnis:

1. Lehrer erleben Befriedigung,
   - wenn Schüler sie mögen trotz ihrer Autoritätsfunktion (22%),
   - wenn Schüler bessere Mitarbeit (22%) oder Leistungen zeigen (20%),

- wenn Schüler sich kooperativer verhalten (19%).
2. Lehrer erleben Freude,
   wenn größere Schwierigkeiten eine länger dauernde Einflußnahme erfordern
   und sich endlich (oft plötzlich) lösen, z.B.
   - ein früher ausfälliger Schüler ist jetzt anhänglich (26%),
   - ein Schüler verteidigt einen anderen gegen Anschuldigungen (20%),
   - ein bislang schwacher Schüler arbeitet jetzt konzentriert mit (18%).

Auffällig ist weiterhin, daß Befriedigung und Freude dann besonders ausgeprägt
ist, wenn die Effekte vom Lehrer als selbstbewirkt erlebt werden. Offener Ärger
tritt hingegen dann bevorzugt auf, wenn der geplante Unterrichtsablauf uner-
wartet, anscheinend vermeidbar und vom Schüler gewollt (offene Provokatio-
nen, direkter Angriff, Verweigerung von Mitarbeit) unterbrochen wird. RAN-
DOLL (1981) fokussiert die Aufmerksamkeit auf die kognitive Repräsentation
von Situationen bei Lehrern und bringt sie mit Emotionsparametern in Verbindung. Dieser Ansatz kommt demjenigen der vorliegenden Studie nahe.

Einen weiteren Zugang zu angenehmen Unterrichtserfahrungen und zur Zufriedenheit von Lehrern liefert die Motivationspsychologie. Hier nennen
RHEINBERG und MINSEL (1986) Anschluß- und Machtmotive als hauptsächli-
che Anregungsbedingungen für Lehrer. Leistungsmotive spielen hingegen eine
geringere Rolle, da die Standards eines guten Unterrichts uneindeutig sind und
deshalb die für Leistungsmotive erforderliche klare Art der Rückmeldung in
Unterrichtssituationen kaum erfolgt.

Insgesamt ergibt sich zwischen den Untersuchungen zu Belastungen und zur Zufriedenheit von Lehrern in ihrem Beruf ein scheinbarer Widerspruch. Das Vorhandensein so zahlreicher Belastungsquellen paßt nicht zu dem Befund durchgehend hoher Zufriedenheit von Lehrern. Über Motive von Lehrern, ihre Zufriedenheit hoch einzuschätzen, wurde bereits spekuliert. Hier spielt Dissonanz-
reduktion eine besondere Rolle, d.h. eine hohe Zufriedenheit zu konstatieren
schützt vor dem Eingeständnis, beruflich versagt zu haben. Darüber hinaus gibt
es kaum Untersuchungen, in denen die Konstrukte 'Belastung' und 'Zufriedenheit' miteinander verbunden sind, so daß die geschilderten Ergebnisse jeweils
Resultat der Fragetechnik sind. Außerdem sagt die Tatsache, daß Lehrer eine
Reihe von Ursachen für ihre Belastung bzw. ihre Zufriedenheit nennen, noch
nichts über individuelle Ausprägungen und Wirkungen einzelner Ursachen aus.
Abgesehen von demographischen Parametern fehlen in den meisten Untersuchungen, wie schon angedeutet, psychologische Kriterien, die differentialdiagno-
stische Schlußfolgerungen über Determinanten des Belastungs- und Zufrieden-
heitserlebens zulassen.

Methodisch problematisch ist an den meisten Studien zur Arbeitsbelastung und
-zufriedenheit auch, daß die erhobenen Lehreräußerungen nicht bloß eine
Sammlung von Belastungs- oder Zufriedenheitsfaktoren widerspiegeln, sondern
bereits Resultat impliziter Attributionsprozesse bei Lehrern sind, ohne daß
diese Studien das Konstrukt "Attribution" überhaupt zugrunde legten.

1.4. Theoretische Konzepte der Belastungs- und Bewältigungsforschung

1.4.1. Drei Streß-Forschungslinien

Zusammenfassend läßt sich die bisherige Streß- bzw. Belastungsforschung grob in drei Richtungen unterteilen (FALTERMAIER, 1988; JERUSALEM, 1990; RUDOW, 1990a):

1. Reaktionsbezogene Ansätze:
   Hier werden physiologische Reaktionsmuster und psychologische, d.h. verhaltensmäßige Störungs- und Anpassungsreaktionen herangezogen. Ein Indikator für Streß ist ein bestimmtes Reaktionsmuster des Organismus, das unabhängig und unspezifisch von der Art des auslösenden Reizes auftritt. Streß wird also als unabhängige Variable definiert. Für SELYE (1988) ist Streß die unspezifische Reaktion des Körpers auf jede Anforderung, die an ihn gestellt wird. Er unterscheidet zwischen Eustreß als lebensnotwendigem, positivem Streß im Sinne einer Aktivation, und Distreß als schädlichem, negativem Streß. Die Annahme eines situations- und personunabhängigen Reizmusters werden empirisch jedoch stark angezweifelt (vgl. KATZ & SCHMIDT, 1991).

2. Situations- oder reizbezogene Ansätze:
   Sie operationalisieren Belastungen als Situations- oder Reizmerkmale, die als unabhängige Variablen bestimmte Funktionsstörungen des Organismus bewirken. Derartige Konzepte sind z.B. in den Arbeitswissenschaften verbreitet, wo objektive Anforderungen in der Arbeitsumwelt als Belastungen definiert sind. (vgl. SCHMALE, 1983; SCHÖNPFLUG, 1987).

3. Relationale Ansätze:
   Hier wird von einer Interaktion bzw. Transaktion zwischen Person und Umwelt ausgegangen. Wahrnehmung und Bewertung der Situation durch die Person gelten als wichtige Komponenten im Streßgeschehen (LAZARUS & LAUNIER, 1978).

Da sowohl der reaktions- als auch der reizbezogene Ansatz keine Antwort auf die Frage liefert, warum verschiedene Personen auf denselben Reiz unterschiedlich reagieren, hat sich der relationale Ansatz zunehmend durchgesetzt und soll nachfolgend ausführlicher dargestellt werden.

1.4.2. Das relationale Modell

Nach dem relationalen Ansatz wird das Streßgeschehen als mehrstufiger kognitiver Bewertungsprozeß beschrieben (LAZARUS & LAUNIER, 1978; LAZARUS, 1990). Auf der ersten Stufe der Bewertung (primary appraisal) schätzt die Person die affektive Bedeutung einer Situation bzw. Transaktion ein. Sie wird als irrelevant, positiv oder streßreich bewertet. Innerhalb der Einschätzung als streß-reich sind drei Subtypen zu unterscheiden: Schädigung/Verlust, Bedrohung und Herausforderung. Auf der 2. Stufe (secondary appraisal) sucht die Person nach Strategien der Bewältigung und bewertet sie nach ihren erwarteten Effekten. Die Strategien beziehen sich sowohl auf Handlungstendenzen als auch auf in-trapsychische Prozesse. Beide Einschätzungen können parallel ablaufen und werden überdies von Persönlichkeitsmerkmalen, z.B. überdauernden Einstellun-gen, objektbezogenen Überzeugungen, Selbstwertgefühl usw., sowie von Moti-ven beeinflußt. Streß bildet sozusagen die Balance zwischen den situativen An-forderungen und den individuellen Ressourcen.

Psychischer Streß, so LAZARUS (1990), gründet sich weder in der Situation noch in der Person, sondern entsteht aus der Art, wie die Person die adaptive Bezie-hung einschätzt. Demnach läßt sich Streß als Resultat aus einer Transaktion zwischen Person und Situation bezeichnen. Diese Transaktion ist ein eigenstän-diges Person-Umwelt-System, das durch verschiedene Formen der Wahrneh-mung und Bewertung durch die Person charakterisiert ist. Solche Formen sind z.B. Bedrohung, Verlust oder Herausforderung. Streß und die daraus resultie-renden Emotionen sind das Ergebnis von Kognitionen, d.h. das Ergebnis dessen, wie eine Person ihre Beziehung zu ihrer Umwelt bewertet und konstruiert.

Eine zusammenfassende Definition des Streßbegriffs liefert GREIF (1991), wo-nach Streß beschrieben werden kann als ein subjektiv intensiv unangenehmer Spannungszustand, der aus der Befürchtung entsteht, daß eine stark aversive, subjektiv zeitlich nahe (oder bereits eingetretene Situation) und subjektiv lang andauernde Situation sehr wahrscheinlich nicht vollständig kontrollierbar ist, deren Vermeidung aber subjektiv wichtig erscheint. Stressoren sind nach GREIF (1991) hypothetische Faktoren, die mit erhöhter Wahrscheinlichkeit Streßemp-findungen auslösen.

1.4.3. Belastungssymptomatik

ULICH (1989) beschreibt emotionale Belastung als jeden subjektiven Leidens-druck erzeugende Beeinträchtigung der individuellen Befindlichkeit und Stim-mung sowie der Erlebnis-, Verarbeitungs- und Handlungsmöglichkeiten einer Person in einer gegebenen Lebenslage. Weiterhin erläutert ULICH (1989) an-schaulich die Symptomatik der emotionalen Belastung, die zahlreiche Verände-rungen und Einbußen im Erleben und Handeln nach sich zieht, u.a.:

- Emotionalität:
   Einbuße an positiver emotionaler Grundstimmung (Optimismus, Glück, Zu-friedenheit) bzw. der Fähigkeit, häufig und intensiv positive Emotionen wie Freude, Glück, Hoffnung usw. erleben zu können.
- Intentionalität:
   Einbuße an Intentionalität, Interesse, Initiative, Neugierde, Risikofreudigkeit, Einschränkung der Zukunftsbezogenheit, Verkürzung der Zeitperspektive, Verlust an Motiven.

- Selbstvertrauen:
  Einbuße an Selbstvertrauen, Selbstwertgefühl und auch der Erwartung, selbst etwas zur Veränderung bzw. Verbesserung des eigenen Zustandes bzw. der Lebenslage beitragen zu können.
- Motivation:
  Einbuße an Motivation und der Fähigkeit zur Planung.
- Leistungsfähigkeit:
  Einbuße an Leistungs-, Orientierungs- und Differenzierungsfähigkeit.
- Soziale Kompetenz:
  Einbuße an sozialer Kompetenz und Fertigkeit, Unsicherheit, Meidungsverhalten, Ängstlichkeit und Isolierungstendenz im Umgang mit anderen.
- Handlungskompetenz:
  Einbuße an allgemeiner Handlungskompetenz, d.h. Routinetätigkeiten im Alltag (Beruf, Familie) werden nicht mehr in der üblichen Weise beherrscht bzw. ausgeübt.

Nach GREIF (1991) lassen sich zusammenfassend vier Merkmalsbereiche langfristiger Streßauswirkungen unterscheiden:

1. Beeinträchtigung des subjektiven Wohlbefindens.
2. Psychosomatische Beschwerden und Krankheiten.
3. Kritisches Gesundheitsverhalten:
   zu starkes Essen, Bewegungsmangel, Rauchen und Alkoholmißbrauch, Drogen bzw. Medikamentenmißbrauch).
4. Verringertes allgemeines Aktivitätsniveau:
   verringertes Niveau an Aktivität sowohl beruflich als auch privat, fehlende Entwicklung neuer Bewältigungsstrategien, Beeinträchtigung der sozialen Kompetenzen und sozialen Beziehungen.

Diese Aufzählung macht deutlich, daß Streß ein sehr komplexes Geschehen ist und sich auf verschiedenen, miteinander verbundenen und in Wechselwirkung stehenden Analyseebenen - der emotionalen, kognitiven, motorischen, somatischen - abspielt. Zusammenfassend läßt sich (nach ULICH, 1989) sagen, daß eine Person Streß immer dann erlebt, wenn sie ein Mißverhältnis zwischen Anforderungen und Bewältigungsmöglichkeiten erfährt und die Folgen dieses Mißverhältnisses als bedrohlich erlebt. Die Gestreßten erleben Frustration und Unzufriedenheit, was jedoch noch nicht zu einer Lähmung der Handlungsbereitschaft und zu Hoffnungslosigkeit führt. Das Bewußtsein, handeln zu können und Kontrolle auszuüben, ist bei Streß noch erhalten. So ist bei Streß noch eine Steigerung der Anstrengung, eine Mobilisierung zusätzlicher Energien zu beobachten. Als belastend wird hier nicht nur die Gefährdung der Zielerreichung, sondern auch die damit einhergehende Anspannung und Anstrengung erlebt. Ziel- und Zukunftsorientierung sind bei Streß noch vorhanden.

Zu einer Krise kann es kommen, wenn über längere Zeit keine Lösung des genannten Mißverhältnisses erreicht wird, wenn der betroffene Bereich für die Person sehr bedeutsam ist, wenn zusätzliche Belastungen hinzukommen, wenn die Person sehr empfänglich für psychische Belastungen ist und über wenig Bewältigungs- oder Kompensationsmöglichkeiten verfügt. Bei einer Krise ist, im Gegensatz zum Streß, die ganze Person betroffen. Dies kann sich in Form von Depressionen äußern, deren Symptomatik ULICH (1989) wie folgt beschreibt:

- Lebensfreude:
  Verlust an Lebensfreude, Mangel an positiven Gefühlen, Niedergeschlagenheit, Angst oder auch feindselige Verdrossenheit, Lebensüberdruß, häufige Selbstmordgedanken, Pessimismus, Schuldgefühle.
- Selbstbild:
  Negatives Selbstbild, negative Einstellungen und Erwartungen gegenüber der Umwelt, der Zukunft und gegenüber sich selbst, Hilf- und Hoffnungslosigkeit.
- Aktivität:
  Passivität, Initiativlosigkeit, Einbuße an Interessen, Handlungszielen und -plänen, Lähmung des Willens, erniedrigtes Aktivitätsniveau, Verlangsamung der Denkprozesse und psychomotorischen Prozesse und Abläufe.
- Psychosomatik:
  Libidoverlust, Schlafstörungen, Appetitverlust, psychosomatische Beschwerden.

Die beschriebene Symptomatik erinnert stark an die des Burnout. BURISCH (1989) sieht Burnout in Gang gesetzt durch Autonomieeinbußen infolge der inneren Repräsentation gestörter Auseinandersetzungen des Individuums mit seiner Umwelt und das Scheitern ihrer Bewältigung. Die Burnout-Symptomatik stimmt im wesentlichen mit der der Depression überein, akzentuiert jedoch den Prozeßcharakter des Ausbrennens. Zu Beginn steht ein Überengagement im Beruf, gefolgt von einem emotionalen, kognitiven und verhaltensmäßigen Rückzug, der am Ende in einen Zustand chronischer Hoffnungslosigkeit einmündet.

Es fällt auf, daß der Streß- und Belastungsbegriff in der Literatur häufig synonym verwendet wird. Der Begriff "Streß" entstammt eher den reaktionsbezogenen Ansätzen (SELYE, 1988), der Begriff "Belastung" dominiert hingegen in den reizbezogenen Ansätze. In den relationalen Modellen haben beide Termini dieselbe Bedeutung. In dieser Arbeit soll dem Begriff "Belastung" der Vorzug gegeben werden, da der Streßbegriff schon zu sehr Einzug in die Alltagssprache gehalten hat - was an sich nicht schlimm wäre -, dadurch jedoch Reizwort-Charakter erhalten hat und zu viele und zu unterschiedliche Assoziationen wachruft, deren Bedeutungen sich von der hier dargestellten Definition unterscheiden.

1.4.4. Bewältigung

Unter Bewältigung (engl. coping) werden alle Reaktionen einer Person verstanden, die sie bei Konfrontation mit einer potentiell bedrohlichen oder belastenden Situation zeigt und die den Charakter einer problemlösenden Anstrengung hat. Sie stellt nicht eine isolierte Handlung dar, sondern zeigt sich als Konglomerat aus zahlreichen Handlungen und Kognitionen. LAZARUS und LAUNIER

(1981) entwickeln ein Klassifikationsschema, aus dem sich deskriptive Kategorien für Bewältigungsreaktionen ableiten lassen:

1. Zeitliche Orientierung:
   Das Bewältigungsverhalten kann sich auf die Gegenwart, die Vergangenheit,
   z.B. bei Schädigung, oder die Zukunft, z.B. bei Bedrohung, beziehen.
2. Richtung:
   Das Bewältigungsverhalten kann entweder mehr auf die Umwelt/die Situation oder auf die eigene Person gerichtet sein.
3. Funktion:
   Das Bewältigungsverhalten kann in erster Linie negative emotionale Zustände unter Kontrolle bringen (palliativ) oder eine Lösung des Problems anstreben (instrumentell).
4. Bewältigungsmodus:
   Hier unterscheidet man: Informationssuche (Herausfiltern relevanter Information), direkte Aktion (Aktivität auf habitueller Ebene), Aktionshemmung
   (Unterdrückung von Handlungsimpulsen), intrapsychische Regulation (kognitive Prozesse, die das Ausmaß emotionaler Belastung mindern).

Unter Bewältigungsstilen wird die Tendenz einer Person verstanden, eine bestimmte Bewältigungsstrategie oder eine Klasse derartiger Strategien in Streßsi-
tuationen anzuwenden (BERGMANN, 1985).

Der klassische Ansatz zur psychologischen Erklärung von Bewältigungsprozes-
sen geht auf die frühe Psychoanalyse zurück. Im Mittelpunkt stehen Ich-Pro-
zesse, die Abwehrmechanismen des "Ich", welche die Reaktionen auf intrapsychische Konflikte darstellen (vgl. auch FREUD, 1982). Ausgehend von diesem
Grundgedanken unterscheidet HAAN (1977) drei Arten von Ich-Prozessen: Bewältigung (coping), Abwehr (defensiveness) und Fragmentierung (fragmenta-
tion). Bewältigungsprozesse sind danach gekennzeichnet von Wahlfreiheit und
Anpassung an die Realität, wohingegen Abwehrprozesse rigide verlaufen und
durch Negierung der Realität und Affektunterdrückung charakterisiert sind.
Fragmentierungsprozesse sind automatisierte, ritualisierte und Ich-zentrierte
Reaktionsweisen. PRYSTAV (1981) grenzt Bewältigungs- und Abwehrprozesse
voneinander ab und sieht den wesentlichen Unterschied darin, daß Bewältigungsprozesse verhaltensorientiert und realitätsbeachtend sind, wohingegen
Abwehrprozesse erlebnisorientierte, d.h. unbewußte und vorbewußte Prozesse
sind, welche die Realität verzerren.

Ein weiteres Bewältigungsmodell stammt von BYRNE (1964), der eine bipolare
Dimension "Repression-Sensitisation" zugrundelegt, deren Pole zwei defensive
und rigide Bewältigungsstrategien beschreiben. Represser wehren angsterre-
gende Informationen, insbesondere ihr Angst- und Belastungserleben mit dem
Ziel der Vermeidung ab, wohingegen Sensitizer ihre Aufmerksamkeit verstärkt
auf Ich-bedrohende Situationen und Informationen lenken mit dem Ziel der
Kontrolle. Personen im mittleren Bereich dieser Dimension zeichnen sich nach
diesem Modell durch eine flexiblere und realitätsgemäßere Bewältigung aus.

Ausgehend von diesem Modell berücksichtigen KROHNE et al. (1989) situative und dispositionelle Aspekte der Angstbewältigung. Mögliche Bewältigungsstrategien lassen sich danach zwei übergeordneten, voneinander unabhängigen unipolaren Dimensionen "Anstreben von Kontrolle" (Vigilanz) sowie "Meiden bedrohungsbezogener Information" (kognitive Vermeidung) zuordnen. Die Wirksamkeit dieser Strategien läßt sich nur unter Brücksichtigung der Situationserfordernisse beurteilen. Als zentrale und variable Merkmale gelten hier der Grad der Kontrollierbarkeit und Vorhersagbarkeit der Situation.

1.4.5. Attribution

Ein zentraler kognitiver Mechanismus, der darüber Aufschluß gibt, wie Personen Situationen interpretieren, ist die Attribuierung. Unter Attribuierung bzw. Attribution versteht man Meinungen über kausale Zusammenhänge, Ursachenzuschreibungen, womit subjektive Alltagsmeinungen, nicht aber wissenschaftliche Aussagen über Kausalbeziehungen gemeint sind (HERKNER, 1981). HEIDER (1958) unterscheidet zwei Faktorengruppen, von denen Handlungsergebnisse abhängig gemacht werden können: von Faktoren der Person und Faktoren der Situation. Der Einfluß der Personenfaktoren bezieht sich auf zwei Größen, auf Fähigkeit und Motivation. Fähigkeit als ein dispositioneller Faktor ist von hoher zeitlicher Stabilität, Motivation hingegen ist zeitlich variabel und umfaßt die Komponenten der Intention und der Anstrengung einer Person. Auf der Situationsebene wird in ähnlicher Weise zwischen stabilen Faktoren, der Schwierigkeit, und variablen Faktoren, dem Zufall, unterschieden.

Nach WEINER et al. (1971) ergibt sich daraus eine Vier-Felder-Tafel:

| | | Ort der Lokalisation | |
		internal	external
Zeitliche Beeinflußbarkeit	stabil	Fähigkeit Können, Begabung	Schwierigkeit der Aufgabe oder Handlung
	variabel	Anstrengung, Wollen	Zufall (Glück, Pech)

Abb. 1: Vier-Felder-Tafel der Attribution nach WEINER et al. (1971)

ABRAMSON et al. (1978) fügen eine weitere Dimension hinzu, "global vs. spezifisch". Sie bezieht sich auf die Generalisierung der Ursachenzuschreibung auf andere Situationen.

1.4.6. Kontrolle

Das Konstrukt der internen bzw. externen Kontrolle beschreibt nach ROTTER (1966) das Ausmaß, in dem eine Person Geschehnisse als Konsequenzen ihres eigenen Verhaltens erlebt (interne Kontrolle) bzw. das Ausmaß, in dem es das Ereignis als Schicksals-, Zufalls- oder Glücksumstände ansieht, auf die sie keinen Einfluß hat (externe Kontrolle). Dieser Mechanismus lenkt die Wahrnehmung und das Verhalten in bekannten und unbekannten Situationen. Eine Person mit interner Kontrolle glaubt, daß ihr Handeln von ihrem eigenen Können oder Wollen abhängt, eine Person mit äußerer Kontrolle meint, daß alles von Zufall, Glück, Gott und der Gesellschaft abhängt. Dieses Konstrukt wird auch "Locus of control" (zu deutsch: Ort der Kontrolle bzw. Kontrollüberzeugung) genannt. Bei diesem Konstrukt handelt es sich nicht, wie zunächst angenommen, um eine bipolare Skala. Die Ergebnisse zahlreicher Studien deuten auf die Unabhängigkeit zwischen Internalitäts- und Externalitätsskala hin (KRAMPEN, 1989; MRAZEK, 1989).

Aus den attributionstheoretischen Überlegungen und dem Konstrukt der Kontrollüberzeugung entwickelt SELIGMAN (1983) das Konzept der gelernten Hilflosigkeit. Eine theoretische Grundannahme dabei ist, daß die Konfrontation mit Situationen, in denen die Reaktion einer Person nichts bewirkt, zu Hilflosigkeit führt. Diese äußert sich in Form emotionaler, kognitiver und motivationaler Defizite. Das emotionale Defizit kennzeichnen Gefühlen der Resignation, Hoffnungslosigkeit und Depression. Das kognitive Defizit zeigt sich darin, daß die Person kontrollierbare Ereignisse zunehmend als nicht kontrollierbar wahrnimmt. Das motivationale Defizit ist charakterisiert durch die abnehmende Bereitschaft, Einfluß zu nehmen und Reaktionen auszuführen.

Unter attributionstheoretischen Gesichtspunkten spielt sich dabei folgendes ab: Wenn eine Person unkontrollierbare Ereignisse auf die Dimensionen Internalität, Stabilität und Globalität attribuiert, führt dies zu weiteren Unkontrollierbarkeitserwartungen, selbst für kontrollierbare Ereignisse, was Hilflosigkeit zur Folge hat. Dabei bestimmt die Internalitätsdimension das Auftreten von Selbstwertdefiziten, die Stabilitätsdimension die Ausdehnung über die Zeit und die Globalitätsdimension die Ausbreitung über die Ereignisse. Dieser Attributionsstil wurde vielfach bei Depressiven nachgewiesen. So besagen die Ergebnisse einer von DORRMANN (1989) vorgestellten Untersuchung, daß Personen mit höheren Depressivitätswerten ihre Erfolge weniger mit ihrer Fähigkeit und Anstrengung, sondern mehr mit Zufall erklären als Nicht-Depressive. Umgekehrt attribuieren Depressive bei Mißerfolg mehr auf Unfähigkeit und Schwierigkeit der Situation.

Demgegenüber erleben Personen positive Selbstwertgefühle und positive Selbstzufriedenheit und ein insgesamt optimistisches Selbstbild, wenn sie Erfolge internal attribuieren. Die Kombination aus Mißerfolg und internaler Attribuierung bewirkt die gegenteilige Ausprägung des Selbstkonzepts (ELBING, 1983). Affektive Begleitprozesse von Erfolg und Mißerfolg sind stärker an internale

Ursachenzuschreibung gekoppelt. Personen, die sich selbst als die Ursache für den Erfolg einer Handlung sehen, erleben mehr positive Affekte als Individuen mit externaler Attribuierungspräferenz.

1.4.7. Ressourcen und Vulnerabilität

Ressourcen sind nach SCHWARZER (1987) Fähigkeiten und Fertigkeiten, über die das Individuum zu verfügen glaubt, wobei es bei der Bewertung der Umwelt-anforderungen und der eigenen Kapazitäten auf die subjektive Wahrnehmung und weniger auf die objektive Beschaffenheit der Reize ankommt. JERUSALEM (1990) vertritt die Auffassung, daß sich Ressourcen und Vulnerabilität, d.h. Verletzlichkeit, auf das Ausmaß beziehen, in dem sich Personen generell den zahlreichen Umweltanforderungen gegenüber gewachsen bzw. unterlegen fühlen. Es handelt sich um ein bipolares Konstrukt, dessen Pole auf der einen Seite als Ressourcen, auf der anderen Seite als Vulnerabilität charakterisiert sind.

Als individuumsspezifische Ressource gilt ein positives Selbstkonzept, allgemeine Selbstwirksamkeit, d.h. die Wahrnehmung eigener Handlungsmöglichkeiten in Anforderungssituationen. Vulnerabilitäts-Faktoren sind demgegenüber z.B. Pessimismus und Ängstlichkeit (JERUSALEM & SCHWARZER, 1989; JERUSALEM, 1990). Dies verdeutlicht die Rolle der Persönlichkeitsmerkmale, welche grundsätzlich die Eintrittswahrscheinlichkeit und die Intensität von Belastungsempfindungen steigern bzw. reduzieren. JERUSALEM und SCHWARZER (1989) berichten darüber hinaus, daß je mehr Streß eine Person erlebt und je ängstlicher sie ist, desto wahrscheinlicher bevorzugt sie emotionale Strategien zur Bewältigung belastender Situationen. Problemorientierte Bewältigungsstrategien sind umso wahrscheinlicher, je geringer die Streßempfindungen und je positiver das Selbstkonzept ausfällt. Selbstkonzept und Streßerleben stellen die stärksten Prädiktoren dar. In dieselbe Richtung gehen die Ausführungen von KORMAN (1970), wonach eine kompetente und ihre Bedürfnisse befriedigende Person, d.h. eine Person mit starkem Selbstbewußtsein und stabilem Selbstbild, in erster Linie solche Situationen als befriedigend erlebt, die sie selbst kontrollieren und beeinflussen kann, wohingegen dies auf Personen mit geringem Selbstvertrauen nicht zutrifft.

1.5. Hypothesen

In den vorangegangenen Kapiteln wurden die Parameter, die in dieser Untersuchung eine Rolle spielen, anhand theoretischer Überlegungen und empirischer Befunde umrissen. Grundlage dieser Untersuchung bilden folgende Parameter:

1. Unterrichtssituationen: angenehme und belastende;
2. Gefühle: positive und negative;
3. Attributionen: Ressourcen- und Vulnerabilitäts-Attribution;
4. Bewältigungsstrategien;
5. Zufriedenheit.

Es ist nicht beabsichtigt, Kausalbeziehungen zwischen den genannten Parametern, sondern deren Vernetztheit und phänomenales Zusammenwirken zu erforschen. Dies erfolgt in zwei "Interdependenzketten". (Die Abhängigkeiten zwischen den Parametern mittels einer Interdependenzkette zu erforschen, erwies sich als problematisch, siehe dazu Kapitel 2.3. Hauptbefragung, Schritt 5):

1. 'Angenehme Unterrichtssituationen' - 'Positive Gefühle' -
   'Ressourcen-Attribution' - 'Zufriedenheit';
2. 'Belastende Unterrichtssituationen' - 'Negative Gefühle' -
   'Vulnerabilitäts-Attribution' - 'Bewältigungsstrategien' - 'Zufriedenheit'.

Es ergibt sich folgendes Bild zur kognitiven Landschaft:

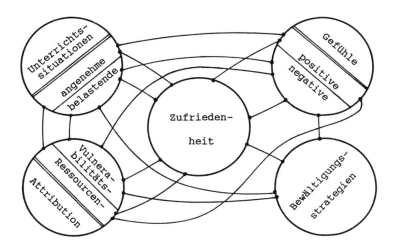

Abb. 2: Ein Wolkenmodell der kognitiven Landschaft mit den relevanten Parametern sowie deren Verknüpfungen

Folgende 16 Hypothesen lassen sich aus den vorgenannten Überlegungen ableiten, wenn man die Relationen zwischen jeweils zwei Parametern systematisch durchrotiert. Es ergeben sich sechs Hypothesen zur ersten und zehn Hypothesen zur zweiten Interdependenzkette. Da die wenigen bereits vorhandenen empirischen Ergebnisse kaum differenziertere Aussagen zulassen, sind die hier vorliegenden Hypothesen sehr allgemein und nach dem einfachen Prinzip "Je mehr..., desto mehr..." bzw. "Je mehr..., desto weniger..." formuliert.

Hypothese 1.1.:
Lehrer, für die viele angenehme Unterrichtssituationen bedeutungsvoll sind, empfinden auch viele positive Gefühle.

Hypothese 1.2.:
Lehrer, für die viele angenehme Unterrichtssituationen bedeutungsvoll sind, attribuieren auch auf viele Ressourcen.

Hypothese 1.3.:
Lehrer, die in angenehmen Unterrichtssituationen viele positive Gefühle empfinden, attribuieren auch auf viele Ressourcen.

Hypothese 1.4.:
Lehrer, für die viele angenehme Unterrichtssituationen bedeutungsvoll sind, fühlen sich in ihrem Beruf auch überdurchschnittlich zufrieden.

Hypothese 1.5.:
Lehrer, die in angenehmen Unterrichtssituationen viele positive Gefühle empfinden, fühlen sich in ihrem Beruf auch überdurchschnittlich zufrieden.

Hypothese 1.6.:
Lehrer, die das Erleben angenehmer Unterrichtssituationen auf viele Ressourcen attribuieren, fühlen sich in ihrem Beruf auch überdurchschnittlich zufrieden.

Hypothese 2.1.:
Lehrer, die viele Unterrichtssituationen als belastend erleben, empfinden auch viele negative Gefühle.

Hypothese 2.2.:
Lehrer, die viele Unterrichtssituationen als belastend erleben, attribuieren nur auf wenige Vulnerabilitäts-Faktoren.

Hypothese 2.3.:
Lehrer, die viele Unterrichtssituationen als belastend erleben, begegnen diesen mit nur wenigen Bewältigungsstrategien.

Hypothese 2.4.:
Lehrer, die in belastenden Unterrichtssituationen viele negative Gefühle empfinden, attribuieren nur auf wenige Vulnerabilitäts-Faktoren.

Hypothese 2.5.:
Lehrer, die in belastenden Unterrichtssituationen viele negative Gefühle empfinden, nutzen nur wenige Bewältigungsstrategien.

Hypothese 2.6.:
Lehrer, die auf nur wenige Vulnerabilitäts-Faktoren attribuieren, nutzen auch
nur wenige Bewältigungsstrategien.

Hypothese 2.7.:
Lehrer, die viele Unterrichtssituationen als belastend erleben, fühlen sich in ihrem Beruf weniger zufrieden.

Hypothese 2.8.:
Lehrer, die in belastenden Unterrichtssituationen viele negative Gefühle empfinden, fühlen sich in ihrem Beruf weniger zufrieden.

Hypothese 2.9.:
Lehrer, die das Erleben belastender Unterrichtssituationen auf nur wenige Vulnerabilitäts-Faktoren attribuieren, fühlen sich in ihrem Beruf weniger zufrieden.

Hypothese 2.10.:
Lehrer, die belastenden Unterrichtssituationen mit nur wenigen Bewältigungsstrategien begegnen, fühlen sich in ihrem Beruf weniger zufrieden.

2. Durchführung der Untersuchung

2.1. Methodische Überlegungen

Kriterium bei der Suche nach einem geeigneten Datenerhebungsverfahren war es, ein Instrument zu finden, welches in überschaubarer Zeit und unter Geringhaltung von Kosten Daten von vielen geographisch verstreut lebenden Personen liefert. Die schriftliche Befragung wurde diesen Anforderungen am ehesten gerecht (vgl. FRIEDRICHS, 1973).

Die Datenerhebung erfolgte in zwei Schritten: Zuerst wurde in einer Vorbefragung (Kapitel 2.2.) Material gesammelt, das qualitativ ausgewertet und für die Konstruktion eines Fragebogens für die Hauptbefragung genutzt wurde. Die Hauptbefragung beabsichtigte, auf quantitativer Ebene Daten zur Beantwortung der Fragestellungen dieser Studie zu gewinnen. Dabei war zu bedenken, daß der gebundene Fragebogen der Hauptbefragung nur teilweise quasi-objektive und überdauernde Einstellungen, Gefühle und Verhaltensweisen der Lehrer zu erfassen imstande war. Ausschlaggebend bei der Bearbeitung des Bogens war die subjektive Interpretation der vorgegebenen Inhalte durch die Lehrer (vgl. MUMMENDEY, 1987). Solche Phänomene bzw. Tendenzen wurden verstärkt durch das Prinzip der Fragebogenerhebung. Die Kontrolle der Erhebungssituation war gering, z.B. was Bearbeitungszeit und Beeinflußbarkeit durch Dritte betraf sowie die Tatsache, daß Fragen und Mißverständnisse nicht zu klären waren (ROTH, 1984) - anders als beispielsweise im Interview.

2.2. Vorbefragung

Zielsetzung im Rahmen der Vorbefragung war es, konkretes Material für die Konstruktion eines an den Fragestellungen orientierten quantitativen Fragebogens zu erhalten. Dazu wurde ein Fragebogen mit offen formulierten Fragen erstellt. Diese sollten die Lehrer anregen, so ausführlich wie möglich über ihre Erfahrungen, Gefühle, Gedanken und Verhaltensweisen zu berichten. Mit solch einem explorativen Vorgehen war beabsichtigt, ein annähernd realitätsgetreues Abbild der Lehrererlebniswelt entstehen zu lassen, das dann der Erstellung eines Itempools dienen sollte.

Der Vorbefragungsbogen bestand aus drei Teilen. 14 Fragen waren als offene Fragen formuliert, drei weitere anhand von Rating-Skalen mit drei, vier und sieben Stufen zu beantworten und bezogen sich auf die Zufriedenheit des Lehrers und seine Einstellung zu diesem Fragebogen, acht Fragen bezogen sich auf demographische Informationen. Der Fragebogen wurde in einer A- und einer B-Version erstellt, damit sich Positionseffekte und dadurch provozierte Antworttendenzen ausgleichen konnten (siehe Fragebogen der Vorbefragung, Version A, im Anhang).

In der Zeit von März bis Mai 1986 wurden 236 Fragebögen, 117 der A- und 119 der B-Version, zeitlich parallel an Lehrer überwiegend im norddeutschen Raum (schwerpunktmäßig Hamburg und Hamburger Umland), aber auch in der Schweiz und im deutschsprachigen Teil Italiens (Südtirol) zusammen mit einem Begleitschreiben verschickt. 87 ausgefüllte Fragebögen wurden zurückgeschickt, 43 der A- und 44 der B-Version. Die Rücklaufquote der insgesamt 236 verschickten Fragebögen betrug somit 36,9%. Im folgenden werden die Ergebnisse zu den demographischen Fragen und zur Zufriedenheit der befragten Lehrer (A- und B-Version zusammengefaßt) kurz dargestellt:

1. Geschlecht:
   50 Lehrerinnen und 35 Lehrer beantworteten den Vorbefragungsbogen.

2. Lehreralter:
   Lehrer sämtlicher Altersgruppen beantworteten den Vorbefragungsbogen, d.h. Lehrer zwischen 25 und über 60 Jahre, wobei etwa 60% der Lehrer zwischen 35 und 49 Jahre alt waren.

3. Dienstjahre:
   Über 60% der befragten Lehrer hatten zwischen 5 und 19 Jahren Unterrichtserfahrung, wobei die Spanne der Dienstjahre von weniger als 5 Jahre bis mehr als 34 Jahre reichte.

4. Schulart:
   An folgenden Schularten unterrichteten die befragten Lehrer: Abendschule, Berufsschule, Gesamtschule, Grundschule, Gymnasium, Hauptschule, Privat-

schule, Realschule, Sonderschule, Orientierungsstufe, Institutionen der Erwachsenenbildung. Die meisten Vorbefragungsbögen stammten von Gymnasiallehrern (31%), zahlreich waren ebenfalls die Bögen von Berufs-, Haupt- und Grundschullehrern (zusammen 40,4%).

5. Unterrichtsfächer:
   Etwa 25% der befragten Lehrer gaben an, Deutsch/Fremdsprachen zu unterrichten, jeweils weitere 15% Mathematik/Naturwissenschaften, sozialwissenschaftliche Fächer und Religion/Philosophie. Der Rest verteilte sich auf musische Fächer, Sport sowie Berufsschulfächer kaufmännisch-technischer Art.

6. Schüleralter:
   Das Alter der Schüler streute breit über alle Altersgruppen von 6 bis über 20 Jahre. Über 50% der Lehrer gaben an, Schüler zwischen 14 und 19 (siehe oben: hoher Anteil an Gymnasiallehrern!) zu unterrichten. Die Schüler an Abend- und Berufsschulen waren zum Teil erheblich älter als 20 Jahre.

7. Anzahl Klassen:
   Etwa 60% der befragten Lehrer gaben an, in 3 bis 6 Klassen zu unterrichten, wobei die Spanne von einer bis zu 13 unterrichteter Klassen reichte.

8. Anzahl Schüler pro Klasse:
   Etwa 40% der befragten Lehrer sagten aus, sie unterrichten durchschnittlich 20 bis 24 Schüler pro Klasse, gut 30% durchschnittlich weniger als 20, knapp 30% durchschnittlich 25 und mehr Schüler pro Klasse.

Es war in der Vorbefragung nicht vorrangig beabsichtigt, eine repräsentative Stichprobe zu erhalten. Im Vordergrund stand, daß die demographischen Daten in jedem Merkmal breit über die nachträglich gebildeten Kategorien streuen sollten. Dieser Tatbestand erschien deshalb wichtig, weil eine Streuung über viele Kategorien in den demographischen Merkmalen Rückschlüsse auch auf eine "inhaltliche Streuung" der Aussagen zulassen konnte. Dies ist offenbar gelungen, so daß die Vielfalt der inhaltlichen Aussagen ein nützliches Reservoir für die Konstruktion des Hauptbefragungsbogens bildete.

Um bereits vor der Hauptbefragung eine Tendenz über die Berufszufriedenheit von Lehrern zu ermitteln, wurden die Lehrer schon in der Vorbefragung danach befragt. Auf einer 7-stufigen Skala (von "sehr unzufrieden" bis "sehr zufrieden") gaben 90% der Lehrer an, in ihrem Beruf zufrieden zu sein. Gefragt nach der Veränderung der Zufriedenheit im Laufe des Berufslebens gab die relative Mehrheit (40%) der Lehrer an, daß sich das Ausmaß ihrer Zufriedenheit nicht verändert hatte.

2.3. Hauptbefragung

2.3.1. Ziel

Ziel der Hauptbefragung war es, mit Hilfe eines gebundenen Fragebogens Antworten auf quantitativer Ebene zu den Fragestellungen dieser Untersuchung zu erhalten. Dazu war es notwendig,
- mit dem Material aus der Voruntersuchung einen zweiten Fragebogen mit Aussagen und vorgegebenen Antwortkategorien zum Ankreuzen zu konstruieren,
- diesen Fragebogen erneut einer Stichprobe von Lehrern zur Einschätzung vorzulegen,
- die Ergebnisse dieser Einschätzung einer quantitativen, statistischen Analyse zu unterziehen.

2.3.2. Präzisierung, Operationalisierung und Konstruktion des Fragebogens

Die Konstruktion eines gebundenen Fragebogens, der im Rahmen der Hauptbefragung eingesetzt werden sollte, erfolgte in zehn Schritten und begann mit einer zielgerichteten Auswertung des Materials aus der Vorbefragung:

Schritt 1: Bildung von Dimensionen

Der erste Schritt hatte zum Ziel, die große Anzahl der Aussagen, welche die Lehrer zu den Fragen der Voruntersuchung machten, zusammenzufassen und zu sortieren. Dieser Arbeitsschritt sollte nicht intuitiv, sondern unter Berücksichtigung methodischer Kriterien erfolgen, die in der sogenannten "Qualitativen Inhaltsanalyse" (MAYRING, 1990, vgl. auch zusammenfassende Darstellung von SPÖHRING, 1989) beschrieben sind. Insbesondere der Forderung nach Systematik und Regelgeleitetheit in der Vorgehensweise (MAYRING, 1990) sollte an dieser Stelle Rechnung getragen werden. Damit ist gemeint, daß die Analyse des erhobenen Materials nach expliziten Regeln sowie in Form aufeinander aufbauender Schritte ablaufen und für andere überprüfbar und nachvollziehbar sein sollte. Auf der anderen Seite galt es auch - dies steht nicht im Widerspruch zum Vorangegangenen -, die subjektiven, impressionistischen Elemente zu bewahren, die dazu beitragen sollten, die Komplexität der Situation abzubilden (KRIZ & LISCH, 1988).

Nach einer ersten Sichtung der Lehrerantworten wurden fünf Dimensionen gebildet, denen einzelne Antworten - diese reichten von Stichworten bis hin zu weitschweifigen Erfahrungsberichten - zugeordnet wurden. Dieses übergeordnete Klassifikationsschema sollte eine strukturierte Beschreibung des erhobenen Materials ermöglichen und bereits die in den Hypothesen enthaltenen Begrifflichkeiten widerspiegeln. Der Zuordnung einzelner Aussagen zu den fünf Dimensionen lagen hier also in erster Linie hypotheseninmmanente Kriterien zugrunde, wie im folgenden deutlich wird:

Dimension 1 'Unterrichtssituationen':
Hier wurde das Wort "Unterrichtssituationen" als Oberbegriff gewählt, da der Begriff "Unterrichtserfahrungen" zu verschwommen schien und die Merkmale dieser Dimension weder eindeutig kennzeichnete noch trennscharf von anderen Dimensionen differenzierte. Eine Situation ist in diesem Sinne allgemein definiert als eine komplexe (Reiz-)lage, welche als Verhaltensbedingung wirksam ist (ARNOLD, 1981) bzw., aus Personensicht, ein wahrgenommenes Handlungsfeld (LANTERMANN, 1982). Darüber hinaus gilt, daß eine Situation zeitlich und räumlich begrenzt ist. Unterschieden werden soll zwischen angenehmen auf der einen und belastenden Unterrichtssituationen auf der anderen Seite.

Dimension 2 'Gefühle':
Gefühle sind im weitesten Sinne persönliche Stellungnahmen zu den Inhalten des Erlebens in Situationen, d.h. zu Wahrnehmungen, Vorstellungen, Gedanken (DORSCH, 1976). ULICH (1989) nennt eine Reihe einzelner Merkmale von Gefühlen, u.a. die Leib-Seele-Erfahrung, die Selbstbetroffenheit (im Gegensatz zur Gleichgültigkeit), die Spontaneität und Unwillkürlichkeit, das passive Erleben im Sinne von Ausgeliefertsein, die Wahrnehmung einer inneren Erregung sowie den Charakter der Einmaligkeit und Unverwechselbarkeit. KRECH und CRUTCHFIELD (1976) beschreiben Gefühle als einen "aufgewühlten" Zustand des Organismus, der sich in drei unterschiedlichen Weisen ausdrückt, im emotionalen Erleben (z.B. Angst), im emotionalen Verhalten (z.B. Flucht) und in physiologischen Veränderungen (z.B. Herzklopfen). Gefühle seien hier verstanden als emotionales Erleben und physiologische Veränderungen. Emotionales Verhalten wird in der Dimension 5 unter dem Begriff "Bewältigungsstrategien" beschrieben. Unterschieden werden soll zwischen positiven und negativen Gefühlen. Selbst auf die Gefahr hin, daß die Bezeichnungen "positiv" und "negativ" im Hinblick auf Gefühle stark vereinfachend scheinen (vgl. IZARD, 1981), werden diese Bezeichnungen am ehesten den beiden in der Vorbefragung genannten eindeutig unterscheidbaren Gefühlsqualitäten gerecht.

Dimension 3 'Ressourcen-Attribution':
In diese Kategorie fallen subjektive Ursachenfaktoren, denen die Lehrer das Erleben angenehmer Situationen und positiver Gefühle im Unterricht zuschreiben, hier u.a. Gedanken, Aktivitäten, Bedingungen. Mit Ressourcen sind hier nicht nur Fertigkeiten und Fähigkeiten, über die eine Person zu verfügen glaubt (SCHWARZER, 1987), gemeint, sondern darüber hinaus auch äußere Bedingungen, die dem Lehrer subjektiv zur Verfügung stehen.

Dimension 4 'Vulnerabilitäts-Attribution':
Diese umfaßt Faktoren, die nach Meinung der Lehrer zu den belastenden Unterrichtssituationen und negativen Gefühlen beitragen, z.B. eigene beeinträchtigende Einstellungen, Gedanken, die Wahrnehmung persönlicher Defizite, hemmende äußere Bedingungen usw.. Mit Vulnerabilität sind hier also - als Gegen-

pol zu den Ressourcen - Ursachenzuschreibungen für belastende Situationen und negative Gefühle gemeint (vgl. Kapitel 1.4.7. Ressourcen und Vulnerabilität). Auch hier gelten externe Bedingungen als subjektive Vulnerabilitäts-Faktoren. Mit Vulnerabilität ist "Verletzlichkeit" (JERUSALEM, 1990) bzw. laut Fremdwörter-Duden "Verwundbarkeit" gemeint.

Dimension 5 'Bewältigungsstrategien':
Diese beschreiben Reaktionsweisen, wie Lehrer mit belastenden Unterrichtssituationen und negativen Gefühlen umgehen und fertigwerden - kurzfristig, d.h. in der Situation selbst, und längerfristig. Die Bewältigungsstrategien beschreiben Prozesse sowohl auf kognitiver Ebene als auch auf der Ebene des Verhaltens (vgl. Kapitel 1.4.4. Bewältigung).

Schritt 2: Bildung von Sub-Dimensionen

Anschließend wurden innerhalb jeder Dimension Hilfs- bzw. Unterdimensionen gebildet, welche die Vielfalt der Aussagen in jeder Dimension bündeln sollten. Dazu wurden die Aussagen der Lehrer nach dem Kriterium der offensichtlichen Ähnlichkeit gruppiert. Die Bildung dieser Sub-Dimensionen erfolgte bewußt rein empirisch, also nicht hypothesengeleitet und ohne Vorstellung davon, wieviele und welche Sub-Dimensionen am Ende herauskommen könnten. Beabsichtigt war damit, die Vielfalt der Aussagen zu erhalten und nicht durch eine theoriegeleitete Voreinstellung von vornherein zu reduzieren. Jede der folgenden Sub-Dimension wird im späteren Fragebogen durch Items repräsentiert.

Dimension 1a 'Angenehme Unterrichtssituationen' - 14 Sub-Dimensionen:
1. Der Anspruch des Lehrers stimmt mit der Wirklichkeit überein.
2. Der Unterricht ermöglicht dem Lehrer geistiges Wachstum/Entwicklung.
3. Der Lehrer setzt bei den Schülern Lernprozesse in Gang.
4. Die Schüler bringen Leistung.
5. Die Schüler setzen sich mit dem Stoff auseinander.
6. Die Schüler sind motiviert.
7. Die Schüler lernen durch Interaktion.
8. Die Schüler kommen miteinander gut klar.
9. Die Schüler entwickeln sich weiter.
10. Der Unterricht ist eine gemeinsame Sache von Lehrer und Schülern.
11. Das Unterrichtsklima ist angenehm, die Stimmung ist gut.
12. Es besteht Nähe zwischen Lehrer und Schülern.
13. Die Schüler verhalten sich diszipliniert.
14. Die Schüler mögen den Lehrer.

Dimension 1b 'Belastende Unterrichtssituationen' - 13 Sub-Dimensionen:
1. Anspruch und Wirklichkeit des Lehrers stimmen nicht überein.
2. Der Unterricht ermöglicht dem Lehrer kein Wachstum/keine Entwicklung.
3. Der Lehrer setzt keine Lernprozesse bei den Schülern in Gang.
4. Die Schüler bringen wenig Leistung.

5. Die Schüler setzen sich mit dem Stoff nur unzureichend auseinander.
6. Die Schüler sind desinteressiert und gelangweilt.
7. Die Beziehung zwischen den Schülern ist gestört.
8. Die Schüler entwickeln sich nicht weiter.
9. Die Interaktion zwischen Lehrer und Schülern ist gestört.
10. Die Unterrichtsatmosphäre ist mies.
11. Die Beziehung zwischen Lehrer und Schülern ist gestört.
12. Die Schüler verhalten sich undiszipliniert.
13. Die Schüler lehnen den Lehrer ab.

Dimension 2a 'Positive Gefühle' - 6 Sub-Dimensionen:
1. Positive Primärgefühle (z.B. Freude).
2. "Geistige" Hochgefühle (z.B. Bereicherung).
3. Positive Gefühle der Erregung, Spannung, Lust (z.B. Faszination).
4. Auf andere bezogene positive und symbiotische Gefühle (z.B. Verbundensein mit den Schülern).
5. Gefühle der Selbstbewertung, Ego-Gefühle (z.B. Stolz).
6. Positive Körperempfindungen (z.B. Entspanntsein).

Dimension 2b 'Negative Gefühle' - 6 Sub-Dimensionen:
1. Negative Primärgefühle (z.B. Angst/Bedrohung).
2. Gefühle der Niedergeschlagenheit (z.B. Ohnmacht/Hilflosigkeit).
3. Negative Gefühle der Erregung, Spannung, Unlust (z.B. Unerträglichkeit).
4. Auf andere bezogene Gefühle, Ablehnung (z.B. Haß auf die Schüler).
5. Negative Gefühle der Selbstbewertung, Ego-Gefühle (z.B. Selbstmitleid).
6. Negative Körperempfindungen, Psychosomatische Symptome (z.B. Kopf-schmerzen).

Dimension 3 'Ressourcen-Attribution' - 8 Sub-Dimensionen:
1. Förderliche Einstellungen, Überzeugungen, Gedanken.
2. Fachliche Kompetenz, Erfahrungen, Erinnerungen.
3. Vorhandene Gesprächspartner.
4. Förderliche Strategien, Methoden und Aktivitäten im und für den Unterricht.
5. Förderliche Bedingungen und Zustände, förderliches Material.
6. Förderliches von Schülerseite.
7. Den Körper betreffende förderliche Aktivitäten, Lebensweisen.
8. Förderliche private Aktivitäten, Interessen, Hobbys.

Dimension 4 'Vulnerabilitäts-Attribution' - 8 Sub-Dimensionen:
1. Beeinträchtigende Einstellungen, Überzeugungen, Gedanken.
2. Kompetenzdefizite, beeinträchtigende Erfahrungen, Erinnerungen.
3. Mangel an Gesprächspartnern.
4. Methodische Mängel und eigene Verhaltensdefizite.
5. Beeinträchtigungen durch Bedingungen, Zustände, Material.
6. Beeinträchtigungen durch die Schüler.
7. Den Körper beeinträchtigende Aktivitäten, Lebensweisen, Defizite.
8. Beeinträchtigungen durch den privaten, persönlichen Bereich.

Dimension 5 'Bewältigungsstrategien' - 3 Sub-Dimensionen:
1. Reaktion: Einstellungen, Überzeugungen, Gedanken.
2. Reaktion: Verhalten, Kommunikation, Interaktion.
3. Reaktion: Unterrichtsstrategien und -methoden, Maßnahmen, Aktivitäten.

Schritt 3: Formulierung der Items

Aus den in den Unterdimensionen vorhandenen Aussagen wurden Items formuliert. Die Formulierung der Items, die mit einer erheblichen Reduzierung des Materials verbunden war, erfolgte nach folgenden sechs Prinzipien:

1. Lehrersprache erhalten:
Die Formulierung der Items orientierte sich weitgehend an der Sprache der Lehrer, d.h. Redewendungen und Ausdrücke sollten beibehalten werden. Ziel dabei war es, die Erlebnisinhalte der Lehrer nicht durch einen wissenschaftlichen Psychofilter zu verwischen und einen höheren Identifikationsgrad der zu befragenden Lehrer mit dem Aussagenmaterial zu bewirken.

2. Konkret vor abstrakt:
Bei der Auswahl der Aussagen innerhalb jeder Hilfsdimension wurden konkrete Beschreibungen bevorzugt, z.B. "wenn die Schüler meinen Anweisungen folgen" anstelle einer abstrakten Aussage, die inhaltlich dasselbe erfaßt, z.B. "wenn sich die Schüler angepaßt verhalten". Solche Formulierungen sollten das Vorstellungsvermögen der Lehrer anregen und einen höheren Identifikationsgrad mit den einzelnen Aussagen, den Items, bewirken. Dieses Vorgehen läuft zwar der in der Qualitativen Inhaltsanalyse (MAYRING, 1990) geforderten Methode der Generalisierung von Aussagen entgegen, folgt aber dem Prinzip der Typisierung, wobei es darauf ankommt, repräsentative Aussagen, sogenannte Prototypen bzw. Ankerbeispiele, auszuwählen. So wurden Beispiele übernommen, die bestimmte Aussagen veranschaulichen sollten, z.B. "Ich denke trotzig, z.B.: Wenn der nicht will, soll er doch sehen, wie er fertig wird - jeder ist seines Glückes Schmied!"

3. Ohne relativierende Adverbien:
Vermieden wurden weitgehend Adverbien, die den Inhalt eines Items relativieren, z.B. Wörter wie "immer", "öfter", "manchmal", "kaum", "nie". Die Items sind als Absolutaussagen formuliert, zu denen die Lehrer durch Ankreuzen auf einer Skala relativierend Stellung nehmen sollten (vgl. auch MUMMENDEY, 1987).

4. Ähnliche Inhalte zu einem Item gekoppelt:
Ähnliche Inhalte wurden zu einem Item zusammengefaßt, z.B. "Privat: Spazierengehen/Wandern/Radfahren", verbunden mit der Instruktion, daß die Lehrer den auf sie zutreffenden Skalenpunkt ankreuzen sollten, wenn mindestens eine dieser Aktivitäten für sie charakteristisch ist.

5. Nichts selbst ergänzt:

Um das erhobene Material nicht mit eigenen Gedanken zur Erlebniswelt der Lehrer zu verzerren, wurden keine über den vorliegenden Stoff hinausgehenden Aussagen in den Fragebogen hineingeschmuggelt - abgesehen von einer Ausnahme: Bei den negativen Gefühlen bot sich eine Vervollständigung der negativen Körperempfindungen um weitere psychosomatische Symptome an. Die Tatsache, daß nur die erhobenen Inhalte in die Konstruktion des Fragebogens eingingen, hat auch dazu geführt, daß z.B. nicht zu jedem "angenehmen" ein paralleles "belastendes" Item existiert. Sowohl die Anzahl der Items zu Unterrichtssituationen, Gefühlen und Ressourcen- bzw. Vulnerabilitäts-Attributionen als auch die Anzahl der Hilfsdimensionen weichen voneinander ab.

6. Itemrevision:

Zum Schluß wurden die Items einer sprachlichen Revision unterzogen mit der Absicht, unverständliche Formulierungen zu eliminieren, z.B. Schachtelsätze, Fachausdrücke und doppelte Verneinungen. Darüber hinaus erhielt der Itemsatz auch unter stilistischen Gesichtspunkten seinen letzten Schliff, so daß er in seiner Gesamtheit einheitlich wirkte (vgl. MUMMENDEY, 1987; ROBERTS & ROST, 1974).

Schritt 4: Mixen der Items

Bei der Erstellung der Itemliste wurden die Sub-Dimensionen aufgelöst und die Items nach dem Zufallsprinzip aneinandergereiht. Dadurch sollte weitgehend verhindert werden, daß Lehrer zwei hintereinanderstehende Items als inhaltlich zusammengehörig interpretieren und entsprechend ähnlich einschätzen. Dieses Prinzip wurde an zwei Stellen bewußt durchbrochen. Die Itemsammlung zu 'Ressourcen-Attribution' beinhaltet neun Items zur Sub-Dimension "Vorhandene Gesprächspartner", die Itemsammlung zu 'Negative Gefühle' beinhaltet 17 Items zur Hilfsdimension "Negative Körperempfindungen, Psychosomatische Symptome". Diese Items wurden aneinandergereiht, da die Lehrer diese als inhaltlich zusammengehörig erkennen sollten.

Schritt 5: Schaffung zweier Fragebögen

Da die verhältnismäßig große Anzahl von Items nicht derart reduziert werden sollte, ohne daß wertvolle Information verlorengegangen wäre, andererseits aber die Vorgabe nur eines Fragebogens die Grenze der Zumutbarkeit für die Befragten weit überschritten hätte, wurden zwei Fragebögen entwickelt:

Fragebogen 1 "Angenehme Unterrichtssituationen":

Teil (1) Dimension 'Angenehme Unterrichtssituationen'	45 Items
Teil (2) Dimension 'Positive Gefühle'	25 Items
Teil (3) Dimension 'Ressourcen-Attribution'	113 Items
	-------------
	183 Items

Fragebogen 2 "Belastende Unterrichtssituationen":

Teil (1) Dimension 'Belastende Unterrichtssituationen'	47 Items
Teil (2) Dimension 'Negative Gefühle'	44 Items
Teil (3) Dimension 'Bewältigungsstrategien'	120 Items
Teil (4) Dimension 'Vulnerabilitäts-Attribution'	100 Items
	-------------
	311 Items

Schritt 6: Schaffung von Parallelversionen

Zu beiden Fragebögen 1 und 2 wurden jeweils Parallelversionen, A und B, entwickelt, um Positionseffekte und dadurch provozierte Antworttendenzen auszugleichen. Die Parallelversionen ergaben sich nicht aus einer zufälligen Mischung der Items der Ur-Versionen, sondern entstanden aus einer regelhaften Neuzusammenstellung der Items. Das letzte Item eines Fragebogenteils in A ist das erste Item in B, das drittletzte in A steht in B an zweiter Stelle, usw.

Beispiel: Fragebogen 1, Teil (1) "Angenehme Unterrichtssituationen"
(45 Items):

Version A		Version B
Item 45	=	Item 1
Item 43	=	Item 2
Item 41	=	Item 3
.		.
.		.
.		.
Item 1	=	Item 23
Item 44	=	Item 24
.		.
.		.
Item 2	=	Item 45

Die Items der im Schritt 5 genannten Sub-Dimensionen "Vorhandene Gesprächspartner" und "Negative Körperempfindungen, Psychosomatische Symptome" wurden in den Versionen A und B aneinandergereiht, jedoch jeweils in umgekehrter Abfolge. Die Reihenfolge der Fragebogenteile ist in den beiden umgekehrter Abfolge. Die Reihenfolge der Fragebogenteile ist in den beiden Versionen identisch. Eine voneinander abweichende Zusammenstellung der Fragebogenteile in den Versionen wäre aus konzeptionellen Gesichtspunkten nicht sinnvoll gewesen, da die Teile (1) bis (3) bzw. (1) bis (4) logisch aufeinander aufbauen (siehe Fragebogen 1 und 2 der Hauptbefragung, jeweils Version B, im Anhang).

Schritt 7: Zufriedenheitsfrage

Die Frage nach der Zufriedenheit im Lehrerberuf bildete den Abschluß des inhaltlichen Teils der beiden Fragebögen, d.h. als Teil (4) im Fragebogen 1 und als Teil (5) im Fragebogen 2. Der Wortlaut dieser Frage war in beiden Fragebögen identisch:

> "Wenn Sie Ihre Unterrichtstätigkeit insgesamt überblicken:
> Wie zufrieden fühlen Sie sich in Ihrem Beruf als Lehrer ?"

Schritt 8: Konstruktion der Einschätzungsskala

Zur Einschätzung der aufgeführten Items durch die Lehrer diente eine 4-stufige Skala, die von 1 (Ablehnung) bis 4 (volle Zustimmung) reichte. Um eine lästige Transformation der Skalenwerte für die spätere statistische Verrechnung zu vermeiden, wurden die Skalenpunkte im Fragebogen bereits mit 1, 2, 3 und 4 bezeichnet. Auf eine Skalenmitte wurde verzichtet, um Mittelwerttendenzen bei der Einschätzung entgegenzuwirken und die Lehrer dazu zu bewegen, sich bei ihren Einschätzungen für einen der beiden Punkte rechts oder links der Skalenmitte zu entscheiden. Den Grad ihrer Zufriedenheit sollten sie anhand einer 6-stufigen Skala von -3 (sehr unzufrieden) bis +3 (sehr zufrieden) einschätzen.

Schritt 9: Demographische Fragen

Folgende demographische Merkmale wurden erhoben:
1. 'Geschlecht';
2. 'Lehreralter';
3. 'Dienstjahre';
4. 'Schulart';
5. 'Unterrichtsfächer';
6. 'Schüleralter';
7. 'Anzahl Klassen/Kurse';
8. 'Bundesland'.

Die Lehrer sollten hier eine bzw. mehrere der vorgegebenen Antwortkategorien anzukreuzen. Die gewählten Kategorien, z.B. die 5-Jahres-Gruppen bei 'Lehreralter' und die Kategorien bei 'Schulfächer' erwiesen sich aufgrund der Erfahrung mit den Daten aus der Voruntersuchung als sinnvoll. Das Merkmal 'Anzahl Schüler pro Klasse' wurde nicht erhoben, stattdessen das Merkmal 'Bundesland'.

Die Reihenfolge der demographischen Fragen war in den Fragebögen 1 und 2 sowie ihren Parallelversionen identisch. Sie bildeten in beiden Fragebögen den Anfang.

Schritt 10: Gestaltung des Fragebogens

Ausführliche Instruktionen mit Erläuterung der Skalen bildeten die Einleitung jedes Fragebogenteils. Ein Überleitungssatz schaffte die Verbindung zu den Items, z.B.:
"Wie beeinträchtigend / belastend ist es für mich...(wenn-Item)?" oder
"Was gibt mir Kraft / Energie...(Item)?"

Am Ende, auf der letzten Seite, hatten die Lehrer Gelegenheit, ihren Unmut über Schule, Schüler und Fragebogen zu äußern.

Um zum einen die Antwortbereitschaft und damit die Rücklaufquote zu erhöhen und zum anderen das Ausmaß sozial erwünschter Antworten so gering wie möglich zu halten, wurde im Begleitschreiben
- Anonymität zugesichert,
- darauf hingewiesen, daß es keine objektiv richtigen und falschen Antworten gibt,
- betont, daß die Lehrer ihrer Lebenswirklichkeit gemäß und nicht, was ihnen möglicherweise wünschenswert erscheint, antworten sollten (MUMMENDEY, 1987).

2.3.3. Durchführung der Hauptbefragung

In der Zeit von Februar bis April 1989 wurden insgesamt 1.600 Fragebögen an Lehrer im gesamten (alten) Bundesgebiet zusammen mit einem Begleitschreiben verschickt, d.h.
- 400 Fragebögen 1, Version A,
- 400 Fragebögen 1, Version B,
- 400 Fragebögen 2, Version A,
- 400 Fragebögen 2, Version B,

Zur Verteilung der Fragebögen an die Lehrer wurden folgende Kanäle genutzt:

- Lehreranschriften über Kontakte der Universität Hamburg;
- Lehrer im Bekanntenkreis des Autors sowie im Bekanntenkreis der Freunde des Autors;
- Verbände und Institutionen, d.h. VBE (Verband Bildung und Erziehung), GEW (Gewerkschaft Erziehung und Wissenschaft), jeweils mit Landesverbänden, die Institute für Lehrerfort- und Weiterbildung Mainz und Bremen und das Hessische Institut für Bildungsplanung und Schulentwicklung, welche die Fragebögen an ihre Mitglieder weiterreichten;

- Lehrer, die an der Vorbefragung teilgenommen haben, jedoch nur etwa 10 bis 12 Personen.

Einige Lehrer, die angesprochen wurden, waren bereit, mehrere Exemplare an Lehrerkollegen weiterzugeben. Die insgesamt 1.600 Fragebögen wurden an 113 Adressen versandt. Die Spanne der Anzahl abgenommener Bögen reichte von einem bis zu 160 Fragebögen (Verband). Verschickt wurden die vier Fragebogenversionen zeitlich parallel. Außerdem wurden die meisten Abnehmer mit Exemplaren nur einer Version beliefert, um zu erreichen, daß den Lehrern nur die ihnen vorliegende Version bekannt wurde. Waren mehrere Abnehmer in einem Bundesland vorhanden, so wurden diese mit unterschiedlichen Versionen bedient, um eine Gleichverteilung der Versionen zu erreichen.

2.4. Beschreibung der beiden Stichproben

In diesem Kapitel werden zunächst die Stichproben 1 (Fragebogen zu "Angenehme Unterrichtssituationen") und 2 (Fragebogen zu "Belastende Unterrichtssituationen") mit ihren Teilstichproben zu Version A und B sowie die Gesamtstichproben beschrieben, d.h.
- Rücklauf,
- demographische Daten,
- Items der Fragebogenteile (1) bis (4) in Stichprobe 1 und (1) bis (5) in Stichprobe 2,
bevor im Anschluß daran Schlußfolgerungen für das weitere Vorgehen erörtert werden.

2.4.1. Rücklauf

Stichprobe 1 (Fragebogen zu "Angenehme Unterrichtssituationen"):
Von 800 verschickten Fragebögen haben 350 Lehrer ihren Bogen bearbeitet zurückgeschickt, das entspricht einer Rücklaufquote von 43.8%, im einzelnen:
- 175 von 400 der Version A (43.8%),
- 175 von 400 der Version B (43.8%).

Stichprobe 2 (Fragebogen zu "Belastende Unterrichtssituationen"):
Von 800 verschickten Fragebögen haben 315 Lehrer ihren Bogen bearbeitet zurückgeschickt, das entspricht einer Rücklaufquote von 39.4%, im einzelnen:
- 173 von 400 der Version A (43.3%),
- 142 von 400 der Version B (35.5%).

2.4.2. Verrechnung der Daten

Die Verrechnung der Daten, d.h. sowohl die statistischen Analysen zur Beschreibung der Stichproben, als auch alle weiteren Rechenoperationen (Faktoren- und Clusteranalyse, siehe Kapitel 3) erfolgte mit dem SPSS-Programmpaket.

2.4.3. Demographische Daten

Folgende statistische Analysen wurden mit den demographischen Daten der Lehrer beider Stichproben durchgeführt:
- Häufigkeitsverteilungen bezüglich der demographischen Merkmale der Lehrer der Teilstichproben zu Version A und B sowie für die Gesamtgruppe der jeweiligen Stichprobe;

- Chi-Quadrat-Analysen zur Ermittlung statistisch signifikanter Unterschiede zwischen den Lehrern der Teilstichproben zu Version A und B im Hinblick auf bestimmte demographische Merkmale.

Die Ergebnisse der vorliegenden Stichproben sollten darüber hinaus mit den tatsächlichen Verhältnissen verglichen werden. Dazu wurden entsprechende Daten vom Statistischen Bundesamt (1989) sowie Statistische Veröffentlichungen der Kultusministerkonferenz (1991) herangezogen. Dies war insofern mit Problemen behaftet, da beide Quellen trotz Zugrundelegung des Jahres 1989 zum einen voneinander abwichen, zum anderen die Datenaufbereitung teilweise auf unterschiedlichen Kriterien beruhte (z.B. nach Art des Beschäftigungsverhältnisses). Abgesehen davon lagen nicht zu allen hier relevanten Merkmalen offizielle Vergleichszahlen vor.

1. 'Geschlecht'

Folgende Tabelle zeigt für beide Stichproben die Verteilung weiblicher und männlicher Lehrer in den Teilstichproben zu Version A und B sowie in den Gesamtstichproben. Angegeben sind Häufigkeiten (N) sowie Prozentsätze (%), darüber hinaus Chi-Quadrat.

Tab. 1: Merkmal 'Geschlecht' der befragten Lehrer

Stichprobe 1	A		B		Gesamtgruppe	
Geschlecht	N	%	N	%	N	%
weiblich	82	47.7	83	47.4	165	47.6
männlich	90	52.3	92	52.6	182	52.4
Summe	172	100.0	175	100.0	347	100.0
keine Angabe	3		0		3	

Chi-Quadrat=.00; df=1

Stichprobe 2	A		B		Gesamtgruppe	
Geschlecht	N	%	N	%	N	%
weiblich	80	47.6	67	48.9	147	48.2
männlich	88	52.4	70	51.1	158	51.8
Summe	168	100.0	137	100.0	305	100.0
keine Angabe	5		5		10	

Chi-Quadrat=0.05; df=1

50

Da die Teilstichproben zu Version A und B in beiden Stichproben in diesem Merkmal nicht signifikant voneinander abweichen, kann man davon ausgehen, daß es sich bei den Teilstichproben um vergleichbare Lehrergruppen handelt.

In beiden Stichproben haben etwas mehr männliche als weibliche Lehrer den ihnen vorliegenden Fragebogen beantwortet. Zieht man die Daten des Statistischen Bundesamtes (1989) heran, so zeigt sich, daß der Anteil weiblicher Lehrer in Deutschland 50.7%, der Anteil männlicher Lehrer 49.3% beträgt. Diese Abweichung kann in der Art der Verteilung der Bögen oder in der größeren Auskunftsfreudigkeit der männlichen Lehrer begründet liegen. Die genannte Abweichung ist jedoch so geringfügig, daß die Stichproben im Hinblick auf das Merkmal 'Geschlecht' als repräsentativ bezeichnet werden können.

2. 'Lehreralter'

Folgende Tabelle zeigt für beide Stichproben die Verteilung der Lehrer über verschiedene Altersgruppen in den Teilstichproben zu Version A und B sowie in den Gesamtstichproben. Angegeben sind Häufigkeiten (N) sowie Prozentsätze (%), darüber hinaus Chi-Quadrat.

Tab. 2: Merkmal 'Lehreralter'

Stichprobe 1	A		B		Gesamtgruppe	
Altersgruppe	N	%	N	%	N	%
25 - 29 Jahre	2	1.1	3	1.7	5	1.4
30 - 34 Jahre	14	8.0	16	9.2	30	8.6
35 - 39 Jahre	47	27.1	38	21.9	85	24.5
40 - 44 Jahre	45	25.9	33	19.0	78	22.4
45 - 49 Jahre	28	16.1	42	24.1	70	20.1
50 - 54 Jahre	24	13.8	23	13.2	47	13.5
55 - 59 Jahre	6	3.4	12	6.9	18	5.2
60 - < Jahre	8	4.6	7	4.0	15	4.3
Summe	174	100.0	174	100.0	348	100.0
keine Angabe	1		1		2	

Chi-Quadrat=8.02; df=7

Stichprobe 2	A		B		Gesamtgruppe	
Altersgruppe	N	%	N	%	N	%
25 - 29 Jahre	9	5.2	2	1.4	11	3.5
30 - 34 Jahre	18	10.4	12	8.5	30	9.5
35 - 39 Jahre	35	20.2	42	29.6	77	24.5
40 - 44 Jahre	32	18.5	33	23.2	65	20.6
45 - 49 Jahre	33	19.1	27	19.0	60	19.0
50 - 54 Jahre	17	9.8	17	12.0	34	10.8
55 - 59 Jahre	19	11.0	4	2.8	23	7.3
60 - < Jahre	10	5.8	5	3.5	15	4.8
Summe	173	100.0	142	100.0	315	100.0

Chi-Quadrat=15.45; df=7; p=.031

Bezogen auf dieses Merkmal sind sich die Teilstichproben in Stichprobe 1 sehr ähnlich, in Stichprobe 2 unterscheiden sie sich jedoch signifikant auf dem 5%-Niveau.

Die Altersspanne der befragten Lehrer reicht in beiden Stichproben von 25 bis über 60 Jahre, d.h. die Ausprägung dieses Merkmals streut über sämtliche Altersgruppen. Jeweils etwa zwei Drittel der Lehrer sind zwischen 35 und 49 Jahre alt. Legt man bei diesem Merkmal Daten des Statistischen Bundesamtes (1989, Hauptberufliche Lehrer nach Lehramtsprüfungen und Altersgruppen, Lehrer an allgemeinbildenden und beruflichen Schulen zusammengefaßt, N=569 026) für das Jahr 1989 zugrunde, so zeigen sich ähnliche prozentuale Verteilungen über die genannten Altersgruppen, in der Reihenfolge: 2.5%, 10.1%, 24.2%, 22.3%, 20.4%, 12.4%, 5.7%, 2.4%. Das bedeutet, daß die beiden vorliegenden Stichproben auch im Hinblick auf das Merkmal 'Lehreralter' repräsentativ sind.

3. 'Dienstjahre'

Die folgende Tabelle gibt für beide Stichproben einen Überblick über die Verteilung der Lehrer über die Dienstjahre, bezogen auf die Teilstichproben zu Version A und B sowie auf die Gesamtstichproben. Angegeben sind Häufigkeiten (N) sowie Prozentsätze (%), darüber hinaus Chi-Quadrat.

Tab. 3: Merkmal 'Dienstjahre' der befragten Lehrer

Stichprobe 1	A		B		Gesamtgruppe	
Dienstjahre	N	%	N	%	N	%
< 5 Jahre	5	2.9	10	5.7	15	4.3
5 - 9 Jahre	16	9.1	20	11.5	36	10.3
10 - 14 Jahre	57	32.6	41	23.6	98	28.1
15 - 19 Jahre	44	25.1	31	17.9	75	21.5
20 - 24 Jahre	22	12.6	33	19.0	55	15.8
25 - 29 Jahre	20	11.4	22	12.6	42	12.0
30 - 34 Jahre	6	3.4	10	5.7	16	4.6
> 34 Jahre	5	2.9	7	4.0	12	3.4
Summe	175	100.0	174	100.0	349	100.0
keine Angabe	0		1		1	

Chi-Quadrat=10.60; df=7

Stichprobe 2	A		B		Gesamtgruppe	
Dienstjahre	N	%	N	%	N	%
< 5 Jahre	21	12.1	8	5.7	29	9.2
5 - 9 Jahre	15	8.7	13	9.2	28	8.9
10 - 14 Jahre	37	21.4	45	31.9	82	26.1
15 - 19 Jahre	30	17.4	30	21.3	60	19.1
20 - 24 Jahre	31	17.9	24	17.0	55	17.5
25 - 29 Jahre	12	6.9	12	8.5	24	7.6
30 - 34 Jahre	11	6.4	7	5.0	18	5.8
> 34 Jahre	16	9.2	2	1.4	18	5.8
Summe	173	100.0	141	100.0	314	100.0
keine Angabe	0		1		1	

Chi-Quadrat=16.33; df=7; p=.022

Im Merkmal 'Dienstjahre' unterscheiden sich die Teilstichproben A und B in Stichprobe 1 nicht signifikant voneinander, in Stichprobe 2 jedoch signifikant auf dem 5%-Niveau. Hier fällt die Parallelität zum vorangegangenen Merkmal auf, was jedoch nicht verwundert, da 'Lehreralter' und 'Dienstjahre' in engem Zusammenhang stehen.

Knapp die Hälfte der befragten Lehrer hat zwischen 10 und 19 Jahren Unterrichtserfahrung. Zu diesem Merkmal existieren keine Zahlen von offizieller Seite. Die Ausprägungen in den einzelnen Kategorien dieses Merkmals ähneln jedoch stark denen des Merkmals 'Lehreralter'.

4. 'Schulart'

Bei diesem Merkmal gab es Mehrfachnennungen. 31 Lehrer der Stichprobe 1
und 37 Lehrer der Stichprobe 2 unterrichteten an 2 Schularten, z.B. Haupt- und
Realschule. Einige in der Kategorie "Sonstige Schularten" genannten Schularten
wurden im Nachhinein den bestehenden Kategorien zugeordnet (siehe Fußno-
ten unter Tabelle 4). Orientierungsstufe (Niedersachsen) und Erwachsenenbildung erhielten dabei zusätzliche Kategorien.

Tabelle 4 zeigt für beide Stichproben die Verteilung der Lehrer über verschiedene Schularten, bezogen auf die Teilstichproben zu Version A und B und auf
die Gesamtstichproben. Angegeben sind Häufigkeiten (N) sowie Prozentzahlen
(%), darüber hinaus Chi-Quadrat.

Tab. 4: Merkmal 'Schulart' der befragten Lehrer

Stichprobe 1	A		B		Gesamtgruppe	
Schulart	N	%	N	%	N	%
Abendschule*1	4	2.1	3	1.6	7	1.8
Berufsschule*2	3	1.6	2	1.1	5	1.3
Gesamtschule*3	14	7.3	26	13.7	40	10.5
Grundschule*4	55	28.8	54	28.4	109	28.6
Gymnasium*5	36	18.8	35	18.4	71	18.6
Hauptschule*6	31	16.2	32	16.8	63	16.5
Privatschule/-lehrer*7	0		1	.5	1	.3
Realschule*8	23	12.1	21	11.0	44	11.6
Sonderschule*9	11	5.8	14	7.4	25	6.6
Orientierungsstufe*10	13	6.8	0		13	3.4
Erwachsenenbildung*11	1	0.5	2	1.1	3	.8
Summe	191	100.0	190	100.0	381	100.0

Chi-Quadrat=18.764; df=10; p=.043

Stichprobe 2	A		B		Gesamtgruppe	
Schulart	N	%	N	%	N	%
Abendschule*1	1	.5	2	1.2	3	.9
Berufsschule*2	9	4.8	4	2.5	13	3.7
Gesamtschule*3	16	8.5	23	14.2	39	11.1
Grundschule*4	46	24.3	29	17.9	75	21.4
Gymnasium*5	41	21.7	24	14.8	65	18.5
Hauptschule*6	28	14.8	43	26.6	71	20.2
Privatschule/-lehrer*7	0		1	.6	1	.3
Realschule*8	22	11.6	21	13.0	43	12.3
Sonderschule*9	17	9.0	7	4.3	24	6.8
Orientierungsstufe*10	5	2.7	2	1.2	7	2.0
Erwachsenenbildung*11	4	2.1	6	3.7	10	2.8
Summe	189	100.0	162	100.0	351	100.0

Chi-Quadrat=19.898; df=10; p=.030

```
 *1: Kollegschule (Nordrhein-Westfalen);
 *2: Eisenbahnfachschule, Sonderberufsschule;
 *3: Integrierte Gesamtschule (Hessen);
 *4: Vorklasse;
 *5: Wirtschaftsgymnasium, Technisches Gymnasium;
 *6: Volksschule, Mittelpunktschule (Hessen);
 *7: Internat;
 *8: Mittelpunktschule (Hessen);
 *9: Lernbehindertenschule, Förderstufe;
*10: Beobachtungsstufe (Hamburg);
*11: Studienseminar (Universität), Volkshochschule, Diakonisches
     Werk, Verwaltungsschule, Rehabilitationszentrum.
(diese Schularten wurden den oben genannten Kategorien zugeordnet)
```

In beiden Stichproben unterscheiden sich die Teilstichproben voneinander signifikant auf dem 5%-Niveau. Die Teilstichproben weichen in diesem Merkmal also überzufällig voneinander ab.

In beiden Stichproben unterrichten etwa 85% der befragten Lehrer an Grundschulen, Gymnasien, Haupt-, Real- und Gesamtschulen. Die Nennungen zu
Abend-, Berufs-, Privat- und Sonderschulen, zur Orientierungsstufe und Erwachsenenbildung fallen kaum ins Gewicht. Die Zahlen der Statistischen Veröffentlichungen der Kultusministerkonferenz (1991) für das Jahr 1989 zeigen folgende Verteilung der Lehrer (N = 538 179) über die Schularten:
- 22.7% Grundschullehrer,
- 21.5% Gymnasiallehrer,
- 14.0% Hauptschullehrer,
- 10.0% Realschullehrer,
- 16.5% Berufsschullehrer,
- 7.2% Sonderschullehrer,
- 8.1% übrige.

Auch in diesem Merkmal ähnelt die Verteilung der Lehrer - wenn auch weniger
deutlich wie bei den vorangegangenen Merkmalen - der tatsächlichen Verteilung. Nur die Berufsschullehrer sind in dieser Stichprobe unterrepräsentiert.

5. 'Unterrichtsfächer'

Hier gab es Mehrfachnennungen. In der Kategorie "Sonstige Fächer" nannten
einige Grundschullehrer "grundlegender Unterricht" oder "alle Grundschulfä-
cher". In solchen Fällen wurden die Fachgruppen 1 bis 6 codiert, da die meisten
anderen Grundschullehrer die Fachgruppen 1 bis 6 angekreuzt hatten. Die
"Therapeutisch-stützenden Fächer" erhielten im Nachhinein eine eigene Kategorie. Einzelne, in "Sonstige Fächer" genannte Unterrichtsfächer wurden nachträglich bestimmten Fachgruppen zugeordnet. In der Fußnote unter Tabelle 5
sind sämtliche Fächer genannt, die die jeweilige Fachgruppe enthält.

Tabelle 5 zeigt die Verteilung der Lehrer über die Fachgruppen, bezogen auf
die Teilstichproben zu Version A und B und die Gesamtstichproben (abgekürzt:

SP). Angegeben sind Häufigkeiten (N) sowie Prozentzahlen (%), darüber hinaus Chi-Quadrat pro Fachgruppe.

Tab. 5: Merkmal 'Unterrichtsfächer' der befragten Lehrer

Fachgruppe	A		B		Gesamtgruppe		Signifikanz	
	N	%	N	%	N	%		
Sprachen*1								
SP 1	122	69.7	127	72.6	249	71.1	Chi= .22;	df=1
SP 2	123	71.1	96	67.6	219	69.5	Chi= .45;	df=1
Naturwissenschaften*2								
SP 1	111	63.4	107	61.1	218	62.3	Chi= .11;	df=1
SP 2	101	58.4	68	47.9	169	53.7	Chi=3.45;	df=1
Sozialwissenschaften*3								
SP 1	91	52.0	76	43.4	167	47.7	Chi=2.24;	df=1
SP 2	75	43.4	72	50.7	147	46.7	Chi=1.69;	df=1
Musisch-kreative Fächer*4								
SP 1	85	48.6	58	33.1	143	40.9	Chi=7.99;	df=1*
SP 2	62	35.8	59	41.5	121	38.4	Chi=1.08;	df=1
Religion, Philosophie, Wahlfächer*5								
SP 1	60	34.3	50	28.6	110	31.4	Chi=1.07;	df=1
SP 2	64	37.0	38	26.8	102	32.4	Chi=3.73;	df=1
Sport*6								
SP 1	66	37.7	50	28.6	116	33.1	Chi=2.90;	df=1
SP 2	45	26.0	47	33.1	92	29.2	Chi=1.89;	df=1
Kaufmännische, praktisch-technische Fächer*7								
SP 1	8	4.6	10	5.7	18	5.1	Chi= .06;	df=1
SP 2	10	5.8	12	8.5	22	7.0	Chi= .86;	df=1
Therapeutisch-stützende Fächer								
SP 1	2	1.1	1	.6	3	.9		
SP 2	2	1.2	1	.7	3	1.0		
Grundgesamtheit								
SP 1	175	100.0	175	100.0	350	100.0		
SP 2	173	100.0	142	100.0	315	100.0		

* p=.005

*1: Deutsch, Latein, alle Fremdsprachen, Deutsch als Fremdsprache, Frühenglisch;
*2: Mathematik, Physik, Biologie, Chemie, Informatik, Sachkunde;
*3: Gemeinschaftskunde, Geschichte, Erdkunde, Politik, Sozialkunde, Heimatkunde;
*4: Kunst, Musik, Theaterspiel, Handarbeit, Werken, Darstellendes Spiel, Arbeitsgemeinschaft Videomagazin;
*5: Religion, Philosophie, Psychologie, Pädagogik/Erziehungskunde, Recht, Werte und Normen, Ethik;
*6: Sport, Schwimmen;
*7: alle Berufsschulfächer, Arbeitslehre, Wirtschaftslehre, Hauswirtschaftslehre, Maschinenbau, Metalltechnik.
(genannt sind sämtliche Fächer innerhalb jeder Kategorie)

Nur in der Fachgruppe "Musisch-kreative Fächer" unterscheiden sich die Teilstichproben von Stichprobe 1 signifikant auf dem 1%-Niveau voneinander. Ansonsten sind die Teilstichproben in etwa gleich.

Über zwei Drittel der Lehrer unterrichten Sprachen, mehr als die Hälfte Naturwissenschaften und fast die Hälfte Sozialwissenschaften. Dieses Merkmal streut breit über alle Kategorien. Da die Berufsschullehrer hier unterrepräsentiert sind, ist der Anteil kaufmännischer und praktisch-technischer Fächer ebenfalls relativ gering. Zu diesem Merkmal existieren keine Zahlen von offizieller Seite.

6. 'Schüleralter'

Auch bei diesem Merkmal gab es Mehrfachnennungen. In die Auswertung gingen maximal fünf angekreuzte Kategorien ein. Folgende Tabelle zeigt für beide Stichproben die Verteilung des Merkmals 'Schüleralter', bezogen auf die Teilstichproben zu Version A und B und die Gesamtstichproben. Angegeben sind Häufigkeiten (N) sowie Prozentzahlen (%), darüber hinaus Chi-Quadrat.

Tab. 6: Merkmal 'Schüleralter' der befragten Lehrer.

Stichprobe 1	A		B		Gesamtgruppe	
Altersgruppe	N	%	N	%	N	%
6 - 7 Jahre	17	4.1	22	5.3	39	4.7
8 - 9 Jahre	44	10.7	42	10.2	86	10.4
10 - 11 Jahre	80	19.4	58	14.0	138	16.7
12 - 13 Jahre	77	18.6	76	18.4	153	18.5
14 - 15 Jahre	80	19.4	94	22.8	174	21.1
16 - 17 Jahre	63	15.3	70	16.9	133	16.1
18 - 19 Jahre	42	10.1	40	9.7	82	9.9
20 - < Jahre	10	2.4	11	2.7	21	2.6
Summe	413	100.0	413	100.0	826	100.0

Chi-Quadrat=5.793; df=7

Stichprobe 2	A		B		Gesamtgruppe	
Altersgruppe	N	%	N	%	N	%
6 - 7 Jahre	20	4.7	12	3.2	32	4.0
8 - 9 Jahre	41	9.6	26	7.0	67	8.4
10 - 11 Jahre	68	15.9	55	14.9	123	15.5
12 - 13 Jahre	78	18.3	68	18.4	146	18.3
14 - 15 Jahre	88	20.7	87	23.5	175	22.0
16 - 17 Jahre	71	16.7	68	18.4	139	17.5
18 - 19 Jahre	46	10.8	37	10.0	83	10.4
20 - < Jahre	14	3.3	17	4.6	31	3.9
Summe	426	100.0	370	100.0	796	100.0

Chi-Quadrat=4.838; df=7

Da sich die Teilstichproben innerhalb beider Stichproben in diesem Merkmal nicht signifikant voneinander unterscheiden, kann davon ausgegangen werden, daß die Fragebogen-Versionen von vergleichbaren Lehrergruppen bearbeitet wurden.

Dieses Merkmal hängt eng mit dem Merkmal 'Schulart' zusammen. In beiden Stichproben ist der Anteil der Schüler mit dem Alter 14-15 Jahre am größten, der zweitgrößte Anteil besteht aus Schülern im Alter von 12-13. Insgesamt streut dieses Merkmal über alle Altersgruppen.

7. 'Anzahl Klassen/Kurse'

Folgende Tabelle zeigt, in wievielen Klassen/Kursen die befragten Lehrer unterrichten, bezogen auf die Teilstichproben zu Version A und B sowie auf die Gesamtstichproben. Angegeben sind Häufigkeiten (N) und Prozentsätze (%), darüber hinaus Chi-Quadrat.

<u>Tab. 7:</u> Merkmal 'Anzahl Klassen/Kurse' der befragten Lehrer

Stichprobe 1	A		B		Gesamtgruppe	
Anzahl Klassen/Kurse	N	%	N	%	N	%
1 Klasse/Kursus	26	14.8	24	13.8	50	14.3
2 Klassen/Kurse	31	17.7	31	17.8	62	17.8
3 Klassen/Kurse	23	13.1	25	14.4	48	13.8
4 Klassen/Kurse	12	6.9	31	17.8	43	12.3
5 Klassen/Kurse	29	16.6	23	13.2	52	14.9
6 - < Kl./Kurse	54	30.9	40	23.0	94	26.9
Summe	175	100.0	174	100.0	349	100.0
keine Angabe	0		1		1	

Chi-Quadrat=11.33; df=5; p=.045

Stichprobe 2	A		B		Gesamtgruppe	
Anzahl Klassen/Kurse	N	%	N	%	N	%
1 Klasse/Kursus	27	15.6	15	10.6	42	13.3
2 Klassen/Kurse	13	7.5	19	13.4	32	10.2
3 Klassen/Kurse	30	17.3	21	14.8	51	16.2
4 Klassen/Kurse	36	20.8	23	16.2	59	18.7
5 Klassen/Kurse	29	16.8	29	20.4	58	18.4
6 - < Kl./Kurse	38	22.0	35	24.6	73	23.2
Summe	173	100.0	142	100.0	315	100.0

Chi-Quadrat=6.14; df=5

In Stichprobe 1 weichen die beiden Teilstichproben signifikant auf dem 5%-Niveau voneinander ab. In Stichprobe 2 hingegen bestehen zwischen den Teilstichproben keine signifikanten Abweichungen. Dieses Merkmal streut in beiden Stichproben über alle Kategorien, wobei keine Kategorie mit unter 10% und die größte Kategorie "6 Klassen/Kurse und mehr" mit etwa 25% besetzt ist.

8. 'Bundesland'

Folgende Tabelle zeigt für beide Stichproben die Verteilung der befragten Lehrer auf die Bundesländer, bezogen auf die Teilstichproben zu Version A und B sowie auf die Gesamtstichproben. Angegeben sind Häufigkeiten (N) und Prozentsätze (%), darüber hinaus Chi-Quadrat.

Tab. 8: Merkmal 'Bundesland', in dem die befragten Lehrer unter-
        richten

Stichprobe 1	A		B		Gesamtgruppe	
Bundesland	N	%	N	%	N	%
Schleswig-Holstein	28	16.0	16	9.3	44	12.6
Hamburg	54	30.9	39	22.5	93	26.7
Niedersachsen	38	21.7	13	7.5	51	14.7
Nordrhein-Westfalen	13	7.4	33	19.1	46	13.2
Berlin	2	1.1	5	2.9	7	2.0
Hessen	0		23	13.3	23	6.6
Baden-Württemberg	0		18	10.4	18	5.2
Bayern	40	22.9	26	15.0	66	19.0
Summe	175	100.0	173	100.0	348	100.0
keine Angabe	0		2		2	

Chi-Quadrat=71.89; df=7; p=.000

Stichprobe 2	A		B		Gesamtgruppe	
Bundesland	N	%	N	%	N	%
Schleswig-Holstein	17	9.9	30	21.1	47	14.9
Hamburg	34	19.7	31	21.8	65	20.7
Niedersachsen	21	12.2	9	6.4	30	9.6
Bremen	1	.6	2	1.4	3	1.0
Nordrhein-Westfalen	22	12.8	28	19.7	50	15.9
Berlin	2	1.2	3	2.1	5	1.6
Hessen	11	6.4	15	10.6	26	8.3
Rheinland-Pfalz	10	5.8	3	2.1	13	4.1
Baden-Württemberg	10	5.8	0		10	3.2
Bayern	44	25.6	21	14.8	65	20.7
Summe	172	100.0	142	100.0	314	100.0
keine Angabe	1		0		1	

Chi-Quadrat=29.72; df=9; p=.001

59

Die Teilstichproben der Stichproben 1 und 2 weichen signifikant auf dem 1%-Niveau voneinander ab. Dies liegt vermutlich an der ungleichen Verteilung der Fragebogenversionen auf die verschiedenen Bundesländer. Wie bereits in Kapitel 2.3.3. (Durchführung der Hauptbefragung) ausgeführt, erhielten die meisten Fragebogen-Empfänger mehrere Fragebögen einer Version. In Baden-Württemberg gab es für den Fragebogen 2 z.B. nur einen Abnehmer, welcher Exemplare der Version A erhielt. Mehrere Abnehmer in einem Bundesland erhielten zwar jeweils verschiedene Versionen, allerdings z.T. auch in unterschiedlicher Anzahl. Der wechselnde Erfolg bei der Verteilung und verschiedene Rücklaufquoten mögen dieses Ergebnis in seiner Tendenz verstärkt haben.

Außer aus dem Saarland (und den fünf neuen Bundesländern) sind demnach Lehrer aus allen Bundesländern vertreten, die meisten jeweils aus den Ländern Hamburg und Bayern. Vergleicht man die Verteilung der Lehrer dieser Stichproben mit der tatsächlichen Verteilung über die Bundesländer (Statistische Veröffentlichungen der Kultusministerkonferenz, 1991), so zeigen sich Abweichungen. Einige Bundesländer sind in diesen Stichproben deutlich überrepräsentiert, z.B. Hamburg, andere unterrepräsentiert, z.B. das bevölkerungsreichste (und damit auch lehrerreichste) Bundesland Nordrhein-Westfalen.

2.4.4. Die Fragebogenteile

Da auch die inhaltlichen Teile der beiden Fragebogenversionen pro Stichprobe miteinander verglichen werden sollten, die jeweiligen Items der Teile (1) bis (3) bzw. (4) aber unterschiedlich numeriert waren, war es erforderlich, die Organisation der Items einer Version derjenigen der anderen Version anzupassen. Dies erfolgte, indem die Itemnummern der Version A denen der Version B angeglichen wurden.

Folgende Statistiken wurden zu den Fragebogenteilen gerechnet:
- Häufigkeitsverteilungen bezüglich der Items für die Teilstichproben zu Version A und B sowie für die Gesamtstichproben;
- T-Tests zur Ermittlung statistisch signifikanter Mittelwertunterschiede zwischen den Teilstichproben zu Version A und B bei einzelnen Items (in den folgenden Tabellen stehen die Items der Version A in chronologischer Reihenfolge, daneben die entsprechenden Items der Version B);
- Reliabilitäten der einzelnen Fragebogenteile (1) bis (3) bzw. (4) nach Cronbachs Alpha. Dazu wurden die Teilstichproben beider Versionen kombiniert. Die Berechnung der Reliabilitäten erfolgte listwise, d.h. es gingen lediglich die Fragebogenteile in die Berechnung ein, die von den Lehrern vollständig bearbeitet wurden.

Stichprobe 1: Teil (1) 'Angenehme Unterrichtssituationen'

Folgende Tabelle zeigt die Nummern derjenigen Items, bei deren Mittelwerten die Teilstichproben zu Version A und B signifikant voneinander abweichen. Angegeben sind T-Werte und Signifikanzniveau, darüber hinaus Cronbachs Alpha.

Tab. 9: Liste der Items zu 'Angenehme Unterrichtssituationen' mit signifikanten Mittelwertunterschieden

A	B	T-Wert	A	B	T-Wert
(1)	(23)	3.29**	(31)	(8)	2.20*
(2)	(45)	2.49*	(35)	(6)	6.10**
(3)	(22)	4.00**	(36)	(28)	2.19*
(4)	(44)	4.90**	(42)	(25)	2.45*
(12)	(40)	3.62**	(44)	(24)	4.81**
(19)	(14)	2.45*	(45)	(1)	5.61**

* auf dem 5%-Niveau signifikant
** auf dem 1%-Niveau signifikant

N=328; Alpha=.91

Bezogen auf die Teilstichproben unterscheiden sich von 45 Items dieses Fragebogenteils die Itemmittelwerte bei 33 Items (73.3%) nicht signifikant, bei 12 Items (26.7%) signifikant. Dieser Fragebogenteil ist hochreliabel.

Stichprobe 2: Teil (1) 'Belastende Unterrichtssituationen'

Tabelle 10 zeigt die Nummern derjenigen Items, bei deren Mittelwerten sich die Teilstichproben zu Version A und B signifikant voneinander unterscheiden. Angegeben sind T-Werte und Signifikanzniveau, darüber hinaus Cronbachs Alpha.

Tab. 10: Liste der Items zu 'Belastende Unterrichtssituationen' mit signifikanten Mittelwertunterschieden

A	B	T-Wert	A	B	T-Wert
(4)	(46)	4.11**	(31)	(9)	2.53*
(5)	(22)	2.21*	(32)	(32)	2.23*
(27)	(11)	2.45*	(41)	(4)	4.60**
(28)	(34)	2.91**	(43)	(3)	4.70**
(29)	(10)	2.83**			

```
 *  auf dem 5%-Niveau signifikant
**  auf dem 1%-Niveau signifikant
```

N=293; Alpha=0.91

Bezogen auf die Teilstichproben zu Version A und B unterscheiden sich von den 47 Items dieses Fragebogenteils die Itemmittelwerte bei 38 Items (80.9%) nicht signifikant, bei 9 Items (19.1%) signifikant. Dieser Fragebogenteil ist hochreliabel.

Stichprobe 1: Teil (2) 'Positive Gefühle'

Die folgende Tabelle zeigt die Nummern derjenigen Items, bei deren Mittelwerten die Teilstichproben zu Version A und B signifikant voneinander abweichen. Angegeben sind T-Werte, Signifikanzniveau, darüber hinaus Cronbachs Alpha.

Tab. 11: Liste der Items zu 'Positive Gefühle' mit signifikanten Mittelwertunterschieden

A	B	T-Wert	A	B	T-Wert
(1)	(13)	3.31**	(17)	(5)	2.84**
(2)	(25)	4.56**	(19)	(4)	2.32*
(4)	(24)	2.36*	(21)	(3)	2.38*
(5)	(11)	2.27*			

```
 *  auf dem 5%-Niveau signifikant
**  auf dem 1%-Niveau signifikant
```

N=318; Alpha=.92

Von den 25 Items des Teils 'Positive Gefühle' unterscheiden sich die Itemmittelwerte bei 18 Items (72.0%) nicht signifikant und bei 7 Items (28.0%) signifikant. Dieser Fragebogenteil ist hochreliabel.

Stichprobe 2: Teil (2) 'Negative Gefühle'

Tabelle 12 beinhaltet die Nummern derjenigen Items, bei deren Mittelwerten sich die Teilstichproben zu Version A und B signifikant voneinander unterscheiden. Angegeben sind T-Werte und Signifikanzniveau, darüber hinaus Cronbachs Alpha.

Tab. 12: Liste der Items zu 'Negative Gefühle' mit signifikanten Mittelwertunterschieden

A	B	T-Wert	A	B	T-Wert
(1)	(14)	2.84**	(25)	(2)	4.38**
(2)	(27)	2.21*	(26)	(15)	2.22*
(9)	(11)	3.24**	(27)	(1)	4.70**
(15)	(7)	2.44*	(30)	(42)	2.41*
(17)	(6)	4.28**	(31)	(41)	2.45*
(22)	(17)	2.24*	(32)	(40)	2.69**
(23)	(3)	2.50*	(34)	(38)	2.21*
(24)	(16)	2.57*	(35)	(37)	2.55*

* auf dem 5%-Niveau signifikant
** auf dem 1%-Niveau signifikant

N=295; Alpha=.94

Von den 44 Items des Teils (2) 'Negative Gefühle' unterscheiden sich die Itemmittelwerte, bezogen auf die Teilstichproben, bei 28 Items (63.6%) nicht signifikant, bei 16 Items (36.4%) signifikant. Dieser Fragebogenteil ist hochreliabel.

Stichprobe 1: Teil (3) 'Ressourcen-Attribution'

Tabelle 13 zeigt die Nummern derjenigen Items, bei deren Mittelwerten die Teilstichproben zu Version A und B signifikant voneinander abweichen. Angegeben sind T-Werte sowie Signifikanzniveau, darüber hinaus Cronbachs Alpha.

Tab. 13: Liste der Items zu 'Ressourcen-Attribution' mit signifikanten Mittelwertunterschieden

A	B	T-Wert	A	B	T-Wert
(7)	(58)	2.60**	(57)	(29)	2.18*
(18)	(105)	2.65**	(59)	(28)	2.43*
(23)	(50)	2.54*	(73)	(21)	2.47*
(24)	(49)	2.31*	(75)	(20)	2.07*
(29)	(44)	2.32*	(81)	(17)	2.54*
(32)	(102)	1.98*	(86)	(75)	2.46*
(33)	(41)	3.55**	(92)	(72)	2.24*
(36)	(100)	2.25*	(99)	(8)	2.99**
(41)	(37)	1.99*	(101)	(7)	3.18**
(44)	(96)	2.13*	(103)	(6)	3.40**
(55)	(30)	2.83**			

```
*   auf dem 5%-Niveau signifikant
**  auf dem 1%-Niveau signifikant
```

N=303; Alpha=.95

Von den 113 Items des Teils 'Ressourcen-Attribution' unterscheiden sich die Itemmittelwerte bei 92 Items (81.4%) nicht signifikant, bei 21 Items (18.6%) signifikant. Dieser Fragebogenteil ist hochreliabel.

Stichprobe 2: Teil (4) 'Vulnerabilitäts-Attribution'

Die folgende Tabelle beinhaltet die Nummern der Items, bei deren Mittelwerten sich die Teilstichproben zu Version A und B signifikant voneinander unterscheiden. Angegeben sind T-Werte, Signifikanzniveau, darüber hinaus Cronbachs Alpha.

Tab. 14: Liste der Items zu 'Vulnerabilitäts-Attribution' mit signifikanten Mittelwertunterschieden

A	B	T-Wert	A	B	T-Wert
(1)	(100)	5.38**	(53)	(74)	2.05*
(3)	(99)	3.06**	(56)	(23)	2.10*
(4)	(49)	2.91**	(58)	(22)	2.22*
(5)	(98)	2.29*	(69)	(66)	3.09**
(7)	(97)	2.01*	(70)	(16)	3.22**
(9)	(96)	2.30*	(71)	(65)	2.33*
(10)	(46)	2.03*	(75)	(63)	2.86**
(11)	(95)	3.46**	(80)	(11)	4.12**
(19)	(91)	4.31**	(81)	(60)	2.45*
(20)	(41)	3.81**	(82)	(10)	3.02**
(22)	(40)	3.88**	(83)	(59)	2.81**
(27)	(87)	2.26*	(86)	(8)	2.13*
(31)	(85)	3.37**	(90)	(6)	3.01**
(34)	(34)	2.70**	(91)	(55)	2.53*
(38)	(32)	2.42*	(92)	(5)	2.34*
(39)	(81)	2.22*	(94)	(4)	7.08**
(45)	(78)	2.47*	(96)	(3)	4.94**

Fortsetzung Tab. 14:

(46)	(28)	3.91**	(98)	(2)	4.26**
(49)	(76)	2.46*	(100)	(1)	10.53**

* auf dem 5%-Niveau signifikant
** auf dem 1%-Niveau signifikant

N=281; Alpha=.96

Von den 100 Items dieses Fragebogenteils unterscheiden sich die Itemmittelwerte bei 62 Items (62.0%) nicht signifikant, bei 38 Items (38.0%) signifikant.
Dieser Fragebogenteil ist hochreliabel.

Stichprobe 2: Teil (3) 'Bewältigungsstrategien'

Tabelle 15 zeigt die Nummern derjenigen Items, bei deren Mittelwerten die
Teilstichproben zu Version A und B signifikant voneinander abweichen. Angegeben sind T-Werte sowie Signifikanzniveau, darüber hinaus Cronbachs Alpha.

Tab. 15: Liste der Items zu 'Bewältigungsstrategien' mit signifikanten Mittelwertunterschieden

A	B	T-Wert	A	B	T-Wert
(6)	(58)	3.20**	(75)	(83)	2.39*
(10)	(56)	2.28*	(80)	(21)	3.18**
(11)	(115)	2.19*	(81)	(80)	2.90**
(13)	(114)	3.71**	(84)	(19)	2.17*
(18)	(52)	2.95**	(86)	(18)	5.32**
(21)	(110)	2.46*	(89)	(76)	2.45*
(22)	(50)	2.47*	(90)	(16)	2.08*
(23)	(109)	2.36*	(92)	(15)	2.55*
(30)	(46)	3.07**	(96)	(13)	2.34*
(31)	(105)	4.28**	(100)	(11)	2.46*
(35)	(103)	2.97**	(106)	(8)	2.70**
(37)	(102)	2.17*	(108)	(7)	6.24**
(38)	(42)	2.75**	(109)	(66)	2.95**
(41)	(100)	4.07**	(114)	(4)	2.42*
(46)	(38)	4.00**	(115)	(63)	2.45*
(53)	(94)	4.63**	(116)	(3)	2.86**
(65)	(88)	3.16**	(117)	(62)	3.31**
(69)	(86)	2.59*	(119)	(61)	2.77**

* auf dem 5%-Niveau signifikant
** auf dem 1%-Niveau signifikant

N=276; Alpha=.89

Von den 120 Items des Teils (3) 'Bewältigungsstrategien' unterscheiden sich die
Itemmittelwerte bei 84 Items (70.0%) nicht signifikant, bei 36 Items (30.0%) signifikant. Dieser Fragebogenteil ist hochreliabel.

Die signifikanten Mittelwertabweichungen der ersten Items von denen der Parallelversion in einigen Fragebogenteilen deuten auf einen Anfangseffekt im Antwortverhalten der Lehrer hin, so in den Teilen 'Angenehme Unterrichtssituationen' (Version A), 'Positive Gefühle' (A, z.T. auch B), 'Negative Gefühle' (A und B) und 'Ressourcen- bzw. Vulnerabilitäts-Attribution' (A und B). Dieser Anfangseffekt kann in einer anfänglichen Unsicherheit der Lehrer, einem Erst-warm-werden-müssen mit der Bearbeitung des Fragebogens, was zu den signifikanten Abweichungen führte, begründet liegen. In einigen Fragebogenteilen fallen auch Endeffekte, d.h. signifikante Abweichungen der Itemmittelwerte am Ende des Fragebogenteils auf, z.B. in den Teilen 'Angenehme Unterrichtssituationen' (A und B), 'Positive Gefühle' (B), 'Ressourcen- bzw. Vulnerabilitäts-Attribution' (B) und z.T. 'Bewältigungsstrategien' (A). Die Endeffekte lassen sich möglicherweise auf das Nachlassen der Konzentration bei zunehmender Bearbeitungsdauer oder auf die Vorfreude des Bald-fertig-werdens zurückführen. Manchmal fallen mitten im Fragebogenteil Gruppen hintereinanderstehender Items auf, deren Mittelwerte sich signifikant von denen der anderen Version unterscheiden, z.B. am deutlichsten in den Teilen 'Belastende Unterrichtssituationen' (A: Items 27-32, eine Unterbrechung) und 'Negative Gefühle' (A: Items 22-27, 30-35, eine Unterbrechung, B: Items 14-17, 40-42). Ein Grund dafür mögen kurze, vorübergehende Konzentrationstiefs sein.

2.4.5. 'Zufriedenheit'

Die Tabelle 16 zeigt für die Stichproben 1 und 2 die Verteilung der befragten Lehrer über verschiedene Kategorien der Zufriedenheit im Beruf. Angegeben sind die Häufigkeiten sowie Prozentsätze für die Teilstichproben zu Version A und B und für die Gesamtstichproben, darüber hinaus Mittelwert, Standardabweichung und T-Wert.

Tab. 16: Merkmal 'Zufriedenheit' der befragten Lehrer

Stichprobe 1	A		B		Gesamtgruppe	
Zufriedenheitsgrad	N	%	N	%	N	%
(1) sehr unzufrieden	0		1	.6	1	.3
(2) unzufrieden	1	.6	4	2.3	5	1.5
(3) eher unzufrieden	10	5.8	10	5.8	20	5.8
(4) eher zufrieden	31	18.0	35	20.5	66	19.2
(5) zufrieden	95	55.2	82	48.0	177	51.6
(6) sehr zufrieden	35	20.4	39	22.8	74	21.6
Summe	172	100.0	171	100.0	343	100.0
keine Angabe	3		4		7	
Mittelwert	4.89		4.81		4.85	
Standardabweichung	.81		.97		.89	

T=.79; df=341

Stichprobe 2	A		B		Gesamtgruppe	
Zufriedenheitsgrad	N	%	N	%	N	%
(1) sehr unzufrieden	0		3	2.2	3	1.0
(2) unzufrieden	4	2.4	6	4.3	10	3.3
(3) eher unzufrieden	11	6.5	9	6.5	20	6.5
(4) eher zufrieden	38	22.5	31	22.5	69	22.5
(5) zufrieden	82	48.5	67	48.6	149	48.5
(6) sehr zufrieden	34	20.1	22	15.9	56	18.2
Summe	169	100.0	138	100.0	307	100.0
keine Angabe	4		4		8	
Mittelwert	4.78		4.59		4.69	
Standardabweichung	.92		1.11		1.01	

$T=1.60$; $df=305$

Bezogen auf die Teilstichproben zu Version A und B weichen die Mittelwerte im Merkmal 'Zufriedenheit' nicht signifikant voneinander ab. Dies gilt für beide Stichproben gleichermaßen.

Annähernd drei Viertel (Stichprobe 1) und gut zwei Drittel (Stichprobe 2) der Lehrer geben an, in ihrem Beruf zufrieden oder sehr zufrieden zu sein. Rechnet man die Eher-Zufriedenen hinzu, äußern sich sogar über 90% zufrieden (in beiden Stichproben).

2.4.6. Zusammenfassende und schlußfolgernde Bemerkungen zu den Stichproben

Innerhalb der Stichprobe 1 weicht der überwiegende Teil der demographischen Daten bei den Teilstichproben zu Version A und B nicht signifikant voneinander ab, lediglich die Merkmale 'Schulart', 'Unterricht musisch-kreative Fächer', 'Anzahl Klassen/Kurse' und 'Bundesland'. Die meisten Mittelwerte der Items (70% bis 80%) unterscheiden sich voneinander nicht signifikant. In Stichprobe 2 weicht die Hälfte der demographischen Merkmale bei den Teilstichproben zu Version A und B nicht signifikant voneinander ab, jedoch 'Lehreralter', 'Dienstjahre', 'Schulart' und 'Bundesland'. Die meisten Mittelwerte der Items (60% bis 80%) unterscheiden sich nicht signifikant voneinander.

Da die Mittelwerte bei der überwiegenden Mehrzahl der Items keine signifikanten Unterschiede zeigen, d.h. die Ähnlichkeiten die Unterschiede zwischen Version A und B in beiden Stichproben überwiegen, wurden die Teilstichproben der Stichproben 1 und 2 jeweils zusammengefaßt, da keine schwerwiegende Beeinflussung der weiteren Analysen durch verschiedene Versionen bzw. Teilstichproben zu befürchten war. Es ergaben sich also zwei Stichproben, mit denen weitere Rechenoperationen (Faktoren- und Clusteranalysen) durchgeführt werden sollten. Durch die Zusammenfassung der Teilstichproben zu jeweils einer großen Stichprobe pendelten sich die Itemmittelwerte, insbesondere solche mit signifikanten Unterschieden zwischen Version A und B, auf einen "wahren Wert" ein. Dies galt im besonderen für die oben erwähnten Anfangs- und Endeffekte im Antwortverhalten der Lehrer in den einzelnen Fragebogenteilen, die sich damit weitgehend neutralisierten.

Die Reliabilität der Fragebögen ist insgesamt als hoch einzuschätzen. Sie variiert von Fragebogenteil zu Fragebogenteil zwischen .89 und .96. Dies hängt mit der z.T. großen Itemzahl in den Fragebogenteilen zusammen. Nach MUMMEN-DEY (1987) sind für Leistungstests Reliabilitätskoeffizienten in Höhe von .90 gefordert, für Fragebögen gelten Reliabilitätskoeffizienten um .80 als gut.

Vergleiche zwischen den vorliegenden demographischen Daten mit offiziellen Statistiken (Statistisches Bundesamt, 1989; Statistische Veröffentlichungen der Kultusministerkonferenz, 1991) offenbarten, daß die vorliegenden Stichproben im Hinblick auf einige Merkmale durchaus repräsentativ sind. Dies gilt für die Merkmale 'Geschlecht', 'Lehreralter', überwiegend auch für 'Schulart', weniger hingegen für 'Bundesland'. Für die restlichen demographischen Merkmale liegen keine Vergleichszahlen vor. Zwar wurden keine Korrelationen zwischen den hier vorliegenden und den offiziellen Daten gerechnet, die Augenschein-Betrachtung macht aber deutlich, daß sich die Verteilungsverhältnisse innerhalb der genannten Merkmale ähneln.

Eine weitere wichtige Anforderung an die Stichproben war darüber hinaus die Streuung der Lehrer über viele bzw. alle Kategorien innerhalb eines Merkmals. Dies ist, wie sich zeigte, aufgrund der Größe der Stichproben gelungen, so daß man daher auch auf eine "inhaltliche Streuung" bei der Beantwortung der Fragebogenteile durch die Lehrer schließen kann.

3. Ergebnisse

3.1. Faktorenanalyse

3.1.1. Vorbemerkung

Eine Faktorenanalyse wurde mit der Absicht durchgeführt, eine einfache und übersichtliche Beschreibung der Merkmalskomplexe, die anhand des Fragebogens erfaßt wurden, zu erhalten. Die Faktorenextraktion erfolgte nach der Hauptachsenmethode mit anfänglichen Einsen im Diagonal. Bei der Festlegung der Faktorenzahl war das Kaiser-Kriterium (hierbei werden alle Faktoren mit einem Eigenwert von über 1 als signifikant betrachtet) maßgebend, denn Faktoren mit einem Eigenwert von unter 1 weisen weniger Varianz auf als eine einzelne Variable (LIENERT, 1969). Weiterhin wurde der Scree-Test (d.h. Abbruchkriterium, wenn bei der grafischen Darstellung des Eigenwertverlaufs ein Wendepunkt erreicht wird, hinter dem keine nennenswerten Differenzen zwischen den nachfolgenden Eigenwerten mehr bestehen) herangezogen. Die endgültige Entscheidung über die Anzahl der Faktoren erfolgte gemäß einer sinnvollen psychologischen Interpretation. Bei der Benennung der Faktoren waren die Items mit den höchsten Faktorladungen (>.60) tonangebend. Bei der endgültigen Benennung wurden auch die mittleren (.30 bis .60) sowie die Null-Ladungen berücksichtigt (CLAUSS & EBNER, 1979).

Die Berechnungen bei den insgesamt 350 Fragebögen (1 "Angenehme Unterrichtssituationen") bzw. 315 Fragebögen (2 "Belastende Unterrichtssituationen") erfolgten listwise, bezogen auf die einzelnen Fragebogenteile. Das bedeutet, daß nur die Daten derjenigen Lehrer berücksichtigt wurden, die den entsprechenden Teil vollständig bearbeitet hatten.

3.1.2. Fragebogen 1: Teil (1) 'Angenehme Unterrichtssituationen'

Die Daten von 328 Lehrern bildeten die Grundlage dieser Faktorenanalyse. In der unrotierten Hauptachsenlösung wiesen 10 Faktoren einen Eigenwert von über 1 auf (Kaiser-Kriterium). Der Scree-Test zeigte, daß sich die Differenzen zwischen den Faktoren 6 und 45 nur noch unwesentlich verringerten. Nach Varimaxrotationen mit 4, 5 und 6 Faktoren wurde deutlich, daß die 5-Faktorenlösung die treffendste psychologische Interpretation lieferte.

Tab. 17: Ladungsmatrix der rotierten 5-Faktorenlösung für 'Angenehme Unterrichtssituationen'

Faktor	I	II	III	IV	V	Kom.
Item 1	.19	.12	-.11	.03	.61	.44
2	.11	.59	-.15	-.02	.01	.39
3	.16	.49	.37	-.09	-.05	.41
4	.73	.09	-.08	-.08	.03	.55
5	.22	.32	.18	-.10	.07	.20
6	.01	.20	-.20	.05	.55	.38
7	.43	.06	.27	-.05	.29	.35
8	.68	.22	.10	-.11	.06	.54
9	-.06	.52	.17	.40	.14	.49
10	.72	.15	.08	-.08	-.01	.55
11	.56	.28	.22	-.03	-.11	.46
12	.46	-.03	.32	.04	.25	.38
13	.08	.24	.05	.68	.15	.55
14	.02	.73	.18	.17	.04	.60
15	.62	.15	.11	-.01	-.15	.45
16	.41	.01	.40	.07	.06	.34
17	-.07	-.07	.32	.23	.58	.33
18	.20	.11	.62	.01	.10	.44
19	-.07	.30	.06	.71	.13	.62
20	.07	.61	.12	.28	-.04	.47
21	.58	.06	-.04	.26	-.12	.42
22	-.02	.29	.63	.06	-.05	.49
23	.56	-.07	.21	.13	-.07	.38
24	.09	.60	-.11	.15	.13	.42
25	.24	.06	.10	.00	.63	.47
26	.63	.25	.01	.06	-.03	.47
27	-.01	.54	.16	.21	.21	.41
28	-.08	.01	.04	.19	.65	.47
29	.58	-.10	.12	.17	.11	.40
30	.67	-.10	.26	-.03	.16	.56
31	-.19	-.03	.13	.25	.65	.53
32	.30	-.11	.44	.04	.28	.37
33	.33	.09	.50	.06	.22	.42
34	.48	.36	.13	.09	.05	.38
35	.29	.51	.18	.06	-.08	.38
36	.46	.21	.16	.27	.07	.35
37	.65	.03	.22	.09	.09	.49
38	.05	.22	-.00	.62	.24	.50
39	.49	-.02	.29	.22	.15	.39
40	.12	-.03	.50	.45	.00	.47
41	.45	.12	.28	.42	-.12	.49
42	.41	.06	.16	.46	.10	.43
43	.32	.12	.57	.08	-.04	.44
44	.10	-.03	.04	.73	.11	.56
45	.23	.19	.60	.14	-.14	.49
Eigenwert	6.85	3.54	3.41	3.31	2.93	20.04
Varianz-anteil in %	15.22	7.87	7.58	7.35	6.51	44.53

Faktor 1: 'Aktivität/Entwicklung'

Der 1. Faktor umfaßt vornehmlich Aktivitätsaspekte in Unterrichtssituationen. Darüber hinaus enthält dieser Faktor auch Items, die Entwicklungsprozesse beschreiben. Die meisten Items, zumeist diejenigen mit hoher Ladung, beziehen sich auf Aktivität und Entwicklung bei Schülern, einige aber auch auf Entwicklungsprozesse beim Lehrer.

Tab. 18: Items mit hohen Ladungen auf dem 1. Faktor

Item	Ladung
(4) wenn die Schüler eine kritische Fragehaltung entwickeln;	.73
(10) wenn die Schüler ein Sachgebiet selbständig erforschen und bearbeiten;	.72
(8) wenn die Schülerinteraktion zu Ergebnissen führt, die von den Schülern als Unterrichtsergebnisse erlebt werden;	.68
(30) wenn die Schüler mitdenken und sich daraus Anregungen für den weiteren Unterrichtsverlauf ergeben;	.67
(37) wenn die Schüler Erlerntes auf ein neues Problem anwenden;	.65
(26) wenn ich im Unterricht herausgefordert werde, meine Standpunkte zu überprüfen;	.63
(15) wenn im Unterricht die Schülerinteraktion im Vordergrund steht und ich mich weitgehend zurückhalten kann;	.62
(21) wenn mein Unterricht zu Diskussionen und inhaltlichen Auseinandersetzungen führt;	.58
(29) wenn ich bei den Schülern etwas wachrüttele, gewisse Erkenntnisprozesse in Gang setze;	.58
(11) wenn der Unterricht lebt, d.h. die Schüler und ich vergessen, daß wir in der Schule sind - wenn das Besprochene wirklich "unser" wird;	.56
(23) wenn die Schüler eigene Denkansätze und Lösungswege entwickeln;	.56
(39) wenn die Schüler aus dem Unterrichtsstoff Gewinn für ihre persönliche Entwicklung ziehen;	.49
(34) wenn der Unterricht dazu führt, daß ich mich mit mir selbst auseinandersetze;	.48
(12) wenn die Schüler im Unterricht engagiert mitarbeiten;	.46
(36) wenn ich im Unterricht geistige Anregungen erfahre, neue Ideen und Aspekte kennenlerne;	.46
(41) wenn die Schüler und ich uns gegenseitig motivieren;	.45
(7) wenn die Schüler und ich die Gewißheit haben, gemeinsam etwas erreicht zu haben;	.43
(16) wenn die Schüler - insbesondere leistungsschwächere - ihre Leistungen mit der Zeit steigern.	.41

Faktor 2: 'Nähe/Kontakt'

Auf diesem Faktor laden Items, die das Ausmaß an Nähe, Vertrautheit, Intimität, Kontakt und Privatheit zwischen Schülern und Lehrer beschreiben. Die meisten Items beziehen sich auf Situationen, in denen nähe- und kontaktsuchendes Verhalten von den Schülern ausgeht.

Tab. 19: Items mit hohen Ladungen auf dem 2. Faktor

Item	Ladung
(14) wenn mir die Schüler persönliche Probleme anvertrauen;	.73
(20) wenn die Schüler privaten Kontakt zu mir suchen	.61
(24) wenn die Schüler bei meinen Sorgen Mitempfinden äußern;	.60
(2) wenn ich den Schülern meine persönlichen Probleme anvertrauen kann;	.59
(27) wenn die Schüler anhänglich sind;	.54
(9) wenn mir die Schüler Zuneigung entgegenbringen;	.52
(35) wenn die Schüler im Unterricht ganz offen über ihre Gefühle und Probleme sprechen;	.51
(3) wenn mich die Schüler als "Mensch"/Partner und nicht in erster Linie als "Wissensvermittler" ansehen;	.49
(5) wenn die Schüler vergnügt sind.	.32

Faktor 3: 'Positives Klima'

Dieser Faktor beschreibt die sozialen und atmosphärischen Aspekte im Unterricht. Dabei erleben Lehrer Situationen als angenehm, in denen das Klima zwischen Schülern und Lehrer stimmt und in denen sich die Beziehungen auch unter den Schülern positiv gestalten.

Tab. 20: Items mit hohen Ladungen auf dem 3. Faktor

Item	Ladung
(22) wenn zwischen mir und den Schülern Harmonie und eine vertraute Atmosphäre herrscht;	.63
(18) wenn die Schüler eine gute Klassengemeinschaft bilden und freundlich miteinander umgehen;	.62
(45) wenn sich die Schüler untereinander kennenlernen und soziale Beziehungen entwickeln;	.60
(43) wenn die Schüler Freude am Lernen haben;	.57
(40) wenn sich die Schüler durch meine Art des Unterrichtens angesprochen fühlen und auf diese Weise Zugang zum Lehrstoff finden;	.50
(33) wenn z.B. aus stillen Schülern offene, aufgeschlossene Persönlichkeiten oder aus frechen, renitenten überaus hilfsbereite und für den Unterricht förderliche Teilnehmer werden;	.50
(32) wenn alle Schüler den Unterrichtsstoff verstehen.	.44

Faktor 4: 'Anerkennung/Beliebtheit'

In den Items, die auf dem Faktor 'Anerkennung/Beliebtheit' laden, geht es um positive Äußerungen der Schüler über den Lehrer bzw. dessen Unterricht sowie um die allgemeine Wertschätzung, die Schüler dem Lehrer entgegenbringen.

Tab. 21: Items mit hohen Ladungen auf dem 4. Faktor

Item	Ladung
(44) wenn die Schüler meine fachliche Leistung anerkennen;	.73
(19) wenn die Schüler gegenüber Eltern/Kollegen positiv über mich sprechen;	.71
(13) wenn sich die Schüler positiv über meinen Unterricht äußern;	.68
(38) wenn die Schüler mein persönliches Engagement anerkennen;	.62
(42) wenn die Schüler einen Unterrichtsstoff, den sie anfänglich ablehnen, im Verlauf als bereichernd und sinnvoll erleben.	.46

Faktor 5: 'Disziplin/Konzentration'

Dieser Faktor umfaßt Items, die Aussagen über den Anspruch des Lehrers an ein diszipliniertes Schülerverhalten, die eigene Leistungsfähigkeit sowie einen konzentrierten Unterrichtsablauf zum Inhalt haben.

Tab. 22: Items mit hohen Ladungen auf dem 5. Faktor

Item	Ladung
(28) wenn alle Schüler ihre Hausaufgaben gewissenhaft erledigen;	.65
(31) wenn die Schüler meinen Anweisungen folgen;	.65
(25) wenn sich die Schüler wirklich anstrengen, um gute Leistungen zu erbringen;	.63
(1) wenn ich die Ziele und Ansprüche, die ich mir im Unterricht setze, wirklich erreiche;	.61
(17) wenn mir die Schüler aufmerksam zuhören;	.58
(6) wenn die Stunde so verläuft, wie ich sie geplant habe.	.55

3.1.3. Fragebogen 2: Teil (1) 'Belastende Unterrichtssituationen'

In die Faktorenanalyse zu 'Belastende Unterrichtssituationen' gingen Daten von 293 Lehrern ein. In der unrotierten Hauptachsenlösung wiesen 12 Faktoren einen Eigenwert von über 1 auf (Kaiser-Kriterium). Der Scree-Test offenbarte, daß sich die Differenzen zwischen den Faktoren 8 und 47 nur noch unwesentlich verringerten. Von den Varimaxrotationen mit 4, 5, 6, 7 und 8 Faktoren ließ sich die 5-Faktorenlösung psychologisch am sinnvollsten interpretieren.

Tab. 23: Ladungsmatrix der rotierten 5-Faktorenlösung für 'Belastende Unterrichtssituationen'

Faktor	I	II	III	IV	V	Kom.
Item 1	-.23	.04	.53	.37	.16	.49
2	.06	.16	.17	.52	.11	.35
3	-.12	.51	.25	.46	-.01	.55
4	.03	.70	.08	.21	-.00	.55
5	.69	.23	.00	.02	.05	.53
6	.77	.04	-.03	.07	.06	.60
7	.45	.15	-.11	.15	.31	.36
8	.37	.55	-.11	.07	-.01	.46
9	-.14	.11	.16	.70	.19	.58
10	.08	.51	.15	.32	-.03	.40
11	.22	.09	.01	.60	.15	.44
12	.60	.29	.02	-.05	-.01	.45
13	.20	.22	.30	.06	.17	.21
14	.33	.07	.48	.06	.03	.34
15	.13	.04	.71	.11	.17	.56
16	.08	.08	.64	.08	.29	.51
17	.04	.63	.15	.10	-.14	.46
18	.05	-.12	.15	.13	.51	.32
19	.51	-.03	.22	-.05	.16	.34
20	.27	.13	-.11	.36	.39	.38
21	.50	.06	.15	.13	.02	.30
22	.12	.27	.12	-.02	.26	.17
23	.10	-.04	.18	.18	.50	.32
24	.42	.06	.06	-.09	.21	.24
25	.09	.10	.05	.64	.28	.51
26	.42	.01	.27	.33	.28	.44
27	.35	.55	-.11	.06	.16	.46
28	.64	.06	.13	.09	-.06	.45
29	.15	.07	.43	.40	.33	.48
30	.08	.19	.25	.11	.49	.36
31	.33	.15	.25	.23	.39	.40
32	.41	.09	.43	.16	.05	.39
33	.07	.23	.47	.33	-.00	.39
34	.31	.13	.46	.24	.19	.43
35	.29	.43	.23	-.19	.20	.40
36	.38	.17	.35	-.13	.09	.32
37	.21	-.06	.29	.47	.06	.36
38	.19	.58	.04	.07	.16	.41
39	.26	.33	.11	.21	.38	.38
40	.60	.19	.18	.16	-.08	.46

Fortsetzung Tab. 23:

41	.34	.10	.39	.11	.34	.40
42	.60	-.03	.27	.13	.06	.45
43	.02	.53	.26	-.30	.20	.53
44	.02	.48	.00	-.03	.40	.39
45	-.04	.03	.21	.13	.60	.43
46	-.03	.22	-.04	.10	.65	.48
47	.06	-.10	.15	.41	.39	.36
Eigenwert	5.26	3.82	3.56	3.54	3.36	19.55
Varianz-anteil in %	11.20	8.14	7.58	7.52	7.16	41.60

Faktor 1: 'Aggressivität/Unbeliebtheit'

Die auf dem 1. Faktor ladenden Items beschreiben Situationen, in denen die Schüler dem Lehrer gegenüber aggressiv auftreten mit der Absicht, diesen persönlich zu treffen. Darüber hinaus werden Situationen genannt, in denen es um Verlust von Anerkennung, um Ablehnung und Unbeliebtsein des Lehrers geht.

Tab. 24: Items mit hohen Ladungen auf dem 1. Faktor

Item	Ladung
(6) wenn Schüler meine Schwächen bewußt ausnutzen, um mich zu treffen (Psychoterror);	.77
(5) wenn mich Schüler ausloten: "Wie lange hält sie/er meine Provokation aus?" (Psychoterror);	.69
(28) wenn die Schüler gegenüber Eltern/Kollegen negativ über mich sprechen;	.64
(12) wenn die Schüler gegen mich aggressiv sind;	.60
(42) wenn mich die Schüler nicht anerkennen und achten;	.60
(40) wenn sich die Schüler negativ über meinen Unterricht äußern;	.60
(19) wenn ich der Klasse/einigen Schülern gegenüber unsicher bin;	.51
(21) wenn ich, weil ich viel verlange, Gefahr laufe, unbeliebt zu werden;	.50
(7) wenn ich vom Thema begeistert bin, von den Schülern jedoch nur Kritik, Unverständnis und Skepsis erfahre;	.45
(26) wenn die Unterrichtsatmosphäre gespannt und gereizt ist;	.42
(24) wenn ich im Unterricht plötzlich nicht mehr weiterweiß;	.42
(36) wenn ich mich mit den Schülern streite.	.38

Faktor 2: 'Undiszipliniertheit/Unkonzentriertheit'

Dieser Faktor beinhaltet sowohl Aspekte mangelnder Diszipliniertheit der Schüler bei der Ausführung unterrichtsrelevanter Tätigkeiten (z.B. bei der Erledigung der Hausaufgaben) als auch Mängel der Konzentration bei den Schülern.

Tab. 25: Items mit hohen Ladungen auf dem 2. Faktor

Item	Ladung
(4) wenn die Schüler ihre Hausaufgaben schlampig und fehlerhaft ausführen;	.70
(17) wenn die Schüler den Lernstoff nur langsam verarbeiten;	.63
(38) wenn die Schüler im Unterricht nicht aufpassen;	.58
(8) wenn die Schüler meinen Anweisungen nicht folgen;	.55
(27) wenn die Schüler ständig meinen Unterricht stören;	.55
(43) wenn der Unterricht nicht so verläuft, wie ich ihn geplant habe;	.53
(10) wenn ich ständig nachfragen und mich rückversichern muß, ob die Schüler den Unterrichtsstoff verstanden haben;	.51
(3) wenn die Schüler Erlerntes nicht anwenden, sondern am Beispiel kleben bleiben;	.51
(44) wenn die Schüler schlechte Umgangsformen haben;	.48
(35) wenn sich Schüler sprunghaft - nicht voraussagbar - verhalten;	.43
(22) wenn die Schüler frustriert sind, weil sie einen Sachverhalt nicht sofort begreifen.	.27

Faktor 3: 'Kontaktstörung/Stagnation'

Die Items, die auf diesem Faktor laden, beschreiben Störungen im Kontakt zwischen Lehrer und Schülern. Der Faktor umfaßt zum einen Distanz-Situationen, zum anderen Situationen, in denen die Beziehung zu Schülern konfliktbelastet ist. Außerdem laden Items auf diesem Faktor, in denen es um Entwicklungs- und Leistungsstagnation und um überhöhte Erwartungen und Ansprüche an den Lehrer geht.

Tab. 26: Items mit hohen Ladungen auf dem 3. Faktor

Items	Ladung
(15) wenn mein Kontakt zu den Schülern an der Oberfläche bleibt;	.71
(16) wenn ich zu manchen Schülern keinen Zugang finde;	.64
(1) wenn sich Schüler in ihrer Persönlichkeit nicht weiterentwickeln;	.53
(14) wenn ich zu bestimmten Schülern eine problematische persönliche Beziehung habe;	.48
(33) wenn Schüler trotz Anstrengung das Klassenziel/ Leistungskriterium nicht erreichen;	.47

(34)	wenn die Schüler Ansprüche an mich haben und ich diesen nicht gerecht werden kann;	.46
(32)	wenn mir die Schüler zeigen, daß ich ihnen gleichgültig bin;	.43
(29)	wenn ich nicht Kommunikation und Gruppenprozesse in Gang setze;	.43
(41)	wenn ich die Schüler mit meinen Unterrichtsinhalten nicht begeistere, nicht erreiche, nicht bewege;	.39
(13)	wenn Schüleräußerungen für mich im ersten Moment unverständlich sind (Schrecksekunde) und ich diese nicht ins Unterrichtsgeschehen integrieren kann.	.30

Faktor 4: 'Passivität/Extrinsische Motivation'

Die Items des Faktors 4 beschreiben Situationen, in denen Schüler geistige Auseinandersetzungen abblocken und eine passive Haltung im Unterricht an den Tag legen. Nicht die Lerninhalte stehen im Vordergrund des Schülerinteresses und bestimmen den Lernprozeß, sondern Konkurrenzdenken und Zensurenorientierung.

Tab. 27: Items mit hohen Ladungen auf dem 4. Faktor

Item		Ladung
(9)	wenn die Schüler nichts in Frage stellen, sondern Sachverhalte unkritisch hinnehmen;	.70
(25)	wenn die Schüler geistige Auseinandersetzungen abblocken;	.64
(11)	wenn die Schüler eine Konsumhaltung einnehmen: "Der Lehrer soll mich mal unterhalten";	.60
(2)	wenn sich Schüler profilieren, um bei anderen anzukommen;	.52
(37)	wenn die Schüler untereinander Konkurrenzdenken entwickeln;	.47
(47)	wenn die Schüler nur im Hinblick auf Zensuren lernen.	.41

Faktor 5: 'Kollektives Motivationsdefizit'

Dieser Faktor beschreibt ein allgemeines Motivationsdefizit bei Schülern und Lehrer. Weder die Schüler sehen ein, warum sie lernen sollen, noch fühlt sich der Lehrer im Unterricht angeregt und herausgefordert. Gegenseitige Lähmung, Langeweile und mangelnde Dynamik kennzeichnen die Situationen, die auf diesem Faktor laden.

Tab. 28: Items mit hohen Ladungen auf dem 5. Faktor

Item	Ladung
(46) wenn die Schüler nicht erkennen, welche Chancen ihnen im Unterricht geboten werden;	.65
(45) wenn mich Schüler und Unterricht nicht anregen und herausfordern;	.60
(18) wenn ich mich persönlich nicht weiterentwickele, sondern stehenbleibe;	.51
(23) wenn die Schüler zueinander physisch/psychisch brutal sind;	.50
(30) wenn ich nicht voll bei der Sache bin;	.49
(31) wenn das Desinteresse der Schüler auf mich demotivierend wirkt;	.39
(20) wenn die Schüler nicht einsehen, daß auch sie für den Unterrichtsverlauf verantwortlich sind, ihn inhaltlich mittragen müssen;	.39
(39) wenn die Schüler desinteressiert und unmotiviert sind.	.38

3.1.4. Fragebogen 1: Teil (2) 'Positive Gefühle'

In die Faktorenanalyse zu positiv erlebten Gefühlen im Unterricht gingen Daten von 318 Lehrern ein. 5 Faktoren wiesen in der unrotierten Hauptachsenlösung einen Eigenwert von über 1 auf (Kaiser-Kriterium). Der Scree-Test beim Verlauf der Eigenwerte zeigte, daß sich die Differenzen zwischen den Faktoren 3 und 25 nur noch unwesentlich verringerten. Nach Varimaxrotationen mit 2, 3 und 4 Faktoren wurde deutlich, daß die 3-Faktorenlösung die geeignetste psychologische Interpretation lieferte.

Tab. 29: Ladungsmatrix der rotierten 3-Faktorenlösung für 'Positive Gefühle'

Faktor	I	II	III	Kom.
Item 1	.13	.25	.62	.46
2	.04	.09	.72	.53
3	.52	-.09	.47	.51
4	.17	.32	.60	.48
5	.23	.72	.20	.61
6	.10	.74	.24	.62
7	.49	.15	.27	.33
8	.41	.27	.42	.42
9	.53	.19	.41	.49
10	.55	.37	.35	.56
11	.51	.49	.05	.51
12	.59	.40	-.03	.50
13	.46	.46	.23	.48
14	.65	.06	.40	.59
15	.23	.33	.59	.51
16	.18	.54	.16	.35
17	.53	.38	.27	.50
18	.08	.61	.31	.48
19	.10	.57	.07	.33
20	.50	.24	.25	.37
21	.34	.57	.12	.46
22	.72	.19	.04	.55
23	.64	.26	.16	.55
24	.60	.26	.01	.43
25	.63	-.02	.08	.41
Eigenwert	5.07	3.93	2.99	11.99
Varianz-anteil in %	20.28	15.72	11.96	47.96

Faktor 1: 'Hochgefühle'

Dieser allgemein als 'Hochgefühle' bezeichnete Faktor subsumiert Zustände emotionaler Erregung, Lustgefühle sowie "intellektuelle" Gefühle, wie z.B. Aufblühen.

Tab. 30: Items mit hohen Ladungen auf dem 1. Faktor

Item	Ladung
(22) Erleichterung;	.72
(14) Faszination;	.65
(23) Ermutigung;	.64
(25) Überraschung;	.63
(24) Aufblühen;	.60
(12) Entspanntsein;	.59
(10) Glück;	.55
(9) Dankbarkeit;	.53
(17) Begeisterung;	.53
(3) Bewunderung für die Schüler;	.52
(11) Beschwingtheit;	.51
(20) Freiheit/Freisein;	.50
(7) Interesse/Neugierde;	.49
(13) Freude.	.46

Faktor 2: 'Ego-Gefühle'

Auf dem Faktor 2 laden insbesondere Gefühle, die sich auf die Bewertung der eigenen Person beziehen.

Tab. 31: Items mit hohen Ladungen auf dem 2. Faktor

Item	Ladung
(6) Selbstbestätigung;	.74
(5) Zufriedenheit;	.72
(18) Angenommensein/Akzeptiertwerden;	.61
(21) Erfolgserlebnis;	.57
(19) Stolz;	.57
(16) Sicherheit.	.54

Faktor 3: 'Symbiotische Gefühle'

Auf diesem Faktor laden positive Gefühle, die sich auf andere Personen - die Schüler - richten und in denen auch Verschmelzungswünsche zum Ausdruck kommen.

Tab. 32: Items mit hohen Ladungen auf dem 3. Faktor

Item	Ladung
(2) Nächstenliebe für die Schüler;	.72
(1) Verbundensein mit den Schülern;	.62
(4) Gefühl, gebraucht zu werden;	.60
(15) Sinngebung/Sinnhaftigkeit;	.59
(8) Bereicherung.	.42

3.1.5. Fragebogen 2: Teil (2) 'Negative Gefühle'

In die Faktorenanalyse zu 'Negative Gefühle' in belastenden Unterrichtssituationen gingen Daten von 295 Lehrern ein. 11 Faktoren erhielten einen Eigenwert von über 1 (Kaiser-Kriterium). Der Scree-Test zeigte beim Verlauf der Eigenwerte, daß sich die Differenzen zwischen Faktor 6 und 44 nur noch unwesentlich verringerten. Nach Varimaxrotationen mit 3, 4, 5 und 6 Faktoren wurde deutlich, daß sich die 5-Faktorenlösung psychologisch am sinnvollsten interpretieren ließ.

Tab. 33: Ladungsmatrix der rotierten 5-Faktorenlösung zu 'Negative Gefühle'

Faktor	I	II	III	IV	V	Kom.
Item 1	.35	.19	.50	.30	.72	.51
2	.14	.05	.52	.27	-.05	.37
3	.11	.03	.71	-.07	.25	.59
4	.56	.17	.40	.19	-.09	.54
5	.08	.06	.74	-.06	.23	.61
6	.52	.11	.18	.32	.02	.41
7	.44	.17	.29	.48	-.09	.54
8	.52	.26	.27	-.10	.00	.43
9	.15	.02	.38	.52	.02	.43
10	.64	.10	.19	.23	.12	.52
11	.33	.07	.15	.63	.13	.55
12	.15	.05	.67	.19	.14	.53
13	.56	.19	.14	.36	.01	.50
14	.36	.24	.19	.07	.49	.47
15	.24	.03	.08	.60	.09	.44
16	.66	.23	.11	.03	.11	.51
17	.65	.25	.20	.32	-.10	.63
18	.59	.22	.06	.19	.19	.47
19	.66	.09	.11	.37	-.09	.60
20	.65	.19	.06	.07	.13	.49
21	.32	.10	.00	.03	.08	.12
22	.53	.17	.35	.03	-.02	.43
23	.58	.03	.09	.42	.06	.53
24	.78	.11	.01	.10	.20	.66
25	.35	.24	.34	.11	.24	.37
26	.20	.01	.44	.23	-.12	.31
27	.64	.20	.18	-.02	.28	.57
28	.06	.41	.06	.44	.14	.39
29	-.01	.45	.09	-.16	.24	.29
30	.21	.51	.04	-.03	.41	.47
31	.23	.35	.27	-.07	.50	.51
32	-.05	.40	.20	.28	.06	.29
33	.14	.58	.10	.16	.20	.43
34	.26	.68	.01	.26	-.04	.59
35	.25	.69	.07	-.02	.19	.58
36	.33	.59	.12	.15	-.07	.50
37	.08	.41	.28	-.03	-.15	.28
38	.06	.28	-.01	.46	.28	.37
39	.15	.61	.03	-.03	.06	.40

Fortsetzung Tab. 33:

40	.25	.55	.03	.24	.23	.47
41	.35	.50	-.06	.26	.19	.48
42	.22	.58	-.06	.15	-.02	.42
43	.16	.13	-.04	.35	.58	.51
44	.04	.06	.17	.14	.72	.57
Eigenwert	6.89	4.71	3.47	3.25	2.35	20.67
Varianz- anteil in %	15.67	10.69	7.89	7.38	5.35	46.98

Faktor 1: 'Selbstzweifel/Depressivität'

Der 1. Faktor subsumiert Zustände emotionaler Niedergeschlagenheit, Hilf- und Hoffnungslosigkeit sowie Gefühle, die den Selbstwert der Person mindern.

<u>Tab. 34:</u> Items mit hohen Ladungen auf dem 1. Faktor

Item	Ladung
(24) Selbstzweifel/Gefühl, versagt zu haben	.78
(19) Unzufriedenheit;	.66
(16) Unfähigkeit/Unzulänglichkeit/Minderwertig- keitsgefühl;	.66
(20) Schuldgefühl;	.65
(17) Frustration;	.65
(27) Depression;	.64
(10) Ohnmacht/Hilflosigkeit;	.64
(18) Unsicherheit/Verunsicherung;	.59
(23) Enttäuschung;	.58
(13) Resignation/Entmutigung;	.56
(4) Sinnlosigkeit meines Tuns;	.56
(22) Deplazierung;	.53
(8) Einsamkeit;	.52
(6) Traurigkeit;	.52
(25) Selbstmitleid;	.35
(21) Mitleid mit den Schülern.	.32

Faktor 2: 'Körperliche Beschwerden'

Auf Faktor 2 laden negative Körperempfindungen, sowohl Dysfunktionen physiologischer und vegetativer Art als auch Symptome, die auf mangelnde Fähigkeit zum Entspannen, z.B. Schlafstörungen, hindeuten.

<u>Tab. 35:</u> Items mit hohen Ladungen auf dem 2. Faktor

Item	Ladung
(35) Kreislaufstörungen;	.69
(34) Muskelverspannungen;	.68

(39)	Verdauungsstörungen;	.61
(36)	Müdigkeit/Mattheit;	.59
(42)	Kopfschmerzen;	.58
(33)	Magenbeschwerden;	.58
(40)	Alpträume;	.55
(30)	Schwindelgefühl;	.51
(41)	Schlafstörungen;	.50
(29)	Sehstörungen;	.45
(37)	Heißhunger;	.41
(32)	Fieberhafte Erkrankung.	.40

Faktor 3: 'Haß/Ablehnung'

Auf dem 3. Faktor laden in erster Linie Empfindungen, die sich gegen andere Personen - die Schüler - richten.

Tab. 36: Items mit hohen Ladungen auf dem 3. Faktor

Item	Ladung
(5) Haß auf die Schüler;	.74
(3) Verachtung für die Schüler;	.71
(12) Abneigung/Abscheu gegenüber den Schülern;	.67
(2) Desinteresse;	.52
(1) Unerträglichkeit;	.50
(26) Langeweile.	.44

Faktor 4: 'Gereiztheit/Ärger'

Der Faktor 4 subsumiert Empfindungen der inneren Unruhe, des Ärgers und (mit niedrigen Ladungen) auch physische Beschwerden.

Tab. 37: Items mit hohen Ladungen auf dem 4. Faktor

Item	Ladung
(11) Gereiztheit;	.63
(15) Ungeduld;	.60
(9) Ärger/Wut auf die Schüler;	.52
(7) Lustlosigkeit;	.48
(38) Appetitlosigkeit;	.46
(28) Heiserkeit oder Sprechstörungen.	.44

Faktor 5: 'Angstsyndrom'

Der Faktor 'Angstsyndrom' beinhaltet zum einen physiologische Reaktionen, die unmittelbar Ausdruck von Angstzuständen sind, z.B. Herzklopfen, aber auch Angst/Bedrohung als kognitiv-emotionale Repräsentation dieser belastenden

Körperempfindungen - deshalb die Bezeichnung dieses Faktors als 'Angstsyndrom'.

Tab. 38: Items mit hohen Ladungen auf dem 5. Faktor

Item	Ladung
(44) Zittern;	.72
(43) Herzklopfen;	.58
(31) Übelkeit;	.50
(14) Angst/Bedrohung.	.49

3.1.6. Fragebogen 1: Teil (3) 'Ressourcen-Attribution'

In die Faktorenanalyse zu 'Ressourcen-Attribution' gingen zunächst die Daten von 303 Lehrern ein. 31 Faktoren wiesen einen Eigenwert von über 1 auf (Kaiser-Kriterium). Nach dem Scree-Test verringerten sich die Differenzen zwischen den Faktoren 8 und 113 nur noch unwesentlich. Varimaxrotationen mit 6, 7 und 8 Faktoren zeigten, daß sich die 7-Faktorenlösung am eindeutigsten interpretieren ließ. Anschließend wurde diese Analyse nur mit Items, die auf einem Faktor mit mindestens .30 luden, wiederholt. Von den 113 Items entfielen 16 (Numerierung nach Version B: Item 9,17,18,19,27,28,35,41,47,49,59,69,93,98,102, 113). Dieser Berechnung lagen nun Daten von 306 Lehrern zugrunde, da nach Entfallen der genannten 16 Items weitere drei Lehrer diesen Fragebogenteil vollständig bearbeitet hatten. Nach der Wiederholung rutschte Item 68 mit seiner höchsten Ladung auf unter .30. Ein weiterer Rechenlauf erfolgte nicht.

<u>Tab. 39:</u> Ladungsmatrix der rotierten 7-Faktorenlösung für 'Ressourcen-Attribution'

Faktor	I	II	III	IV	V	VI	VII	Kom.
Item 1	.55	.14	-.07	.29	-.08	-.05	.26	.49
2	.30	.34	.00	.28	.01	-.04	.13	.30
3	.05	.38	.12	.27	.25	.07	.01	.30
4	.18	.53	.33	.07	-.11	.02	.16	.47
5	.56	-.10	.00	.37	-.04	-.04	.08	.47
6	.47	.15	.24	-.07	.12	.17	.10	.36
7	.50	.13	.11	.00	.20	.03	.15	.34
8	.02	.17	.00	.14	.08	.38	.48	.43
10	.11	.07	.10	-.01	.23	.13	.41	.27
11	.11	.41	.03	.00	.15	.21	.06	.25
12	.08	.28	-.06	.01	.22	.63	.24	.59
13	.09	.60	.04	.04	.02	.00	-.02	.37
14	.09	.56	.16	.15	-.10	.05	.03	.38
15	-.03	.13	.63	.06	.02	.02	.11	.43
16	.05	.13	.50	.05	.01	-.06	.26	.36
20	.22	-.05	-.01	.18	.02	.09	.45	.29
21	.59	.14	.04	.04	.09	.19	.03	.42
22	.03	-.03	.29	.01	.24	.24	.39	.35
23	.23	.00	.23	.04	.07	-.15	.39	.29
24	.07	.01	.09	.03	.02	.08	.32	.12
25	.41	.30	.22	-.10	.13	.07	-.10	.35
26	.14	.03	.14	.42	.08	.13	.17	.27
29	.35	.36	.25	-.02	.07	.08	.06	.33
30	.17	.00	.33	.06	.14	-.15	.31	.28
31	.43	.26	.18	.02	.23	.13	-.15	.38
32	.56	.04	.03	.17	.06	.18	-.03	.38
33	.04	.55	.04	.35	-.02	.04	-.07	.43
34	.18	.02	.08	.55	.04	.08	-.10	.36
36	.28	.23	.14	.35	.02	-.02	.11	.29
37	.63	.26	.04	.25	.05	.02	.10	.54
38	.18	-.01	.08	.41	.09	.09	.24	.28
39	.05	.04	.55	.06	.01	.06	.00	.31

85

40	.10	.18	-.12	.12	.14	.47	.07	.32
42	.30	.09	.26	.09	.14	.04	-.12	.21
43	.42	-.13	.33	.23	-.16	.18	-.13	.43
44	.44	-.07	.15	.36	.02	.00	-.02	.35
45	.18	-.04	.53	.15	-.11	.38	-.06	.50
46	.05	.14	.10	.07	-.02	.65	.11	.47
48	.10	-.08	.35	.14	-.07	.01	-.06	.17
50	.07	.13	.13	.11	.04	.66	.12	.50
51	.25	.42	.21	.17	.06	.16	-.11	.35
52	.14	.01	.10	.19	.02	.09	.31	.17
53	.38	.21	.09	.38	.00	.10	-.02	.35
54	.10	.44	.11	.31	.10	-.15	.05	.35
55	.03	.09	.05	.13	.79	.07	.10	.67
56	.28	.23	.12	.00	.49	.18	-.09	.43
57	.09	.67	-.15	-.07	.11	.12	.14	.53
58	.33	.24	-.01	.30	.08	.17	.11	.30
60	.36	.09	.09	.16	.15	.12	.11	.22
61	.21	.31	.01	.08	.11	.23	-.25	.27
62	.12	.03	.33	.01	.15	-.02	.14	.17
63	.05	.59	.12	.12	.14	.12	-.19	.45
64	.02	.03	.46	.07	.19	.04	.07	.26
65	.55	.24	.07	.01	.04	-.02	.10	.38
66	.00	.22	.38	.07	.04	-.07	.25	.27
67	.38	.33	.22	.02	.14	.04	-.01	.32
68	.21	.03	.23	-.03	-.04	.05	.29	.19
70	.35	.50	.15	-.01	.07	.07	.09	.41
71	.56	.13	.12	.07	-.02	.06	-.01	.35
72	.06	.21	.47	-.05	.07	.22	.25	.41
73	-.02	.18	.60	.10	.05	-.02	-.05	.41
74	.71	.04	-.13	.19	-.11	.08	.13	.59
75	.36	.13	.14	.35	-.03	-.02	.02	.29
76	.66	.11	-.04	.11	-.02	.04	.25	.53
77	.21	.48	.06	-.20	.06	.03	.12	.34
78	.12	.52	-.07	-.09	.19	.26	.14	.42
79	.54	.11	.06	.20	-.01	-.01	.12	.36
80	-.05	.04	.37	.08	-.07	.05	.17	.18
81	.16	.60	.01	.01	.00	.18	.15	.44
82	.11	.02	.05	.07	.82	.02	.19	.73
83	.24	.39	-.03	.02	.25	.21	.01	.32
84	.07	.01	.15	.17	.74	-.10	.11	.63
85	.29	.24	-.04	-.15	.33	.09	-.10	.29
86	.10	.19	.22	-.06	.03	.19	.33	.24
87	.36	.40	.16	-.27	.16	.16	-.12	.45
88	.56	.23	.12	.00	.26	.03	.08	.46
89	.15	.57	.09	-.01	-.10	-.02	.10	.38
90	.50	.26	.23	-.21	.09	.11	-.07	.44
91	.66	.14	.01	.18	.02	-.11	.27	.57
92	.30	.08	.11	.37	.16	.04	.18	.31
94	.02	.01	-.05	.17	.73	.14	.11	.60
95	.08	.12	.15	.36	.06	.06	.05	.18
96	.35	.51	.16	-.05	.07	-.06	.09	.43
97	.12	.19	.32	.19	.09	-.17	.32	.33
99	.63	.14	.05	.25	-.01	.06	.17	.51
100	.17	.02	.17	.30	.00	.29	.02	.23

101	.16	.46	.15	.23	-.02	.17	-.13	.36
103	-.08	.05	.19	.38	.24	.26	-.03	.32
104	.12	.72	-.02	.24	-.07	.04	.09	.61
105	.23	.50	.11	.23	.25	.15	-.15	.48
106	.45	.16	-.08	.15	.14	-.19	.21	.36
107	.24	.10	-.04	.57	.14	-.01	.15	.44
108	.47	.19	-.07	.16	.25	.09	-.01	.36
109	.51	.39	-.07	.07	.04	-.07	.11	.44
110	.47	.34	.03	-.09	-.03	-.02	.13	.36
111	.13	.37	.27	-.12	-.06	-.09	.09	.26
112	-.01	.38	-.05	.28	.08	.00	-.04	.23
Eigenwert	9.69	8.15	4.33	3.98	3.96	3.07	2.95	36.13
Varianz- anteil in %	9.99	8.40	4.47	4.10	4.08	3.17	3.04	37.25

Faktor 1: 'Unterrichtsstrategien'

Auf dem Faktor 'Unterrichtsstrategien' laden Items, die handlungsorientierte Ressourcen beschreiben. Diese umfassen Aktivitäten, welche sich unmittelbar auf die Unterrichtssituation selbst oder die Schüler richten. Diese Strategien beinhalten sowohl methodische und didaktische Aspekte der Unterrichtsplanung und -gestaltung als auch Art und Ausmaß der Einbeziehung der Schüler in das Unterrichtsgeschehen. Einige Items mit niedrigeren Ladungen haben auch Kommunikations- und Reflexionsaktivitäten zum Inhalt. Diese finden im schulischen Kontext statt. Aufgrund des handlungsorientierten Charakters wird diese Ressource als aktionale Ressource bezeichnet.

Tab. 40: Items mit hohen Ladungen auf dem 1. Faktor

Item	Ladung
(74) Schülerzentriertes Unterrichten (z.B. Gruppenar- beiten);	.71
(76) den Schülern die Unterrichtsinhalte erlebbar ma- chen, indem sie selbst etwas tun (z.B. Experimen- tieren/Theaterspielen);	.66
(91) die Beteiligung der Schüler an der thematischen und methodischen Unterrichtsgestaltung;	.66
(99) die dynamische Anwendung verschiedener Unter- richtsmethoden;	.63
(37) die Einbeziehung von Ideen und Meinungen der Schü- ler in meinen Unterricht;	.63
(21) Informationen über das soziale Umfeld der Schüler erschließen und nutzen;	.59
(71) Abmachungen mit den Schülern treffen, um eine pro- blemlose Zusammenarbeit zu gewährleisten;	.56
(32) erst das geeignete Anspruchsniveau der Schüler- gruppe herausfinden und meine Anforderungen danach ausrichten;	.56
(5) Unterrichtsbesuche bei Kollegen;	.56

Fortsetzung Tab. 40:

(88)	für ein Gemeinschaftsgefühl sorgen/Gefühl geben, daß die Schüler und ich "in einem Boot sitzen";	.56
(1)	Neues im Unterricht ausprobieren;	.55
(65)	mich mit meinen persönlichen Stärken und Schwächen in den Unterricht einbringen;	.55
(79)	gemeinsame Aktivitäten mit den Schülern über den Unterricht hinaus pflegen;	.54
(109)	Flexibilität in der Unterrichtsdurchführung;	.51
(90)	die eigene Zuneigung/Sympathie für die Schüler;	.50
(7)	regelmäßiges Loben der Schüler;	.50
(6)	der persönliche Kontakt zu den Schülern;	.47
(110)	das Zusammensein mit vielen unterschiedlichen Temperamenten und Charakteren im Klassenraum;	.47
(108)	die vorhandene Zeit für die Schüler;	.47
(106)	die Schüler zu provozieren mit dem Ziel, mich überzeugen zu lassen;	.45
(44)	Gespräche mit der Schulleitung über meine Erlebnisse/Erfahrungen in der Schule;	.44
(31)	die eigene Toleranz anderen gegenüber;	.43
(43)	Gespräche mit Kollegen über meine Erlebnisse/Erfahrungen in der Schule;	.42
(25)	das eigene Einfühlungsvermögen in die Welt anderer;	.41
(53)	die Auswahl eines Unterrichtsstoffes, der mir als am interessantesten für die Schüler erscheint;	.38
(67)	die eigene Selbstreflexion;	.38
(75)	die eigene Teilnahme an Weiterbildungsangeboten (z.B. Vorträge/Seminare/Kurse besuchen);	.36
(60)	die Unterstützung seitens der Schülereltern;	.36
(58)	das Nutzen von aktuellem Informationsmaterial für meinen Unterricht;	.33
(42)	Gespräche mit mir selbst über meine Erlebnisse/Erfahrungen in der Schule.	.30

Faktor 2: 'Persönliche Kompetenz'

Faktor 2 spiegelt Auffassungen, Einstellungen und Gedanken über die eigene Person und die persönliche und berufliche Kompetenz wider. Diese an Persönlichkeitsmerkmale erinnernde, zum Teil auch nach Lebensdevisen und Glaubenssätzen klingende Aussagen beschreiben internale, kognitive Ressourcen.

Tab. 41: Items mit hohen Ladungen auf dem 2. Faktor

Item	Ladung
(104) Die eigene Leistungsfähigkeit;	.72
(57) die eigene ungebrochene Lebensenergie;	.67
(81) das eigene positive Selbstwertgefühl;	.60
(13) die eigene Souveränität/Unabhängigkeit;	.60
(63) die eigene Lebenserfahrung;	.59
(89) die eigene Schlagfertigkeit/Redegewandtheit/Ausdrucksfähigkeit;	.57
(14) die eigene Durchsetzungsfähigkeit;	.56
(33) die eigene fachliche Kompetenz/Sicherheit;	.55
(4) die eigene besondere Ausstrahlung;	.53

88

(78)	die eigene optimistische Lebensgrundhaltung;	.52
(96)	die eigene Intuition;	.51
(70)	die eigene gute Beobachtungsgabe;	.50
(105)	das eigene Verantwortungsgefühl;	.50
(77)	der eigene Sinn für Humor;	.48
(101)	der eigene berufliche Erfolg;	.46
(54)	die eigene Allgemeinbildung;	.44
(51)	die eigenen pädagogischen/psychologischen Kenntnisse;	.42
(11)	die eigene Ruhe/Gelassenheit;	.41
(87)	das eigene grundsätzliche Interesse für andere Menschen;	.40
(83)	die eigene Gewißheit, den richtigen Beruf gewählt zu haben;	.39
(3)	die eigene Disziplin/Selbstkontrolle;	.38
(112)	die eigene langjährige Berufserfahrung (Routine);	.38
(111)	Einsatz der eigenen schauspielerischen Fähigkeiten, um die Schüler zu überzeugen;	.37
(29)	die eigene Offenheit für alles, was mich umgibt;	.36
(2)	die vorhandene Freiheit in der Unterrichtsgestaltung (inhaltlich/methodisch);	.34
(61)	die eigene Geduld.	.31

Faktor 3: 'Ablenkung/Kommunikation'

Der Faktor 'Ablenkung/Kommunikation' subsumiert zum einen Tätigkeiten, die außerhalb des schulischen Bereichs liegen, nicht zielgerichtet erfolgen, ablenkenden Charakter besitzen und damit offenbar eine entspannende, regenerative Funktion erfüllen. Zum anderen beinhaltet dieser Faktor auch Items, die Kommunikationsaktivitäten beschreiben. Diese haben zum Teil reflektierenden Charakter und finden im Bekanntenkreis und somit im außerschulischen und außerfamiliären Bereich statt. Diese Ressource wird aufgrund ihres handlungsorientierten Charakters ebenfalls als aktional bezeichnet.

Tab. 42: Items mit hohen Ladungen auf dem 3. Faktor

Item		Ladung
(15)	Privat: schöne Sachen kaufen;	.63
(73)	mich gut kleiden/schminken;	.60
(39)	privat: Telefonieren;	.55
(45)	Gespräche mit Freunden über meine Erlebnisse/Erfahrungen in der Schule;	.53
(16)	privat: abends ausgehen;	.50
(72)	privat: Freunde treffen;	.47
(64)	privat: viel ausruhen/viel schlafen;	.46
(66)	privat: Verreisen;	.38
(80)	privat: Fernsehen;	.37
(48)	Gespräche in meiner Gruppentherapie/Selbsterfahrungsgruppe/mit meinem Therapeuten über meine Erlebnisse/Erfahrungen in der Schule;	.35
(62)	privat: Yoga/Entspannungstraining/Autogenes Training;	.33
(30)	privat: Musik hören.	.33

Faktor 4: 'Voraussetzungen/Rahmenbedingungen'

Dieser Faktor beschreibt die schul- und unterrichtsbezogenen Voraussetzungen, die das Erleben angenehmer Unterrichtssituationen ermöglichen. Es handelt sich überwiegend um externale und zumeist zeitlich vorausgehende Ressourcen, d.h. Vorbereitung, Unterrichtsmaterial, Unterrichtsmedien, Literatur sowie weitere kontextbezogene Bedingungen.

Tab. 43: Items mit hohen Ladungen auf dem 4. Faktor

Item	Ladung
(107) Das Lesen von Fachliteratur;	.57
(34) die eigene gründliche inhaltliche und methodische Unterrichtsvorbereitung/detailliertes Unterrichtskonzept;	.55
(26) vorhandene technische Hilfsmittel (z.B. Overhead-Projektor/Filme/Bild- und Tonmaterial)/anregendes Unterrichtsmaterial;	.42
(38) die vorhandenen finanziellen Mittel an meiner Schule;	.41
(103) die vorhandenen Lehrbücher;	.38
(92) die vorhandenen räumlichen Bedingungen in der Schule;	.37
(95) die vorhandene Klassengröße/Kursgröße;	.36
(36) das eigene Interesse an den Unterrichtsthemen;	.35
(100) die eigenen Unterrichtsaufzeichnungen/Konzepte aus früheren Jahren.	.30

Faktor 5: 'Religiosität'

Auf diesem Faktor laden Items, in denen religiöse/philosophische Überzeugungen, religiöse Handlungen sowie religiöses Engagement zum Ausdruck kommen. Diese Ressource liegt außerhalb der schulischen Sphäre im persönlich-privaten Bereich. Diese Ressource subsumiert kognitive und handlungsbezogene Aspekte. Da die kognitiven überwiegen, wird sie als internale Ressource definiert.

Tab. 44: Items mit hohen Ladungen auf dem 5. Faktor

Item	Ladung
(82) Privat: Beten/Meditieren;	.82
(55) der eigene Glaube an Gott/die eigenen religiösen/ philosophischen Vorstellungen;	.79
(84) privat: Beschäftigung mit Religion/Philosophie;	.74
(94) privat: eigenes Engagement in der Kirchengemeinde /Gottesdienstbesuche;	.73
(56) das eigene Bedürfnis, anderen Menschen zu helfen;	.49
(85) die eigene Fähigkeit, mich selbst nicht so wichtig zu nehmen.	.33

Faktor 6: 'Familie/Kommunikation'

Der Faktor 'Familie/Kommunikation' beschreibt zum einen das soziale Einge-
bundensein in den familiären Kontext, zum anderen Kommunikationsaktivitäten mit reflektierendem Inhalt. Im Unterschied zu Faktor 3 findet die Kommunikation ausschließlich im Familienkreis statt. Da die handlungsbezogenen
Aspekte überwiegen, wird diese Ressource als aktionale Ressource bezeichnet.

<u>Tab. 45:</u> Items mit hohen Ladungen auf dem 6. Faktor

Item	Ladung
(50) Gespräche mit Mitgliedern meiner Familie über mei- ne Erlebnisse/Erfahrungen in der Schule;	.66
(46) Gespräche mit meinem Ehepartner/Lebenspartner über meine Erlebnisse/Erfahrungen in der Schule;	.65
(12) privat: mich meiner Familie widmen;	.63
(40) Erfahrungen mit eigenen Kindern.	.47

Faktor 7: 'Freizeitgestaltung'

Der letzte Faktor beinhaltet Freizeitaktivitäten, d.h. Hobbys, Interessen, Sport
usw., denen - im Gegensatz zu den Tätigkeiten im Faktor 'Ablenkung/Kommu-
nikation' - der Lehrer zielgerichtet und systematisch nachgeht. Diese Aktivitäten
erfüllen offenbar ebenfalls entspannende und regenerative Funktion und liegen
im privaten Bereich. Diese Ressource ist aktionaler Art.

<u>Tab. 46:</u> Items mit hohen Ladungen auf dem 7. Faktor

Item	Ladung
(8) Privat: Arbeit in Wohnung/Haus/Garten;	.48
(20) privat: Basteln/Handwerken/Handarbeiten;	.45
(10) privat: mich der Natur widmen;	.41
(22) privat: Spazierengehen/Wandern/Radfahren;	.39
(23) privat: Theaterspielen/Musikmachen/Malen und dgl.;	.39
(86) privat: Körpernähe/Sexualität;	.33
(24) privat: Sport treiben (Mannschaftssport/Individu- alsport);	.32
(97) privat: Besuche in Museen/Galerien/Besuch von Kon- zerten/Oper/Theatervorstellungen und dgl.;	.32
(52) privat: Fotografieren/Filmen;	.31
(68) privat: Kochen/Backen.	.29

3.1.7. Fragebogen 2: Teil (4) 'Vulnerabilitäts-Attribution'

In die Faktorenanalyse zu 'Vulnerabilitäts-Attribution' belastender Unterrichtssituationen gingen Daten von 281 befragten Lehrern ein. 24 Faktoren wiesen einen Eigenwert von über 1 auf (Kaiser-Kriterium). Der Scree-Test zeigte, daß sich die Differenzen zwischen den Faktoren 10 und 100 nur noch unwesentlich verringerten. Anhand von Varimaxrotationen mit 7, 8, 9 und 10 Faktoren wurde deutlich, daß sich für die 7-Faktorenlösung die sinnvollste psychologische Interpretation ergab. Nur Item 44 lud auf keinem Faktor über .30.

Tab. 47: Ladungsmatrix der rotierten 7-Faktorenlösung für 'Vulnerabilitäts-Attribution'

Faktor	I	II	III	IV	V	VI	VII	Kom.
Item 1	.19	-.06	.28	.50	.02	.29	-.17	.48
2	.17	.07	.20	.28	.10	.44	.05	.35
3	.28	.10	.15	.59	-.11	.15	.01	.49
4	.08	.01	.36	.63	.26	.16	.06	.63
5	.01	.38	.55	.14	.06	.15	.01	.50
6	.24	.02	.37	.25	.16	.20	-.03	.32
7	.48	.08	-.04	.37	-.04	.24	-.01	.43
8	.39	.12	.01	.55	.01	.21	.02	.53
9	.07	.48	.03	.04	.05	.06	-.01	.24
10	-.03	.28	.07	.12	-.06	.65	.06	.53
11	.11	.48	.27	.27	-.21	.30	.03	.54
12	.61	.04	.15	.12	-.04	.05	.13	.43
13	.39	.27	.23	.03	.01	.04	.14	.30
14	.05	.44	-.05	.19	.11	.01	.31	.35
15	.17	.18	.51	.23	.15	-.02	.16	.43
16	.04	.35	.23	.26	.02	.31	-.15	.36
17	.07	.31	.03	.29	.15	-.04	.46	.42
18	.11	.27	.48	.01	.03	.17	.17	.38
19	.04	.58	.04	.21	.12	.09	.18	.44
20	.16	.32	-.06	.19	.21	-.07	.37	.36
21	.14	.25	.35	.20	.13	.10	.18	.30
22	.43	.08	-.02	.40	.16	.10	.09	.40
23	.07	.56	.10	-.03	.19	.08	-.01	.38
24	.66	.14	.10	.28	.08	.11	.11	.57
25	.17	.31	.06	.07	.38	.22	.16	.35
26	.48	.09	.18	.37	.17	.00	.05	.44
27	.09	-.05	.14	.01	.05	.17	.72	.58
28	.39	-.05	.30	.40	.18	.18	-.12	.49
29	.09	.66	.27	.03	.08	.06	-.08	.54
30	.12	.23	.62	.06	.14	.02	.08	.48
31	-.00	-.03	-.01	.03	.02	.30	.74	.65
32	.32	-.02	.33	.44	.03	-.14	.12	.45
33	.67	.11	.10	.33	.04	.10	-.02	.59
34	.20	.10	.00	.55	.16	-.04	.01	.38
35	-.01	.55	.25	.09	.24	.18	.11	.48
36	.00	.19	.29	.07	.02	.33	.39	.39
37	-.09	.30	.32	.09	.38	.03	.11	.36
38	.47	.21	.21	.20	.47	-.02	-.02	.57
39	.56	.19	-.04	.19	.13	.06	-.01	.41

40	.43	.17	-.15	-.13	.10	.09	.31	.37
41	.65	.24	.09	-.02	.15	.12	-.03	.53
42	.24	.05	-.14	-.14	.13	.48	.22	.39
43	.06	.44	.23	.02	.24	.29	.01	.39
44	.25	.25	.27	.24	.23	.06	.09	.32
45	.27	.22	.48	.07	.08	.17	-.01	.39
46	.19	.19	-.03	-.12	.34	.44	.04	.59
47	.25	.13	-.08	.54	.29	-.01	.06	.47
48	.60	.13	-.01	.15	.05	.05	.01	.40
49	.72	.07	.05	.06	.08	.17	.06	.57
50	.12	.16	.16	.20	.55	-.05	.09	.42
51	.31	.18	.36	.11	.29	.08	.14	.38
52	.15	.25	.19	.02	.01	.34	.14	.25
53	.38	.01	.26	.49	.25	-.05	.08	.52
54	.40	.10	.11	.54	.13	-.09	.11	.51
55	.07	.31	.13	.08	.28	.34	.05	.32
56	.60	.13	.03	.34	-.06	.01	.08	.51
57	.20	.44	.17	.09	.26	.14	.16	.38
58	.71	.10	.17	.25	.10	-.01	.11	.62
59	.23	.43	-.01	-.06	-.02	.16	.14	.29
60	.62	.09	.06	.14	.11	.06	.15	.45
61	.16	.15	.28	.03	.06	.36	.27	.34
62	.41	.09	.46	.08	.03	.17	.09	.44
63	.36	.07	.41	.39	.19	.10	-.04	.50
64	.12	.11	-.04	.03	-.04	.67	.33	.59
65	.00	.22	.11	.05	-.06	.73	.10	.61
66	.01	.41	.32	.34	.30	.23	.11	.54
67	.35	.14	.31	.04	.01	.24	.22	.35
68	.55	.17	.25	.25	-.01	.12	.01	.47
69	.05	.09	.18	.40	.23	-.04	.12	.27
70	.26	.18	.07	.51	.16	-.05	.26	.47
71	.56	.01	.25	.14	.14	-.00	.10	.43
72	.21	.34	.21	.14	.02	.18	.06	.26
73	.05	.32	.17	.16	.49	.03	.28	.47
74	.69	.02	.03	.19	.12	.03	.20	.57
75	.20	.18	-.11	.36	.58	.06	.08	.56
76	.13	.27	.27	-.09	.03	.09	.36	.31
77	.38	-.13	.27	-.10	.33	.15	-.04	.37
78	.71	.17	.23	.02	.09	.03	.00	.59
79	.15	.58	.35	.08	-.01	.13	-.01	.51
80	.10	.55	.03	.07	.12	.10	.21	.38
81	.09	.05	.06	.07	.01	.15	.71	.55
82	.08	.17	.15	-.05	.25	.56	.29	.52
83	.21	.31	.32	.14	.10	-.07	.40	.43
84	.18	.10	-.03	.34	.59	.03	.01	.51
85	.16	.33	.41	.08	.08	.06	-.03	.31
86	.13	.25	.51	.10	.34	-.07	.21	.58
87	.13	.15	.26	-.00	.05	.31	.51	.46
88	.45	-.00	.36	.16	.26	.11	-.05	.44
89	.53	.07	.27	.20	.18	.10	.12	.46
90	.11	.14	.25	.11	.60	.21	.07	.52
91	.38	.11	.15	.07	.58	.06	-.06	.52
92	.23	.18	.37	.19	.36	-.11	.01	.41
93	.16	.58	.08	.14	.08	-.03	.04	.40

94	.46	.06	.43	.16	-.03	.19	.15	.48
95	.39	.18	.33	-.11	.37	.14	-.04	.47
96	.23	.61	.20	-.11	.06	.13	-.07	.50
97	.19	.33	.09	-.08	.09	.15	.09	.20
98	.04	.02	.15	.18	.26	.31	.01	.22
99	.46	.13	.18	-.11	.22	.23	-.09	.39
100	.59	.08	.09	.07	.19	-.21	-.02	.44

Eigenwert	11.27	7.05	6.04	5.97	4.81	4.74	4.31	44.19
Varianzanteil in %	11.27	7.05	6.04	5.97	4.81	4.74	4.31	44.19

Faktor 1: 'Kompetenzdefizit'

Die Items, die auf diesem Faktor laden, beschreiben negative Einstellungen, Gedanken und Selbstkonzepte der Lehrer im Hinblick auf die eigene Leistungsfähigkeit in Unterrichtssituationen. Die hier beschriebenen Attributionen sind internal.

Tab. 48: Items mit hohen Ladungen auf dem 1. Faktor

Item	Ladung
(49) Die eigene mangelnde Fähigkeit, mich in die Welt der Schüler einzufühlen;	.72
(58) die eigene mangelnde Selbstsicherheit;	.71
(78) die eigene unzureichende Flexibilität im Unterricht;	.71
(74) die eigene unzureichende persönliche Ausstrahlung;	.69
(33) die eigene fachliche Unsicherheit;	.67
(24) der eigene Mangel an Selbstreflexion;	.66
(41) die eigenen einseitigen Unterrichtsmethoden;	.65
(60) der eigene Mangel an Schlagfertigkeit/Redegewandtheit/Ausdrucksfähigkeit;	.62
(12) der eigene Mangel an Durchsetzungsfähigkeit;	.61
(56) die eigene Vorstellung, daß ich für den Lehrerberuf nicht geeignet bin;	.60
(48) ich gehe zu wenig auf die Schüler ein;	.60
(100) die eigene fehlende Lebensenergie;	.59
(71) die eigene mangelnde Fähigkeit, Situationen schneller zu durchschauen und entsprechend zu reagieren;	.56
(39) das eigene Desinteresse an den Unterrichtsthemen;	.56
(68) die eigenen unzureichenden pädagogischen/psychologischen Kenntnisse;	.55
(89) die eigene unzureichende Selbstkontrolle;	.53
(7) die eigene mangelnde Unterrichtserfahrung;	.48
(26) die eigene unzureichende Selbstdisziplin;	.48
(99) die eigenen unzureichenden Kenntnisse über die Persönlichkeit der einzelnen Schüler;	.46
(94) die eigene Neigung, die Schüler zu häufig zu kritisieren;	.46
(88) die eigene Ungeduld;	.45

Fortsetzung Tab. 48:

(22)	privat: die eigene mangelnde Fähigkeit, meine Freizeit sinnvoll zu nutzen;	.43
(40)	die Tatsache, daß es mehr oder weniger talentierte Schüler gibt;	.43
(95)	die Anzahl der an einem Tag bereits gemachten eigenen negativen Erlebnisse/Erfahrungen;	.39
(13)	die Verantwortung, die ich als Lehrer für den Unterrichtsverlauf tragen muß;	.39
(77)	besondere Unterrichtssituationen (z.B. technische Pannen);	.38
(67)	das eigene Bedürfnis, die Schüler nach meinen Vorstellungen zu formen.	.35

Faktor 2: 'Systembedingte Mängel'

Der Faktor 2 spiegelt externe Attributionen wider. Sie umfassen Ursachenzuschreibungen, die außerhalb der eigenen Person in Administration, Schule, Schulpolitik, in der Organisation der Abläufe und im Regelsystem (z.B. Zensurengebung) zu suchen sind.

Tab. 49: Items mit hohen Ladungen auf dem 2. Faktor

Item		Ladung
(29)	Der Zensurendruck/das zensurenorientierte Schulsystem;	.66
(96)	das Schulsystem, das sowohl begabten als auch unbegabten Schülern wenig Entwicklungsmöglichkeiten anzubieten hat;	.61
(79)	das Fehlen geeigneter Schülerprojekte, die das praktische Umsetzen des Gelernten ermöglichen;	.58
(19)	die fehlenden finanziellen Mittel zur Ausstattung der Schule und des Unterrichtes;	.58
(93)	das Fehlen geeigneter Weiterbildungsangebote;	.58
(23)	die enge Begrenzung der Unterrichtszeiten;	.56
(35)	die negative bildungs- und finanzpolitische Situation in diesem Bundesland;	.55
(80)	der Lehrplandruck;	.55
(11)	die Sinnlosigkeit der Lerninhalte;	.48
(9)	die Kürze der Unterrichtsstunde;	.48
(14)	die schlechten Lehrbücher;	.44
(57)	der allgemeine Leistungsdruck;	.44
(43)	die Tatsache, zu wenig Zeit für einzelne Schüler zu haben;	.44
(59)	der Zwang für Schüler, zur Schule gehen zu müssen /Schulpflicht;	.43
(66)	die mangelnde Zeit zum Entspannen zwischen den Unterrichtsstunden;	.41
(16)	die fehlenden außerschulischen Aktivitäten mit den Schülern;	.35
(72)	die Überstrahlung der Probleme der Schüler mit anderen Lehrern auf meinen Unterricht;	.34
(97)	die allgemeine Überforderung der Schüler.	.33

95

Faktor 3: 'Eigener hoher Anspruch'

Dieser Faktor beschreibt internale Attributionen. Sie beziehen sich auf die eigene Person und auf Reflexionen über Ansprüche an die eigene Rolle als "perfekter Pädagoge" und den Wunsch, ein "ganzer Mensch" zu sein. Gleichzeitig dominieren Gedanken, die Schuldgefühle, die eigene Unzulänglichkeit sowie Überforderung zum Inhalt haben und Ausdruck seelischer Instabilität sind.

Tab. 50: Items mit hohen Ladungen auf dem 3. Faktor

Item	Ladung
(30) Die eigene Vorstellung, diesem oder jenem Schüler nicht gerecht geworden zu sein;	.62
(5) die eigene Wahrnehmung meiner Doppelrolle als Lehrer: Schulpflicht und Leistungsbeurteilung kollidieren mit dem Anspruch, zu helfen, zu beraten;	.55
(15) die eigene hohe Sensibilität gegenüber belastenden Situationen;	.51
(86) das eigene Gefühl, mit meiner Arbeit niemals fertig zu sein;	.51
(18) der eigene Anspruch, den Schülern nicht nur Wissen zu vermitteln, sondern sie auch in ihrer Persönlichkeit voranzubringen;	.48
(45) das Fehlen einer qualifizierten Person, mit der ich mich aussprechen kann (z.B. Schulpsychologe);	.48
(62) die Tatsache, daß ich manchmal auf einer anderen Frequenz sende als die Schüler empfangen;	.46
(85) (Welt-)politische Ereignisse, die auch die Schüler verunsichern;	.41
(63) die eigenen emotionalen Schwankungen;	.41
(92) der eigene Wunsch, geliebt und geschätzt zu werden;	.37
(6) der eigene Hang, mich selbst zu wichtig zu nehmen;	.37
(51) die eigenen unzureichenden Kenntnisse im Umgang mit neuen Medien;	.36
(21) schlechte Stimmung im Kollegium/unzureichende Kommunikation/Kooperation im Kollegium;	.35
(44) die eigene Neigung, zu wenig auf mich und meine Bedürfnisse zu achten.	.27

Faktor 4: 'Körper- und kontaktbezogene Defizite'

Auf dem 4. Faktor laden Items, die zum einen Defizite in der Fähigkeit zu entspannen und gesund zu leben, zum anderen Defizite in der Kontaktfähigkeit zu anderen Menschen beschreiben. Solche Zustände wirken offenbar lähmend und haben zur Folge, daß auch die Unterrichtsvorbereitungen/Konzepterstellungen in Mitleidenschaft gezogen werden (eine Erklärung, warum die Items 1 und 28 auf diesem Faktor laden). Die Items beziehen sich ausschließlich auf den privaten Bereich des Lehrers. Unterrichtsvorbereitungen und Erstellung von Unterrichtskonzepten erfolgen ebenfalls in privater Umgebung (eine weitere Erklärung, weshalb die Items 1 und 28 auf diesem Faktor laden). Diese Dimension beschreibt aktionale Attributionen im Sinne des "Nicht-" bzw. "Falsch-Tuns".

Items mit hohen Ladungen auf dem 4. Faktor

Item	Ladung
(4) Privat: der eigene Mangel an Entspannung/der eigene Mangel an Schlaf;	.63
(3) privat: der eigene mangelnde Kontakt zu anderen Menschen/Einsamkeit;	.59
(34) privat: die eigene unbefriedigende sexuelle Situation;	.55
(8) die eigene ungesunde Lebensweise (z.B. Rauchen/ Alkohol/Tabletten);	.55
(54) das Fehlen von Personen, denen ich mich anvertrauen kann (z.B. Familienangehörigen/Freunden);	.54
(47) die eigene ungesunde Ernährung (z.B. zu viel Zukker, Fett);	.54
(70) die eigene unzureichende körperliche Attraktivität;	.51
(1) das eigene schlechte Unterrichtskonzept;	.50
(53) privat: die eigenen persönlichen Probleme/die eigenen privaten Krisensituationen;	.49
(32) der eigene Hang zum "Weltschmerz";	.44
(28) die eigene unzureichende Vorbereitung;	.40
(69) das hohe Maß an Engagement/Verpflichtungen im privaten Bereich (z.B. Familie/Interessen).	.40

Faktor 5: 'Überlastung/Zeitmangel'

Dieser Faktor beschreibt organisatorische Verpflichtungen und den Mangel an Zeit für das Pflegen persönlicher Interessen und für körperbezogene Aktivitäten (Sport). Der Faktor ist aktionaler Art und umfaßt Attributionen, die sich auf unterlassene bzw. subjektiv belastende Handlungen beziehen.

Tab. 52: Items mit hohen Ladungen auf dem 5. Faktor

Item	Ladung
(90) Die eigenen organisatorischen Verpflichtungen/ Zusatzaufgaben (z.B. Amt als Klassenlehrer/Tutor);	.60
(84) privat: der eigene Mangel an Bewegung;	.59
(75) privat: der eigene Mangel an sportlicher Betätigung;	.58
(91) das eigene körperliche Unwohlsein/die eigene Müdigkeit;	.58
(50) privat: zu wenig Zeit für die eigenen Interessen/ Hobbys;	.55
(73) Nachmittagskonferenzen;	.49
(38) die eigene schwankende Leistungsfähigkeit;	.47
(25) die große Anzahl von Unterrichtsstunden;	.38
(37) die Quantität der Korrekturen.	.38

Faktor 6: 'Schülerumwelt'

Dieser Faktor beinhaltet Ursachenzuschreibungen, die sich auf die Schüler beziehen. Die Ursachen werden jedoch weniger in den Schülerpersönlichkeiten selbst vermutet, sondern in deren familiärem-sozialem Umfeld, in biologisch-entwicklungsbedingten Faktoren (Alter) oder in anderen äußeren, auf die Schüler einwirkenden Faktoren (Fernsehen). Gemeinsames Kennzeichen dieser Ursachen ist es offenbar, daß die Schüler keine Verantwortung dafür zu übernehmen haben. Die Attributionen, die dieser Faktor umfaßt, sind external.

Tab. 53: Items mit hohen Ladungen auf dem 6. Faktor

Item	Ladung
(65) Die Probleme in den Schülerfamilien, die von den Schülern ins Klassenzimmer getragen werden;	.73
(64) der häusliche Background der Schüler/das soziale Umfeld, aus dem die Schüler stammen;	.67
(10) die Probleme, die die Schüler mit sich selbst haben;	.65
(82) die auf die Schüler einstürmende Medienflut (z.B. Fernsehen, Video);	.56
(42) das spezifische Alter der Schüler (z.B. Pubertät);	.48
(2) anstehende Ereignisse (z.B. Weihnachten/Ferien Zeugnisse/Klassenreisen);	.44
(46) der Zeitpunkt der Unterrichtsstunde im Stundenplan (z.B. 1. oder 6. Stunde);	.44
(61) das uneinheitliche pädagogische Vorgehen der verschiedenen Lehrer;	.36
(55) die Klassen-/Kursgröße;	.34
(52) die medien- und computergesteuerte Arbeits- und Freizeitwelt;	.34
(98) Wettereinflüsse.	.31

Faktor 7: 'Verantwortliche Personen'

Faktor 7 umfaßt Ursachenzuschreibungen, die sich auf Personen im schulischen Umfeld des Lehrers beziehen. Hier werden bestimmte Personen und Instanzen, d.h. Schüler, Schulleitung/Schulbehörde und Eltern (explizit in Item 36, implizit in den Items 31 und 81), für die ungünstige Befindlichkeit des Lehrers verantwortlich gemacht. Auch die hier beschriebenen Attributionen sind external.

Tab. 54: Items mit hohen Ladungen auf dem 7. Faktor

Item	Ladung
(31) Die schlecht/zu liberal erzogenen Schüler;	.74
(27) die Faulheit der Schüler;	.72
(81) das niedrige Intelligenzniveau der Schüler;	.71
(87) die Gedankenlosigkeit/Rücksichtslosigkeit der Schüler;	.51

Fortsetzung Tab. 54:

(17) die fehlende Anerkennung von der Schulleitung/der   .46
     Schulbehörde;
(83) die eigene Erkenntnis, daß es im Lehrerberuf wenig   .40
     Erfolgserlebnisse gibt;
(36) die fehlende Unterstützung seitens der Schülerel-   .39
     tern;
(20) die starke Kontrolle von der Schulleitung/der   .37
     Schulbehörde;
(76) die passiven Schüler, die sich mit dem "System   .36
     Schule" abgefunden haben.

3.1.8. Fragebogen 2: Teil (3) 'Bewältigungsstrategien'

In die Faktorenanalyse zu 'Bewältigungsstrategien' gingen zunächst Daten von 276 befragten Lehrern ein. 37 Faktoren wiesen einen Eigenwert von über 1 auf (Kaiser-Kriterium). Der Scree-Test offenbarte, daß sich die Differenzen zwischen den Faktoren 10 und 120 nur noch unwesentlich verringerten. Nach Varimaxrotationen mit 7, 8, 9 und 10 Faktoren zeigte sich, daß die 7-Faktorenlösung die sinnvollste psychologische Interpretation lieferte. Die 7-Faktorenlösung wurde ein zweites mal nur mit Items gerechnet, die auf einem Faktor mit mindestens .30 luden. Von den 120 Items entfielen 16 (Numerierung nach Version B: Item 1,10,24,29,31,34,36,37,41,46,47,69,74,97,104,119). Dieser Berechnung lagen nun Daten von 279 Lehrern zugrunde, da nach Entfallen der 16 genannten Items weitere drei Lehrer diesen Fragebogenteil nun vollständig bearbeitet hatten. Nach dem wiederholten Rechenlauf rutschten nur noch die Items 6,73 und 113 unter .30. Eine abermalige Berechnung erfolgte jedoch nicht.

Tab. 55: Ladungsmatrix der rotierten 7-Faktorenlösung für 'Bewältigungsstrategien'

Faktor	I	II	III	IV	V	VI	VII	Kom.
Item 2	.07	.09	.39	-.01	-.00	.21	-.07	.21
3	.21	.02	.00	-.09	-.04	.53	.21	.38
4	-.09	.06	.48	-.20	-.17	-.01	.30	.40
5	.17	-.15	-.07	.29	.00	.51	.09	.41
6	-.05	-.05	.09	.28	.26	.28	.04	.24
7	.06	.02	.01	-.01	.03	.65	.05	.43
8	.15	-.40	.15	.13	.34	.25	-.05	.41
9	-.07	-.43	.04	.07	.29	.32	.05	.38
11	.36	-.06	-.05	.13	-.02	.37	-.22	.34
12	-.26	-.00	.47	.05	.23	.01	-.03	.35
13	.14	.02	.04	.10	.04	.52	.24	.36
14	.10	-.27	-.28	.32	.12	.24	-.07	.35
15	.18	-.27	-.08	.20	.20	.42	-.02	.37
16	-.02	-.01	.47	.13	-.00	-.12	.06	.26
17	-.13	.36	.08	.03	.16	-.11	.24	.25
18	.14	.16	.18	-.08	.07	.43	.27	.34
19	.07	.22	.55	-.11	.05	-.04	-.12	.39
20	.04	.65	-.03	.13	-.13	.07	.07	.47
21	-.09	-.08	.38	.24	-.10	-.31	.17	.35
22	-.01	-.04	.53	.11	-.13	-.11	.17	.36
23	-.06	.14	.40	.01	.09	.01	.06	.19
25	-.05	-.08	.44	.17	.03	-.10	.18	.27
26	.12	-.10	.42	.15	.05	-.05	-.11	.24
27	-.08	-.18	.16	.11	.47	.12	-.11	.32
28	.50	-.09	.01	-.15	.08	.05	.11	.31
30	.35	.05	-.16	.18	.04	.18	-.20	.25
32	.54	.12	-.14	.27	-.19	.26	-.02	.51
33	-.33	-.18	.16	-.02	.29	.08	.15	.28
35	.46	.06	-.01	.20	.22	.02	-.23	.35
38	.35	.03	-.05	.34	-.07	-.08	.39	.41
39	.02	-.41	-.01	.32	.31	.12	-.04	.39

40	.19	-.18	.04	.40	.20	.25	.19	.36
42	-.06	-.06	.13	.50	.03	.06	-.21	.32
43	.51	-.01	-.16	.13	-.12	.11	-.04	.33
44	-.13	.32	.35	-.06	-.02	-.00	-.06	.46
45	.58	-.18	.03	-.02	.03	-.07	.07	.38
48	-.18	-.04	.39	-.02	.03	.06	-.03	.19
49	.02	.51	.05	.01	.07	-.17	.11	.31
50	.25	.03	-.11	-.05	.49	-.17	.20	.39
51	.39	-.18	.06	.01	.20	-.10	.15	.26
52	.40	.08	-.09	.21	-.02	.14	.21	.28
53	-.05	.06	.20	-.04	-.00	.09	.41	.23
54	-.01	.43	.23	-.06	.07	.04	.05	.25
55	.35	-.09	.18	.38	-.09	.01	.19	.36
56	-.15	.15	-.02	.10	.52	-.08	.09	.34
57	.62	-.12	-.11	-.02	-.04	.14	.01	.43
58	.12	-.02	.27	-.01	.47	.13	-.06	.32
59	-.04	.29	.04	-.09	.38	.13	.20	.29
60	.52	.30	.00	.09	-.08	.06	-.08	.38
61	.18	.32	.15	-.23	.16	.12	.13	.27
62	.47	.32	-.15	.01	-.10	.36	-.14	.51
63	.43	.09	-.25	.10	-.09	.39	-.05	.43
64	.05	.07	-.02	-.06	.01	.10	.51	.28
65	.60	.09	-.02	.15	-.00	.20	-.20	.47
66	.05	-.28	.15	.58	-.03	.12	-.12	.47
67	-.08	.09	.46	-.14	.12	-.02	.20	.30
68	.14	-.10	.03	.14	.08	.12	.36	.20
70	.04	.09	.01	.12	.20	.22	.39	.27
71	-.13	.01	.42	-.14	.27	.09	-.14	.32
72	.49	.37	-.12	.05	.15	.16	-.05	.45
73	-.08	.16	.26	-.03	.18	.07	-.01	.14
75	.33	-.07	.00	.22	.42	.02	-.08	.34
76	-.05	.08	.33	.12	.12	.09	.27	.23
77	.49	-.04	.04	-.25	.12	.20	.13	.38
78	.38	-.31	.08	.05	.43	-.02	-.08	.49
79	.41	.27	-.21	.23	-.03	.28	.02	.42
80	.17	.60	.08	.10	-.05	.28	-.02	.49
81	-.05	.09	.39	-.08	.02	-.07	.04	.18
82	.12	.09	.28	.31	.11	.07	.12	.23
83	-.06	.21	-.08	.42	.02	.25	.28	.37
84	.52	-.06	-.21	.19	.06	.09	.13	.38
85	.13	.63	.14	.07	-.03	.07	.01	.45
86	.44	-.08	.21	.27	.03	.02	-.17	.35
87	.61	-.02	-.07	-.10	.06	.02	.06	.44
88	-.25	.03	.01	.43	.20	-.03	.08	.30
89	.47	-.20	.01	-.02	.31	.07	.19	.40
90	.49	.02	-.03	.23	-.06	.17	-.02	.33
91	.38	.05	.07	.22	-.06	.21	.14	.27
92	.61	.10	-.07	-.10	.01	-.02	-.01	.40
93	-.10	-.12	.38	-.08	.25	.17	-.04	.27
94	.08	.23	.04	.42	.03	-.01	-.11	.24
95	-.27	-.10	.09	.18	.47	-.01	-.02	.35
96	-.10	.45	.23	.03	.13	-.01	.00	.29
98	.51	.08	-.13	.32	-.15	.01	.15	.42
99	.03	.19	.03	.47	.11	.07	.13	.29

Fortsetzung Tab. 55:

100	.18	-.03	-.12	.35	.10	-.04	-.05	.18
101	.36	-.11	-.19	.31	.23	.05	-.16	.34
102	-.06	.18	.42	.20	-.07	-.11	-.12	.28
103	.16	.12	-.03	.08	.38	.22	.06	.24
105	.21	-.00	-.15	.43	.24	.04	.16	.34
106	.38	-.08	.14	.16	.46	-.13	.12	.43
107	-.14	-.01	.52	-.07	.02	.12	-.00	.31
108	.30	-.14	.34	.32	-.28	-.07	.29	.50
109	.57	.11	-.04	.04	.04	-.10	.13	.37
110	.63	.26	-.12	.17	-.07	-.02	-.06	.51
111	.65	.11	-.06	.18	-.21	-.02	.08	.52
112	.60	-.02	-.03	-.07	.09	-.08	.30	.47
113	.01	-.26	-.02	.05	.28	-.20	.06	.19
114	.08	.29	-.07	.41	.09	-.13	.22	.34
115	-.01	-.31	.07	.12	.33	-.18	.14	.27
116	-.26	.06	.23	.15	.40	.08	.02	.31
117	.62	-.03	-.06	-.22	-.05	.06	-.05	.45
118	.18	.61	.03	.14	-.20	-.04	-.05	.48
120	.60	.05	-.09	-.11	.08	.15	-.14	.43
Eigenwert	10.34	5.26	5.00	4.55	4.12	3.77	2.75	35.79
Varianz- anteil in %	9.94	5.06	4.81	4.37	3.96	3.63	2.64	34.41

Faktor 1: 'Aktive Lösungssuche'

Auf Faktor 1 laden Items, die eine Auseinandersetzung des Lehrers mit der Problemsituation und das Suchen nach einer Lösung beschreiben. Dies geschieht auf kognitiver Ebene, z.B. durch Reflektieren und Hinterfragen der Situation, Infragestellen des eigenen Verhaltens usw., in Form von Kommunikation mit den Schülern und direkter, auf das Problem und dessen Lösung bezogener Aktivitäten. Ziel ist die direkte Beeinflussung und konstruktive Veränderung der Belastungssituation ohne deren Leugnung. Dieser Faktor umfaßt kognitive und handlungsorientierte Aspekte gleichermaßen.

Tab. 56: Items mit hohen Ladungen auf dem 1. Faktor

Item	Ladung
(111) Ich suche das Gespräch mit den problematischen Schülern;	.65
(110) ich versuche herauszufinden, warum meine Erwartungen nicht erfüllt werden. Ich frage mich, wie meine Ansprüche sind;	.63
(117) ich frage die Schüler, worin ihrer Meinung nach die Ursache des Konflikts liegt;	.62
(57) ich suche mit den Schülern gemeinsam eine Lösung, die für alle akzeptabel ist;	.62
(92) ich lasse die Kritik der Schüler an mir zu und setze mich selbstkritisch mit mir auseinander;	.61

(87)	ich höre mir die unterschiedlichen Meinungen der Schüler an;	.61
(112)	ich sage den Schülern, daß auch ich Fehler mache/ Unsicherheiten habe;	.60
(120)	ich erfrage Vorstellungen/Verbesserungsvorschläge von den Schülern;	.60
(65)	ich überlege, was Schüler zu ihrem Verhalten bewegt;	.60
(45)	ich erkläre den Schülern, warum mich ihr Verhalten stört;	.58
(109)	ich entschuldige mich gegebenenfalls bei den Schülern;	.57
(32)	ich ergründe die Ursachen und Motive des Schülerverhaltens und modifiziere mein Verhalten entsprechend;	.54
(84)	ich zeige Verständnis für die Schüler;	.52
(60)	ich mache mir im Nachhinein die Situation bewußt, spiele sie allein in Gedanken nach;	.52
(43)	ich beziehe die Probleme bewußt in meine Unterrichtskonzeption ein;	.51
(98)	ich kümmere mich verstärkt um Problemschüler;	.51
(28)	ich sage den Schülern, daß ich betroffen und verletzt bin;	.50
(72)	ich frage mich, was diese als unangenehm empfundene Situation mit mir persönlich zu tun hat, was sie mich lehren könnte, in mir verändern könnte;	.49
(77)	ich teile den Schülern meine Beobachtungen und Gefühle mit;	.49
(90)	ich greife Schülervorschläge auf und verfolge dabei mein Unterrichtsziel;	.49
(62)	ich setze mich mit der Situation und mit mir selbst auseinander, um zu mehr Bewußtsein und Erkenntnis zu gelangen;	.47
(89)	ich mache mir klar, daß auch ich Fehler machen darf;	.47
(35)	ich schätze ab, was ich ändern kann und womit ich mich abfinden muß;	.46
(86)	ich versuche, die Schüler von der Richtigkeit meiner Methode/meines Vorgehens zu überzeugen;	.44
(63)	ich arbeite aktiv mit an der Veränderung hemmender Unterrichtsstrukturen;	.43
(79)	ich überdenke meine Unterrichtskonzepte und -methoden;	.41
(52)	ich wende neue Unterrichtsmethoden an/probiere neuen Unterrichtsstil aus;	.40
(51)	ich weiß, daß sich Schüler immer unterschiedlich verhalten, schnell vergessen und der folgende Tag völlig anders verlaufen kann;	.39
(91)	ich bespreche Konflikte am Ende/nach Beendigung des Unterrichts;	.38
(101)	ich mache mir klar, daß die positiven Erfahrungen überwiegen;	.36
(30)	ein frecher und renitenter Schüler ist für mich eine wichtige Erfahrung, an der ich reifen und mich entwickeln kann;	.35
(33)	ich denke - offen gestanden - wenig über Probleme und Lösungen nach.	-.33

Faktor 2: 'Ständiges Nachdenken'

Faktor 2 umfaßt in erster Linie gedankliche Reaktionen des Lehrers auf belastende Situationen. Diese Gedanken, die auch Schuldgefühle zum Inhalt haben, sind äußerst belastend und beschäftigen den Lehrer ständig und in zwanghafter Weise. Diese Gedanken verändern weder die problematische Situation, noch bilden sie einen Ausgangspunkt für Handlungsentwürfe. Sie mindern nicht einmal die negativen Gefühle. Die Items 9, 39 und 8 laden negativ auf diesem Faktor.

Tab. 57: Items mit hohen Ladungen auf dem 2. Faktor

Item	Ladung
(20) Ich beschäftige mich ständig mit dem Schulalltag und kann die Gedanken daran nicht ablegen;	.65
(85) ich mache mir Vorwürfe, daß ich versagt habe;	.63
(118) ich denke sehr lange über die unangenehmen Erlebnisse nach;	.61
(80) Probleme mit den Schülern verfolgen mich solange, bis ein positives Erlebnis mit der Lerngruppe das Problem überdeckt oder löst;	.60
(49) ich bin tief verletzt, so daß ich unfähig bin, in den folgenden Stunden zu unterrichten;	.51
(96) ich rette mich irgendwie bis ans Ende der Unterrichtsstunde;	.45
(54) ich befürchte, mich mit meinem Unterricht bei den Schülern unbeliebt zu machen;	.43
(9) für mich gibt es Wichtigeres, als sich über Schulärger lange Zeit das Herz schwerzumachen;	-.43
(39) ich lasse mir meine gute Laune und Lebensfreude nicht von der Frustration der Schüler beeinträchtigen;	-.41
(8) ich kann mit negativen Erfahrungen gut leben, da ich weiß, daß es vielen Lehrern so ergeht und dies nicht nur mein Problem ist;	-.40
(17) ich ziehe mich zurück und sage nichts mehr;	.36
(61) ich denke, daß mein Verhalten in bestimmten Situationen unangemessen ist.	.32

Faktor 3: 'Repressives Verhalten'

Faktor 3 umfaßt in erster Linie verbale Reaktionen des Lehrers in Form von Schimpfen und Drohen, aber auch punitives Verhalten (Bestrafen). Ziel ist sowohl die unmittelbare Energieabfuhr als auch die Wiedererlangung bzw. Sicherung der Kontrolle über die Situation durch dominierendes und autoritäres Verhalten.

Items mit hohen Ladungen auf dem 3. Faktor

Item	Ladung
(19) Ich schimpfe über die Schüler unmittelbar nach der Stunde bei Kollegen im Lehrerzimmer;	.55
(22) ich drohe den Schülern mit Schulleitung/Benachrichtigung der Eltern/anderen disziplinarischen Maßnahmen;	.53
(107) ich drohe den Schülern mit schlechten Noten;	.52
(4) ich werde laut und schimpfe auf die Schüler;	.48
(12) ich denke "trotzig", z.B.: "Wenn der nicht will, soll er doch sehen, wie er fertig wird - jeder ist seines Glückes Schmied!";	.47
(16) ich ermahne die Schüler;	.47
(67) ich werde beleidigend, d.h. ich greife Schüler auch persönlich an;	.46
(25) ich schreibe einen Vermerk ins Klassenbuch/in die Akte;	.44
(71) ich bin ironisch und mache sarkastisch-zynische Bemerkungen;	.42
(26) ich mache den Schülern klar, daß sie die Leidtragenden der Konfliktsituation sind;	.42
(102) ich verurteile das Schülerverhalten;	.41
(23) ich frage mich, was ich mir als erwachsener Mensch alles bieten lassen muß;	.40
(81) ich schicke die problematischen Schüler aus dem Raum;	.39
(48) ich benote die Leistungen der problematischen Schüler entsprechend schlecht;	.39
(2) ich mache den Schülern deutlich, daß ich in meiner Rolle Pflichten als "Funktionär" wahrnehmen muß;	.39
(21) ich verteile Strafarbeiten;	.38
(93) ich betrachte mein Lehrersein als Job, der mir einige unangenehme Seiten beschert, mir aber meinen Lebensunterhalt sichert und einige Freiheiten bietet;	.38
(44) ich bemühe mich um Ablösung aus der Klasse;	.35
(108) ich benachrichtige die Eltern der problematischen Schüler;	.34
(76) ich gebe den Schülern eine schriftliche Aufgabe zur Bearbeitung;	.33
(73) ich überlasse die Schüler sich selbst.	.26

Faktor 4: 'Abwehr'

Auf Faktor 4 laden Items, in denen es um Abwehr der problematischen Situation geht - sowohl auf kognitiver Ebene als auch auf der Handlungsebene. Dies geschieht durch gezielte Steuerung der Gedanken, durch Ignorieren und Leugnen der belastenden Situation, durch Ablenken mittels anderer Tätigkeiten und durch Entgegenwirken mit Hilfe situationsinadäquater Handlungsweisen.

Tab. 59: Items mit hohen Ladungen auf dem 4. Faktor

Item	Ladung
(66) Ich mache mir klar, daß ich die Fäden in der Hand halten muß;	.58
(42) ich fordere die Schüler noch mehr;	.50
(99) ich versuche, die Unterrichtsstunden harmonisch zu beenden, damit es zu keiner Beeinträchtigung meines Privatlebens kommt;	.47
(88) ich setze meinen Unterricht ungeachtet der Störungen fort;	.43
(105) ich rufe in mir positive Gedanken hervor;	.43
(83) ich bin am folgenden Tag früher in der Schule, um mich auf den Unterricht einzustellen;	.42
(94) ich spreche mit den Schülern erst dann über die Situation, wenn ich mir selbst Gedanken dazu gemacht habe;	.42
(114) ich stürze mich zu Hause in die Arbeit (z.B. Korrigieren);	.41
(40) ich erzähle einen Witz/eine lustige Geschichte, um die Situation zu entkrampfen;	.40
(55) ich versuche, die Schülereltern in das "Kontrollsystem" zu integrieren;	.38
(100) ich thematisiere mein Unbehagen über die Situation nur in Fällen, in denen mir dies für den Entwicklungsprozeß der Schüler förderlich erscheint;	.35
(14) ich bleibe ruhig und gelassen;	.32
(82) ich appelliere an die ruhige/vernünftige Schülermehrheit;	.31
(6) ich denke daran, daß andere Lehrer noch viel mehr Probleme haben als ich.	.28

Faktor 5: 'Neubewerten/Intellektualisieren'

Die Items des Faktors 5 beinhalten Aussagen, in denen der Lehrer versucht, die belastende Situation neu zu bewerten, umzudeuten, ihr einen Sinn beizumessen, sie in einen anderen Kontext zu stellen. Diese Bewältigungsstrategie ist kognitiv und hat zum Ziel, die Problemsituation, so wie sie ist, zu akzeptieren und sich mit ihr abzufinden. Im Gegensatz zu Faktor 2 'Ständiges Nachdenken' gelingt es hier offenbar, die negativen Gefühle zu regulieren.

Tab. 60: Items mit hohen Ladungen auf dem 5. Faktor

Item	Ladung
(56) Ich werte nicht, sondern überlasse die Schüler ihrem Schicksal, lasse sie ihren Weg gehen, der ihnen bestimmt ist;	.52
(50) ich mache mir klar, daß ich als Lehrer nicht immer alle Zügel in der Hand haben muß;	.49
(27) ich schiebe die negativen Erfahrungen und Gefühle innerlich beiseite;	.47
(95) ich denke, daß sich die meisten Probleme von selbst erledigen;	.47

(58) ich tröste mich, indem ich mir sage, daß es keinem   .47
     Lehrer möglich ist, der ideale Pädagoge für jeden
     Schüler zu sein;
(106) ich mache mir klar, daß mein Können als Lehrer und   .46
     als Mensch begrenzt ist;
(78) ich akzeptiere für mich, daß es negative Erfahrun-   .43
     gen gibt;
(75) ich denke, daß schädliche Erfahrungen für mich nie   .42
     endgültig sind, sondern vorübergehend;
(116) ich kann an den unangenehmen Erlebnissen und Ge-   .40
     fühlen nichts ändern;
(59) ich verfolge mein Unterrichtsziel weniger ener-   .38
     gisch;
(103) ich mache mir klar, daß sich aus problematischen   .38
     Schülern meist "nette Menschen" entwickeln;
(115) ich nehme Sympathie- und Antipathiebekundungen der   .33
     Schüler mir gegenüber nicht so ernst;
(113) ich bin nicht darauf angewiesen, von den Schülern   .28
     gemocht zu werden.

Faktor 6: 'Spontane Änderung des Unterrichts'

Faktor 6 beinhaltet Items, die spontane Reaktionen des Lehrers auf der Ebene
der Unterrichtsmethodik und -didaktik beschreiben. Ohne die belastende Situation eingehender zu reflektieren, zu analysieren und Kommunikationsprozesse
in Gang zu setzen wie in Faktor 1 'Aktive Lösungsuche' beschreibt dieser Faktor Handlungen, deren Ziel es ist, der belastenden Unterrichtssituation durch
Änderung des unterrichtsbezogenen Verhaltens unmittelbar zu begegnen.

Tab. 61: Items mit hohen Ladungen auf dem 6. Faktor

Item	Ladung
(7) Ich kürze spontan das von mir vorgenommene Unter- richtskonzept und beschränke den Inhalt auf das Wesentliche;	.65
(3) ich unterbreche den Unterricht und suche thema- tisch einen neuen Anfang;	.53
(13) ich wechsele unmittelbar meine Unterrichtsmethode, z.B. von Lehrervortrag oder Diskussion zu Gruppen- arbeit oder Stillarbeit;	.52
(5) ich stelle eine packende Frage zum Thema/stelle eine verblüffende Idee zur Diskussion;	.51
(18) ich reduziere das Maß an Anforderungen an die Schüler;	.43
(15) ich reagiere mit einem kurzen, humorvollen, gei- stigen Schlagabtausch mit den Schülern;	.42
(11) ich überlege mir, ob ich spontan etwas an der Si- tuation von mir aus verbessern kann.	.37

Faktor 7: 'Flucht/Vermeidung'

Faktor 7 umfaßt Items, in denen es um die Vermeidung der belastenden Situation geht. Auf der Handlungsebene geschieht dies durch Flucht aus der Situation (Item 53 ist vermutlich so zu verstehen, daß die Beschwerde bei der Schulleitung unmittelbar nach dem Abbrechen des Unterrichts erfolgt) oder durch Aussetzen des Themas, auf der kognitiven Ebene durch Gedankenstopp.

Tab. 62: Items mit hohen Ladungen auf dem 7. Faktor

Item	Ladung
(64) Ich beende den Unterricht;	.51
(53) ich beschwere mich bei der Schulleitung;	.41
(70) ich mache "Gedankenstopp" und denke an etwas ganz anderes;	.39
(38) ich beginne mit den Schülern ein Gespräch über private/außerschulische Themen;	.39
(68) ich höre mit dem Unterrichten auf und lasse die entstandene Stille solange wirken, bis alle Schüler wieder bei der Sache sind.	.36

3.2. Faktoren-Interkorrelationen

Im nächsten Schritt wurden die Faktoren der einzelnen Fragebogenteile innerhalb jedes Fragebogens korreliert, um herauszufinden, ob bestimmte Faktoren
miteinander in einem signifikanten Zusammenhang stehen. Zusätzlich wurden
Korrelationen zwischen den Faktoren und 'Zufriedenheit' ermittelt.

3.2.1. Stichprobe 1 ("Angenehme Unterrichtssituationen")

Tab. 63: Korrelationen zwischen den Faktorwerten der Fragebogenteile (1) bis (3)

	Angenehme Unterrichtssituationen				
	Aktivi-tät/ Entw.	Nähe/ Kon-takt	Posi-tives Klima	Anerk. /Be-liebt.	Dis-zipl./ Konz.
Positive Gefühle					
Hochgefühle	.27**	.15*	.02	.08	-.03
Ego-Gefühle	.02	.00	.06	.16**	.13*
Symbiotische Gefühle	.13*	.33**	.26**	.01	.04
Ressourcen-Attribution					
Unterrichtsstrategien	.38**	.32**	.20**	.08	.08
Persönliche Kompetenz	-.31**	-.07	.09	.09	.17**
Ablenkung/Kommunikation	-.28**	.08	-.04	.10	.24**
Voraussetz./Rahmenbed.	.01	.03	-.03	.30**	-.07
Religiosität	.01	-.26**	-.19**	-.01	.26**
Familie/Kommunikation	-.10	.15*	.12*	-.01	-.20**
Freizeitgestaltung	.04	-.05	-.07	-.11	-.08

	Positive Gefühle		
	Hoch-gefühle	Ego-Gefühle	Symbiotische Gefühle
Ressourcen-Attribution			
Unterrichtsstrategien	.37**	.32**	.43**
Persönliche Kompetenz	-.19**	.31**	-.05
Ablenkung/Kommunikation	.02	-.11	.09
Voraussetz./Rahmenbed.	-.04	.16**	-.23**
Religiosität	-.12*	.09	-.19**
Familie/Kommunikation	-.08	-.02	.06
Freizeitgestaltung	.11	.06	-.20**

* auf dem 5%-Niveau signifikant
** auf dem 1%-Niveau signifikant

In dieser Tabelle fallen einige signifikante Korrelationen zwischen einzelnen
Faktoren auf. Folgende Aussagen lassen sich daraus ableiten:

1. Lehrer mit hohen Werten auf Faktor 'Aktivität/Entwicklung' zeigen tendenziell
    * hohe Werte auf den Faktoren

- 'Hochgefühle',
- 'Symbiotische Gefühle' und
- 'Unterrichtsstrategien', jedoch
* niedrige Werte auf den Faktoren
- 'Persönliche Kompetenz' und
- 'Ablenkung/Kommunikation'.

2. Lehrer mit hohen Werten auf Faktor 'Nähe/Kontakt' zeigen tendenziell
* hohe Werte auf den Faktoren
- 'Hochgefühle',
- 'Symbiotische Gefühle',
- 'Unterrichtsstrategien' und
- 'Familie/Kommunikation', jedoch
* niedrige Werte auf dem Faktor
- 'Religiosität'.

3. Lehrer mit hohen Werten auf Faktor 'Positives Klima' zeigen tendenziell
* hohe Werte auf den Faktoren
- 'Symbiotische Gefühle',
- 'Unterrichtsstrategien' und
- 'Familie/Kommunikation', jedoch
* niedrige Werte auf dem Faktor
- 'Religiosität'.

4. Lehrer mit hohen Werten auf Faktor 'Anerkennung/Beliebtheit' zeigen tendenziell
* hohe Werte auf den Faktoren
- 'Ego-Gefühle' und
- 'Voraussetzungen/Rahmenbedingungen'.

5. Lehrer mit hohen Werten auf Faktor 'Disziplin/Konzentration' zeigen tendenziell
* hohe Werte auf den Faktoren
- 'Ego-Gefühle',
- 'Persönliche Kompetenz',
- 'Ablenkung/Kommunikation' und
- 'Religiosität', jedoch
* niedrige Werte auf dem Faktor
- 'Familie/Kommunikation'.

6. Lehrer mit hohen Werten auf Faktor 'Hochgefühle' zeigen tendenziell
* hohe Werte auf dem Faktor
- 'Unterrichtsstrategien', jedoch
* niedrige Werte auf den Faktoren
- 'Persönliche Kompetenz' und
- 'Religiosität'.

7. Lehrer mit hohen Werten auf Faktor 'Ego-Gefühle' zeigen tendenziell auch
   * hohe Werte auf den Faktoren
     - 'Unterrichtsstrategien',
     - 'Persönliche Kompetenz' und
     - 'Voraussetzungen/Rahmenbedingungen'.

8. Lehrer mit hohen Werten auf Faktor 'Symbiotische Gefühle' zeigen tendenziell
   * hohe Werte auf dem Faktor
     - 'Unterrichtsstrategien', jedoch
   * niedrige Werte auf den Faktoren
     - 'Voraussetzungen/Rahmenbedingungen',
     - 'Religiosität' und
     - 'Freizeitgestaltung'.

Tab. 64: Korrelationen zwischen den Faktorwerten der Fragebogenteile (1) bis (3) und Fragebogenteil (4) -'Zufriedenheit'

Angenehme Unterrichtssituationen	
Aktivität/Entwicklung	.03
Nähe/Kontakt	.03
Positives Klima	.13*
Anerkennung/Beliebtheit	-.06
Disziplin/Konzentration	-.05
Positive Gefühle	
Hochgefühle	.18**
Ego-Gefühle	.37**
Symbiotische Gefühle	.17**
Ressourcen-Attribution	
Unterrichtsstrategien	.35**
Persönliche Kompetenz	.21**
Ablenkung/Kommunikation	-.11
Voraussetz./Rahmenbed.	-.07
Religiosität	-.02
Familie/Kommunikation	.05
Freizeitgestaltung	.09

* auf dem 5%-Niveau signifikant
** auf dem 1%-Niveau signifikant

Folgende Faktoren korrelieren signifikant positiv mit 'Zufriedenheit':
- 'Positives Klima',
- 'Hochgefühle',
- 'Ego-Gefühle',
- 'Symbiotische Gefühle',
- 'Unterrichtsstrategien' und
- 'Persönliche Kompetenz'.

Kein Faktor korreliert signifikant negativ mit 'Zufriedenheit'.

3.2.2. Stichprobe 2 ("Belastende Unterrichtssituationen")

Tab. 65: Korrelationen zwischen den Faktorwerten der Fragebogenteile (1) bis (4)

	Belastende Unterrichtssituationen				
	Aggres. /Unbe- liebt.	Undisz. /Un- konz.	Kont.- stör./ Stagn.	Passiv. /Extr. Motiv.	Kollek. Motiv.- defiz.
Negative Gefühle					
Selbstzw./Depressiv.	.22**	.04	.21**	.11	.25**
Körperl.Beschwerden	.15**	.06	.04	.05	.03
Haß/Ablehnung	.07	.07	-.12	-.01	-.06
Gereiztheit/Ärger	.15*	.15*	-.15*	.09	.03
Angstsyndrom	.10	.08	.21**	-.12	.01
Vulnerabilitäts-Attribution					
Kompetenzdefizit	.16*	.13*	.05	-.08	.11
Systembedingte Mängel	-.04	-.16*	.03	.33**	.18**
Eigener hoher Anspruch	.21**	.01	.20**	.30**	.14*
Körper-./kontakt.Defiz.	.03	-.01	.10	.06	-.06
Überlastung/Zeitmangel	.18**	-.06	.04	-.14*	.09
Schülerumwelt	-.01	.08	-.01	.12	.04
Verantwortl.Personen	.05	.42**	-.09	-.12	.00
Bewältigungsstrategien					
Aktive Lösungssuche	.07	-.18**	.21**	.20**	.25**
Ständiges Nachdenken	.46**	-.08	.22**	.09	.14*
Repressives Verhalten	.16*	.24**	-.26**	-.10	-.09
Abwehr	-.09	.19**	.09	-.25**	.11
Neubewerten/Intellekt.	-.16*	-.18**	-.13*	.06	.02
Spont.Änd.d.Unterrichts	-.12	.05	.16*	.11	-.03
Flucht/Vermeidung	.01	.15*	.15*	-.03	-.06

	Negative Gefühle				
	Selbst- zweif./ Depres.	Körp. Be- schw.	Haß/ Ableh- nung	Ger.- heit/ Ärger	Angst- syn- drom
Vulnerabilitäts-Attribution					
Kompetenzdefizit	.24**	-.11	.05	-.01	.17**
Systembedingte Mängel	.13*	.17*	-.04	.08	-.09
Eigener hoher Anspruch	.39**	.18**	.01	.19**	-.00
Körper-./kontakt.Defiz.	.07	.27**	.12	.01	.03
Überlastung/Zeitmangel	.02	.22**	-.09	.07	.04
Schülerumwelt	.01	-.05	-.06	.07	-.08
Verantwortl.Personen	.11	.17*	.16*	.07	-.01
Bewältigungsstrategien					
Aktive Lösungssuche	-.02	.05	-.19**	-.11	-.07
Ständiges Nachdenken	.46**	.20**	.08	.06	.20**
Repressives Verhalten	-.01	.13*	.19**	.24**	-.08
Abwehr	-.11	-.00	-.14*	-.12	.08
Neubewerten/Intellekt.	-.05	-.01	.07	.16*	-.04
Spont.Änd.d.Unterrichts	-.06	.02	.11	.04	-.07
Flucht/Vermeidung	.07	.11	.11	-.01	.05

Fortsetzung Tab. 65:

Bewältigungsstrategien	Vulnerabilitäts-Attribution						
	Komp. defizit	Syst. bed. Mäng.	Eig. hoher Ansp.	Körp. kont. Def.	Über. Zeit- mang.	Schü. um- welt	Ver- antw. Pers.
Aktive Lösungssuche	-.10	.19**	.14*	.09	.17**	.23**	-.24**
Ständiges Nachdenken	.24**	.10	.36**	.08	.15*	-.17**	.02
Repressives Verhalten	.04	-.14*	.14*	.06	.12	.14*	.28**
Abwehr	.06	-.04	-.29**	-.16*	.06	.09	.22**
Neubewerten/Intellekt.	.05	.16*	.08	.03	.11	-.07	-.00
Spont.Änd.d.Unterri.	-.25**	.03	.18**	.28**	-.18**	.11	.01
Flucht/Vermeidung	.05	-.05	.14*	.09	-.06	.03	.11

* auf dem 5%-Niveau signifikant
** auf dem 1%-Niveau signifikant

In dieser Tabelle fallen zahlreiche signifikante Korrelationen zwischen einzelnen Faktoren auf. Folgende Aussagen lassen sich daraus ableiten:

1. Lehrer mit hohen Werten auf Faktor 'Aggressivität/Unbeliebtheit' zeigen tendenziell
   * hohe Werte auf den Faktoren
     - 'Selbstzweifel/Depressivität',
     - 'Körperliche Beschwerden',
     - 'Gereiztheit/Ärger',
     - 'Kompetenzdefizit',
     - 'Eigener hoher Anspruch',
     - 'Überlastung/Zeitmangel',
     - 'Ständiges Nachdenken' und
     - 'Repressives Verhalten', jedoch
   * niedrige Werte auf dem Faktor
     - 'Neubewerten/Intellektualisieren'.

2. Lehrer mit hohen Werten auf Faktor 'Undiszipliniertheit/Unkonzentriertheit' zeigen tendenziell
   * hohe Werte auf den Faktoren
     - 'Gereiztheit/Ärger',
     - 'Kompetenzdefizit',
     - 'Verantwortliche Personen',
     - 'Repressives Verhalten',
     - 'Abwehr' und
     - 'Flucht/Vermeidung', jedoch
   * niedrige Werte auf den Faktoren
     - 'Systembedingte Mängel',
     - 'Aktive Lösungssuche' und
     - 'Neubewerten/Intellektualisieren'.

3. Lehrer mit hohen Werten auf Faktor 'Kontaktstörung/Stagnation' zeigen tendenziell

* hohe Werte auf den Faktoren
  - 'Selbstzweifel/Depressivität',
  - 'Angstsyndrom',
  - 'Eigener hoher Anspruch',
  - 'Aktive Lösungssuche',
  - 'Ständiges Nachdenken',
  - 'Spontane Änderung des Unterrichts' und
  - 'Flucht/Vermeidung', jedoch
* niedrige Werte auf den Faktoren
  - 'Gereiztheit/Ärger',
  - 'Repressives Verhalten' und
  - 'Neubewerten/Intellektualisieren'.

4. Lehrer mit hohen Werten auf Faktor 'Passivität/Extrinsische Motivation' zeigen tendenziell
   * hohe Werte auf den Faktoren
     - 'Systembedingte Mängel',
     - 'Eigener hoher Anspruch' und
     - 'Aktive Lösungssuche', jedoch
   * niedrige Werte auf den Faktoren
     - 'Überlastung/Zeitmangel' und
     - 'Abwehr'.

5. Lehrer mit hohen Werten auf Faktor 'Kollektives Motivationsdefizit' zeigen tendenziell
   * hohe Werte auf den Faktoren
     - 'Selbstzweifel/Depressivität',
     - 'Systembedingte Mängel',
     - 'Eigener hoher Anspruch',
     - 'Aktive Lösungssuche' und
     - 'Ständiges Nachdenken'.

6. Lehrer mit hohen Werten auf Faktor 'Selbstzweifel/Depressivität' zeigen tendenziell
   * hohe Werte auf den Faktoren
     - 'Kompetenzdefizit',
     - 'Systembedingte Mängel',
     - 'Eigener hoher Anspruch' und
     - 'Ständiges Nachdenken'.

7. Lehrer mit hohen Werten auf Faktor 'Körperliche Beschwerden' zeigen tendenziell
   * hohe Werte auf den Faktoren
     - 'Systembedingte Mängel',
     - 'Eigener hoher Anspruch',
     - 'Körper- und kontaktbezogene Defizite',
     - 'Überlastung/Zeitmangel',

- 'Verantwortliche Personen',
- 'Ständiges Nachdenken' und
- 'Repressives Verhalten'.

8. Lehrer mit hohen Werten auf Faktor 'Haß/Ablehnung' zeigen tendenziell
   * hohe Werte auf den Faktoren
   - 'Verantwortliche Personen' und
   - 'Repressives Verhalten', jedoch
   * niedrige Werte auf den Faktoren
   - 'Aktive Lösungssuche' und
   - 'Abwehr'.

9. Lehrer mit hohen Werten auf Faktor 'Gereiztheit/Ärger' zeigen tendenziell
   * hohe Werte auf den Faktoren
   - 'Eigener hoher Anspruch',
   - 'Repressives Verhalten' und
   - 'Neubewerten/Intellektualisieren'.

10. Lehrer mit hohen Werten auf Faktor 'Angstsyndrom' zeigen tendenziell
    * hohe Werte auf den Faktoren
    - 'Kompetenzdefizit' und
    - 'Ständiges Nachdenken'.

11. Lehrer mit hohen Werten auf Faktor 'Kompetenzdefizit' zeigen tendenziell
    * hohe Werte auf dem Faktor
    - 'Ständiges Nachdenken', jedoch
    * niedrige Werte auf dem Faktor
    - 'Spontane Änderung des Unterrichts'.

12. Lehrer mit hohen Werten auf Faktor 'Systembedingte Mängel' zeigen tendenziell
    * hohe Werte auf den Faktoren
    - 'Aktive Lösungssuche' und
    - 'Neubewerten/Intellektualisieren', jedoch
    * niedrige Werte auf dem Faktor
    - 'Repressives Verhalten'.

13. Lehrer mit hohen Werten auf Faktor 'Eigener hoher Anspruch' zeigen tendenziell
    * hohe Werte auf den Faktoren
    - 'Aktive Lösungssuche',
    - 'Ständiges Nachdenken',
    - 'Repressives Verhalten',
    - 'Spontane Änderung des Unterrichts' und
    - 'Flucht/Vermeidung', jedoch
    * niedrige Werte auf dem Faktor
    - 'Abwehr'.

14. Lehrer mit hohen Werten auf Faktor 'Körper- und kontaktbezogene Defizite' zeigen tendenziell
   * hohe Werte auf dem Faktor
   - 'Spontane Änderung des Unterrichts', jedoch
   * niedrige Werte auf dem Faktor
   - 'Abwehr'.

15. Lehrer mit hohen Werten auf Faktor 'Überlastung/Zeitmangel' zeigen tendenziell
   * hohe Werte auf den Faktoren
   - 'Aktive Lösungssuche' und
   - 'Ständiges Nachdenken', jedoch
   * niedrige Werte auf dem Faktor
   - 'Spontane Änderung des Unterrichts'.

16. Lehrer mit hohen Werten auf Faktor 'Schülerumwelt' zeigen tendenziell
   * hohe Werte auf den Faktoren
   - 'Aktive Lösungssuche' und
   - 'Repressives Verhalten', jedoch
   * niedrige Werte auf dem Faktor
   - 'Ständiges Nachdenken'.

17. Lehrer mit hohen Werten auf Faktor 'Verantwortliche Personen' zeigen tendenziell
   * hohe Werte auf den Faktoren
   - 'Repressives Verhalten' und
   - 'Abwehr', jedoch
   * niedrige Werte auf dem Faktor
   - 'Aktive Lösungssuche'.

Tab. 66: Korrelationen zwischen den Faktorwerten der Fragebogenteile (1) bis (4) und Fragebogenteil (5) -'Zufriedenheit'

Belastende Unterrichtssituationen

Aggressivität/Unbeliebtheit	-.16**
Undiszipliniert./Unkonzentr.	-.11
Kontaktstörung/Stagnation	.08
Passivität/Extrins.Motivation	-.12
Kollektives Motivationsdefizit	-.04

Negative Gefühle

Selbstzweifel/Depressivität	-.44**
Körperliche Beschwerden	-.24**
Haß/Ablehnung	-.11
Gereiztheit/Ärger	-.13*
Angstsyndrom	.09

Fortsetzung Tab. 66:

<u>Vulnerabilitäts-Attribution</u>
```
Kompetenzdefizit                  -.07
Systembedingte Mängel             -.26**
Eigener hoher Anspruch            -.18**
Körper-/kontaktbez.Defizite       -.12*
Überlastung/Zeitmangel             .05
Schülerumwelt                      .08
Verantwortliche Personen          -.27**
```

<u>Bewältigungsstrategien</u>
```
Aktive Lösungssuche                .18**
Ständiges Nachdenken              -.20**
Repressives Verhalten             -.10
Abwehr                             .17**
Neubewerten/Intellektual.          .03
Spontane Änd.d.Unterrichts         .04
Flucht/Vermeidung                 -.13*
```

```
*   auf dem 5%-Niveau signifikant
**  auf dem 1%-Niveau signifikant
```

Folgende Faktoren korrelieren signifikant positiv mit 'Zufriedenheit':
- 'Aktive Lösungssuche' und
- 'Abwehr'.

Folgende Faktoren korrelieren signifikant negativ mit 'Zufriedenheit':
- 'Aggressivität/Unbeliebtheit',
- 'Selbstzweifel/Depressivität',
- 'Körperliche Beschwerden',
- 'Gereiztheit/Ärger',
- 'Systembedingte Mängel',
- 'Eigener hoher Anspruch',
- 'Körper- und kontaktbezogene Defizite',
- 'Verantwortliche Personen',
- 'Ständiges Nachdenken' und
- 'Flucht/Vermeidung'.

3.3. Clusteranalyse

3.3.1. Vorbemerkung

Die nach der Faktorenanalyse und Faktoren-Interkorrelation durchgeführte Clusteranalyse hatte zum Ziel, bedeutsame Untergruppen innerhalb der befragten Lehrerpopulation zu lokalisieren, die sich hinsichtlich der ermittelten Faktoren signifikant voneinander unterscheiden. Im Vergleich zu einer intuitiven Zusammenfassung der Lehrer zu Gruppen hat die Clusteranalyse als formale Prozedur der Klassenbildung den Vorteil weitaus größerer Objektivität (ECKES & ROSSBACH, 1980; siehe auch RENNEN-ALLHOFF & ALLHOFF, 1983).

Als Datengrundlage der Clusteranalyse dienten die Faktorwerte der einzelnen Lehrer. Es gingen jedoch nur diejenigen Probanden in die Berechnung ein, die sämtliche Fragebogenteile vollständig ausgefüllt hatten. Die Berechnung erfolgte also listwise, d.h. nach Weglassen der Probanden mit fehlenden Werten. Nach Berechnung der Cluster wurde die Häufigkeit verschiedener demographischer Merkmale in den Einzelclustern mit der Häufigkeit dieser Merkmale in der Restgruppe verglichen, bezüglich

1. 'Geschlecht',
2. 'Lehreralter',
3. 'Dienstjahre',
4. 'Schulart',
5. 'Unterrichtsfächer',
6. 'Bundesland' und
7. 'Zufriedenheit'.

Dies geschah per Chi-Quadrat-Tests bei den Merkmalen 1 bis 6 und mittels T-Tests bei Merkmal 7. Bei diesem Vergleich wurde der betreffende Cluster aus der Grundgesamtheit herausgerechnet und jeweils mit der Summe aller übrigen Cluster verglichen.

Folgende Tabelle zeigt die Verteilung der genannten sieben Merkmale bei denjenigen Lehrern beider Stichproben, die in die Clusteranalyse eingingen. Angegeben sind Häufigkeiten (N) und Prozentsätze (%), darüber hinaus Mittelwert und Standardabweichung für Merkmal 7.

Tab. 67: Verteilung der Lehrer, die in die Clusteranalyse eingingen, in einigen ausgewählten Merkmalen

Merkmal	Stichprobe 1 "Angenehme Unterr.sit." (N=272)		Stichprobe 2 "Belastende Unterr.sit." (N=237)	
1. Geschlecht	N	%	N	%
Frauen	119	44.1	108	47.2
Männer	151	55.9	121	52.8
Summe	270	100.0	229	100.0
2. Lehreralter*1	N	%	N	%
bis 34 Jahre	27	10.0	28	11.8
35 - 49 Jahre	185	68.5	154	65.0
50 Jahre und älter	58	21.5	55	23.2
Summe	270	100.0	237	100.0
3. Dienstjahre*1	N	%	N	%
bis 9 Jahre	43	15.9	43	18.1
10 - 24 Jahre	174	64.2	149	62.9
25 Jahre und länger	54	19.9	45	19.0
Summe	271	100.0	237	100.0
4. Schulart*2	N	%	N	%
Gesamtschule	30	10.3	31	11.8
Grundschule	83	28.6	52	19.7
Gymnasium	52	17.9	46	17.4
Hauptschule	54	18.6	57	21.6
Realschule	34	11.7	37	14.0
übrige	37	12.9	41	15.5
Summe	290	100.0	264	100.0
5. Unterrichtsfächer*2	N	%	N	%
Sprachen	193	71.0	163	68.8
Naturwissenschaften	173	63.6	127	53.6
Sozialwissenschaften	138	50.7	111	46.8
Musisch-kreat.Fäch.	119	43.8	88	37.1
Religion,Phil.,etc.	82	30.1	70	29.5
Sport	93	34.2	64	27.0
Kaufm.,pra.-tech.Fä.	13	4.8	18	7.6
Therap.-stütz.Fäch.	1	.4	3	1.3

6. Bundesland*3

	N	%		N	%
CDU: Schleswig-Holst.	33	12.1		38	16.1
Niedersachsen	37	13.6		19	8.0
Berlin	6	2.2		4	1.7
Rheinland-Pfalz	0			10	4.2
Baden-Württemb.	14	5.2		8	3.4
Bayern	58	21.3		45	19.1
Summe CDU-Bundeslän.	148	54.4		124	52.5
SPD: Hamburg	70	25.8		50	21.2
Bremen	0			1	.4
Nordrhein-Westf.	36	13.2		38	16.1
Hessen	18	6.6		23	9.8
Summe SPD-Bundeslän.	124	45.6		112	47.5
Summe Bundesländer	272	100.0		236	100.0

7. Zufriedenheit

	N	%		N	%
(1) sehr unzufrieden	1	.4		2	.9
(2) unzufrieden	3	1.1		6	2.6
(3) eher unzufrieden	17	6.3		14	6.0
(4) eher zufrieden	44	16.4		54	23.4
(5) zufrieden	145	53.9		113	48.9
(6) sehr zufrieden	59	21.9		42	18.2
Summe	269	100.0		231	100.0
Mittelwert	4.88			4.71	
Standardabweichung	.89			.98	

*1 zu drei Altersgruppen zusammengefaßt
*2 Mehrfachnennungen
*3 zusammengefaßt nach CDU- bzw. SPD-regiert. Dieser Zusammenfassung lag einerseits die politische Situation der Bundesländer im Jahre 1989 zugrunde. Obgleich jedoch z.B. Schleswig-Holstein zu jenem Zeitpunkt bereits von der SPD regiert wurde, ist davon auszugehen, daß die Bildungspolitik durch die langjährige CDU-Regierung entsprechend geprägt war. Deshalb gab bei der Zuordnung der Länder zur jeweiligen Kategorie die "klassische politische Situation" den Ausschlag.

Die einzelnen Cluster werden In Form von Profilen dargestellt. Bei der verbalen Beschreibung der Cluster werden nur deutliche Abweichungen vom Mittelwert, d.h. Abweichungen von .10 und größer, beschrieben. Von den demographischen Merkmalen werden nur diejenigen genannt, die sich signifikant von der Summe aller übrigen Cluster unterscheiden. Die Verteilungen über die Geschlechter werden jedoch für jeden Cluster genannt. Die bildhafte Bezeichnung der einzelnen Cluster soll dazu beitragen, die in den Clustern beschriebenen Lehrer vorstellbar zu machen. Bei der Benennung der Cluster waren entweder einzelne bzw. mehrere extreme Ausprägungen oder der Gesamteindruck des Profils ausschlaggebend. Um die Cluster der angenehmen von denen der belastenden Unterrichtssituationen besser unterscheiden zu können, sind erstere mit Zahlen, letztere mit Buchstaben numeriert.

3.3.2. Stichprobe 1 ("Angenehme Unterrichtssituationen")

Mit den Daten von insgesamt 272 Lehrern wurden nach der Methode der Quick-Cluster mehrere Clusteranalysen mit bis zu acht Clustern gerechnet. Aufgrund folgender Kriterien wurde der Lösung mit sieben Clustern der Vorzug gegeben:

- Diese Lösung ist die homogenste, d.h. es entstehen keine überproportional großen und kleinen Cluster. Die Anzahl der Lehrer im größten Cluster beträgt etwa 33%, die des kleinsten Clusters knapp 6% der Gesamtgruppe. Der größte Cluster ist "nur" etwa 6 mal größer als der kleinste.

- Der F-Test zeigt für die Faktoren bei dieser Clusterlösung sehr hohe Signifikanzen (1%-Niveau), was bedeutet, daß die Faktoren deutlich zwischen einzelnen Clustern unterscheiden. Darüber hinaus zeigt der F-Test für fast alle Faktoren, für 14 von 15 Faktoren, durchgehend Signifikanzen auf dem 1%-Niveau. Lediglich der Faktor 'Freizeitgestaltung' weist eine Signifikanz auf dem 5%-Niveau auf. Daraus läßt sich schlußfolgern, daß alle Faktoren zur Unterscheidung zwischen den Clustern in hohem Maße beitragen.

Nachfolgend werden die sieben Cluster zu den angenehmen Unterrichtssituationen dargestellt:

Cluster 1: Die Profis (89 Lehrer)

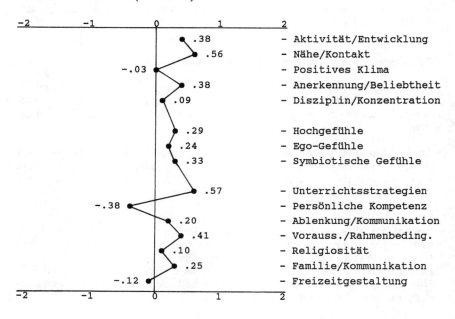

Abb. 3: Faktorenprofil der Profis

Den Profis sind drei von fünf angenehmen Unterrichtssituationen überdurchschnittlich wichtig, in der Reihenfolge der Bedeutsamkeit: 'Nähe/Kontakt', 'Aktivität/Entwicklung' und 'Anerkennung/Beliebtheit'. Überdurchschnittlich ist ebenfalls der Reichtum an Empfindungen in diesen Situationen - über alle Gefühlskategorien hinweg. Diese Lehrer empfinden in ähnlicher Ausprägung 'Symbiotische Gefühle', 'Hochgefühle' und 'Ego-Gefühle'. Auf fünf von sieben Ressourcen attribuieren die Profis im Vergleich zu Lehrern anderer Cluster überdurchschnittlich. Die beiden Ressourcen, die sich unmittelbar auf Schule und Unterricht beziehen, sind diesen Lehrern am wichtigsten, wobei die in der Faktorenanalyse als am stärksten erachtete Ressource, 'Unterrichtsstrategien', auch für die Profis am bedeutsamsten ist. Es folgen 'Voraussetzungen/Rahmenbedingungen', 'Familie/Kommunikation', 'Ablenkung/Kommunikation' und 'Religiosität'. Weniger bedeutsam als den Lehrern anderer Cluster sind diesen Lehrern 'Persönliche Kompetenz' sowie 'Freizeitgestaltung'. Die hohe Ausprägung schulbezogener Ressourcen und die allgemein überdurchschnittliche Ausprägung in vielen Faktoren bei allen drei Parametern gab den Ausschlag für die Bezeichnung dieser Lehrergruppe als "Die Profis".

Dieser Cluster besteht aus 52 (59.1%) Frauen und 36 (40.9%) Männern (eine fehlende Angabe). Im Vergleich zur Geschlechterverteilung in den anderen Clustern ist der Anteil der Frauen in diesem Cluster statistisch signifikant höher (Chi-Quadrat=11.94; df=1; p=.0005). Weiterhin fällt auf, daß von den Lehrern des 1. Clusters ein signifikant höherer Anteil an Grundschulen unterrichtet (Chi-Quadrat=13.27; df=5; p=.021).

Tab. 68: Verteilung der Profis über die Schularten (Mehrfachnennungen)

Schulart	N	%
Gesamtschule	9	9.6
Grundschule	39	41.5
Gymnasium	10	10.6
Hauptschule	15	16.0
Realschule	11	11.7
übrige	10	10.6
Summe	94	100.0

Der Mittelwertvergleich zwischen den Profis und den übrigen sechs Clustern (Summe) auf der Zufriedenheitsskala ergibt folgendes Bild:

Tab. 69: Vergleich der Zufriedenheitsmittelwerte zwischen Profis und Restgruppe

	Cluster 1 (N=87)	Summe Cluster (N=182)
Mittelwert	4.90	4.87
Standardabweichung	.89	.89

Die Mittelwerte unterscheiden sich voneinander nicht signifikant (T=.20; df= 267; p=.843).

Cluster 2: Die Distanzierten (27 Lehrer)

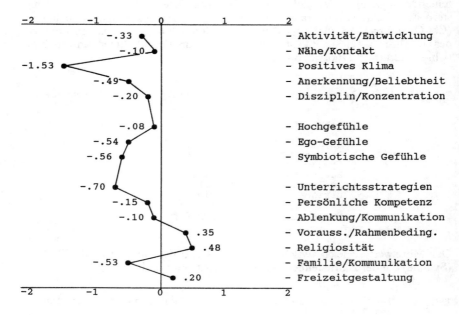

Abb. 4: Faktorenprofil der Distanzierten

Den Distanzierten sind sämtliche angenehme Unterrichtssituationen unterdurchschnittlich wichtig. Am wenigsten wichtig ist ihnen 'Positives Klima', dann: 'Anerkennung/Beliebtheit', 'Aktivität/Entwicklung', 'Disziplin/Konzentration' und 'Nähe/Kontakt'. Ebenfalls als im Vergleich zu anderen Clustern unterdurchschnittlich stark empfinden die Distanzierten Gefühle in diesen Unterrichtssituationen. Am wenigsten stark empfinden sie 'Symbiotische Gefühle', dann 'Ego-Gefühle'. Von den sieben Ressourcen attribuieren sie auf drei in überdurchschnittlicher Weise, in der Reihenfolge ihrer Bedeutsamkeit: 'Religiosität', 'Voraussetzungen/Rahmenbedingungen' und 'Freizeitgestaltung'. Am wenigsten attribuieren sie auf 'Unterrichtsstrategien', der wichtigsten Ressource, dann: 'Familie/Kommunikation', 'Persönliche Kompetenz' und 'Ablenkung/ Kommunikation'. Da diesen Lehrern 'Positives Klima' und 'Symbiotische Gefühle' am wenigsten wichtig sind, erhielten sie den Namen "Die Distanzierten".

Dieser Cluster besteht aus sieben Frauen (25.9%) und 20 (74.1%) Männern. Im Vergleich zur Geschlechterverteilung in den anderen Clustern ist der Anteil der Männer statistisch signifikant höher (Chi-Quadrat=4.01; df=1; p=.045). Der Mittelwertvergleich zwischen den Distanzierten und den übrigen sechs Clustern (Summe) auf der Zufriedenheitsskala ergibt folgendes Bild:

Vergleich der Zufriedenheitsmittelwerte zwischen Distanzierten und Restgruppe

	Cluster 2 (N=26)	Summe Cluster (N=243)
Mittelwert	4.38	4.93
Standardabweichung	1.20	.83

Die Mittelwerte unterscheiden sich signifikant auf dem 1%-Niveau (T=-3.05; df=267; p=.002) - zuungunsten der Distanzierten. Sie sind von allen Lehrern die am wenigsten zufriedenen.

Cluster 3: Die Ordnungshüter (39 Lehrer)

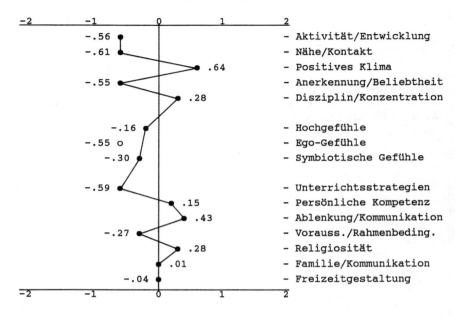

-.56	- Aktivität/Entwicklung
-.61	- Nähe/Kontakt
.64	- Positives Klima
-.55	- Anerkennung/Beliebtheit
.28	- Disziplin/Konzentration
-.16	- Hochgefühle
-.55	- Ego-Gefühle
-.30	- Symbiotische Gefühle
-.59	- Unterrichtsstrategien
.15	- Persönliche Kompetenz
.43	- Ablenkung/Kommunikation
-.27	- Vorauss./Rahmenbeding.
.28	- Religiosität
.01	- Familie/Kommunikation
-.04	- Freizeitgestaltung

Abb. 5: Faktorenprofil der Ordnungshüter

Die Ordnungshüter erleben 'Positives Klima' und 'Disziplin/Konzentration' als besonders angenehm. Weniger wichtig sind ihnen 'Nähe/Kontakt', 'Aktivität/ Entwicklung' sowie 'Anerkennung/Beliebtheit'. Unterdurchschnittlich stark empfinden sie auch alle Gefühlskategorien. Am wenigsten empfinden sie 'Ego-Gefühle', dann 'Symbiotische Gefühle' und 'Hochgefühle'. Am wenigsten bedeutsam sind den Ordnungshütern die beiden direkt auf Schule und Unterricht bezogenen Ressourcen 'Unterrichtsstrategien' sowie 'Voraussetzungen/Rahmenbedingungen'. Überdurchschnittlich attribuieren sie auf 'Ablenkung/Kommunikation', 'Religiosität' und 'Persönliche Kompetenz'. Da für diese Lehrer 'Positives Klima' und 'Disziplin/Konzentration' so typisch ist, wurden sie als "Ordnungshüter" bezeichnet.

Dieser Cluster besteht aus 13 (33.3%) Frauen und 26 (66.7%) Männern. Ein im Vergleich zu den anderen Clustern statistisch signifikant hoher Anteil der Lehrer dieses Clusters arbeitet an "übrigen Schulen", d.h. in diesem Fall Sonderschulen (Chi-Quadrat=15.58; df=5; p=.008).

Verteilung der Ordnungshüter über die Schularten (Mehrfachnennungen)

Schulart	N	%	
Gesamtschule	0		
Grundschule	12	27.9	
Gymnasium	5	11.6	
Hauptschule	9	21.0	
Realschule	5	11.6	
übrige	12	27.9	- davon 7 (16.3%) Sonderschule
Summe	43	100.0	

29 (74.4%) der Ordnungshüter unterrichten in CDU-regierten Ländern, nur 10 (25.6%) hingegen in SPD-regierten Ländern. Damit ist der Anteil der Lehrer, die in CDU-regierten Bundesländern unterrichten - verglichen mit der Verteilung in den anderen Clustern - signifikant größer als der Anteil der Lehrer, welche in SPD-regierten Ländern unterrichten (1%-Niveau, Chi-Quadrat=7.30; df=1; p=.007). Der Mittelwertvergleich zwischen den Ordnungshütern und den übrigen sechs Clustern (Summe) auf der Zufriedenheitsskala ergibt folgendes Bild:

Tab. 72: Vergleich der Zufriedenheitsmittelwerte zwischen Ordnungshütern und Restgruppe

	Cluster 3 (N=39)	Summe Cluster (N=230)
Mittelwert	4.77	4.90
Standardabweichung	.81	.90

Die Mittelwerte unterscheiden sich voneinander nicht signifikant (T=-.83; df= 267; p=.409).

Cluster 4: Die Engagierten (39 Cluster)

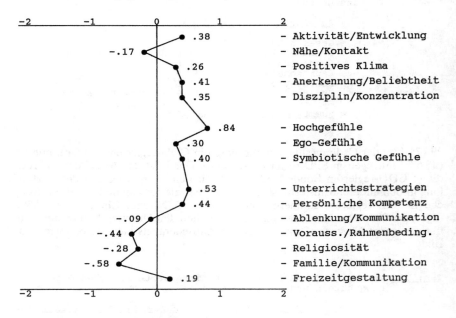

Abb. 6: Faktorenprofil der Engagierten

Die Engagierten erleben vier von fünf angenehmen Unterrichtssituationen als überdurchschnittlich wichtig. Als am angenehmsten erleben sie 'Anerkennung/ Beliebtheit', dann: 'Aktivität/Entwicklung', 'Disziplin/Konzentration' und 'Positives Klima'. Weniger wichtig ist ihnen 'Nähe/Kontakt'. Überdurchschnittlich stark empfinden die Engagierten auch die drei Gefühlskategorien, mit Abstand am stärksten 'Hochgefühle', es folgen 'Symbiotische Gefühle' und 'Ego-Gefühle'. Die wichtigste Ressource ist für diese Lehrergruppe 'Unterrichtsstrategien', dann 'Persönliche Kompetenz' und 'Freizeitgestaltung'. Unterdurchschnittlich wichtig ist ihnen 'Familie/Kommunikation', 'Voraussetzungen/Rahmenbedingungen' und 'Religiosität'. Da für diese Lehrergruppe eine Reihe angenehmer Unterrichtssituationen typisch sind und alle Gefühle stark ausgeprägt sind - mehr noch als bei den Profis - erhielten sie den Namen "Die Engagierten".

Dieser Cluster besteht aus 14 (35.9%) Frauen und 25 (64.1%) Männern. Im Vergleich zu den anderen Clustern ist der Anteil älterer Lehrer hier statistisch signifikant höher (Chi-Quadrat=8.79; df=2; p=.012).

Tab. 73: Verteilung der Engagierten über die Altersgruppen

Altersgruppe	N	%
bis 34 Jahre	2	5.3
35 - 49 Jahre	21	55.3
50 Jahre und älter	15	39.4
Summe	38	100.0

(1 fehlende Angabe)

Da die Merkmale "Alter" und "Dienstjahre" miteinander zusammenhängen, unterrichten die Engagierten auch statistisch signifikant länger als die Lehrer in anderen Clustern (Chi-Quadrat=6.00; df=2; p=.050).

Tab. 74: Verteilung der Engagierten über die Dienstjahresgruppen

Dienstjahre	N	%
0 - 9 Jahre	2	5.1
10 - 24 Jahre	25	64.1
25 Jahre und länger	12	30.8
Summe	39	100.0

Der Mittelwertvergleich zwischen den Engagierten und den übrigen sechs Clustern (Summe) auf der Zufriedenheitsskala ergibt folgendes Bild:

Tab. 75: Vergleich der Zufriedenheitsmittelwerte zwischen Engagierten und Restgruppe

	Cluster 4 (N=39)	Summe Cluster (N=230)
Mittelwert	5.31	4.78
Standardabweichung	.66	.92

Die Mittelwerte unterscheiden sich signifikant auf dem 1%-Niveau (T=3.41; df=267; p=.001) - zugunsten der Engagierten. Sie sind von allen Lehrern die zufriedensten.

Cluster 5: Die Strengen (15 Lehrer)

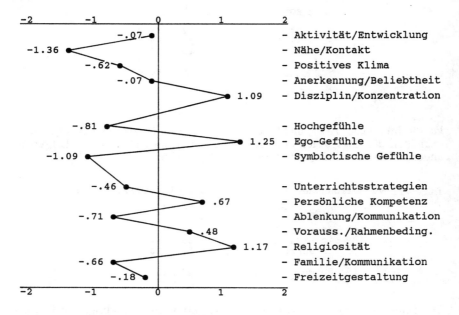

−.07		- Aktivität/Entwicklung
−1.36		- Nähe/Kontakt
−.62		- Positives Klima
−.07		- Anerkennung/Beliebtheit
	1.09	- Disziplin/Konzentration
−.81		- Hochgefühle
	1.25	- Ego-Gefühle
−1.09		- Symbiotische Gefühle
−.46		- Unterrichtsstrategien
	.67	- Persönliche Kompetenz
−.71		- Ablenkung/Kommunikation
	.48	- Vorauss./Rahmenbeding.
	1.17	- Religiosität
−.66		- Familie/Kommunikation
−.18		- Freizeitgestaltung

Abb. 7: Faktorenprofil der Strengen

Zunächst fällt auf, daß das Faktorenprofil der Strengen enorm schwankt und eine Reihe von Extremwerten aufweist. Dazu hat möglicherweise die geringe Größe dieses Clusters - 15 Lehrer - bei getragen. Den Strengen ist 'Disziplin/Konzentration' am allerwichtigsten, und dies in extremer Weise. Am unwichtigsten ist ihnen 'Nähe/Kontakt', dann 'Positives Klima'. Ebenfalls extrem empfinden diese Lehrer 'Ego-Gefühle', auffällig unterdurchschnittlich stark empfinden sie hingegen 'Symbiotische Gefühle' und 'Hochgefühle'. Die Strengen attribuieren extrem überdurchschnittlich auf 'Religiosität', dann auf 'Persönliche Kompetenz' und 'Voraussetzungen/Rahmenbedingungen'. Unterdurchschnittlich attribuieren sie auf 'Ablenkung/Kommunikation', 'Familie/Kommunikation', 'Unterrichtsstrategien' und 'Freizeitgestaltung'. Da diesen Lehrern 'Disziplin/Konzentration' besonders wichtig ist, wurden sie "Die Strengen" genannt.

Dieser Cluster besteht aus sieben (46.7%) Frauen und acht (53.3%) Männern. Diese Lehrergruppe weicht in keinem demographischen Merkmal statistisch signifikant von den übrigen Lehrern ab. Der Mittelwertvergleich zwischen den Strengen und den übrigen sechs Clustern (Summe) auf der Zufriedenheitsskala ergibt folgendes Bild:

Tab. 76: Vergleich der Zufriedenheitsmittelwerte zwischen Strengen und Restgruppe

	Cluster 5 (N=15)	Summe Cluster (N=254)
Mittelwert	5.07	4.87
Standardabweichung	.59	.90

Die Mittelwerte unterscheiden sich voneinander nicht signifikant ($T=.83$; $df=267$; $p=.404$).

Cluster 6: Die Sozialen (44 Lehrer)

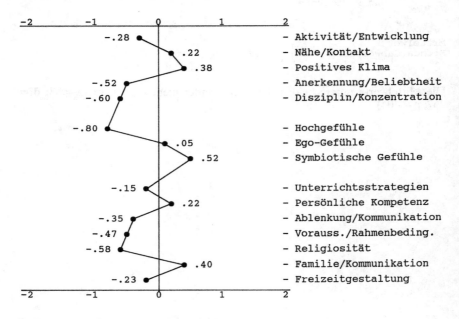

Abb. 8: Faktorenprofil der Sozialen

Für die Sozialen sind zwei Unterrichtssituationen überdurchschnittlich angenehm: 'Positives Klima' und 'Nähe/Kontakt'. Weniger wichtig sind ihnen 'Disziplin/Konzentration', 'Anerkennung/Beliebtheit' und 'Aktivität/Entwicklung'. In den angenehmen Unterrichtssituationen empfinden sie überdurchschnittlich stark 'Symbiotische Gefühle', deutlich unterdurchschnittlich jedoch 'Hochgefühle'. Die Sozialen attribuieren in erster Linie auf 'Familie/Kommunikation' und auf 'Persönliche Kompetenz'. Auf die anderen fünf Ressourcen attribuieren sie nur unterdurchschnittlich, am wenigsten auf 'Religiosität', dann auf 'Voraussetzungen/Rahmenbedingungen', 'Ablenkung/Kommunikation', 'Freizeitgestaltung' und 'Unterrichtsstrategien'. Da diesen Lehrern eine Reihe auf andere Menschen bezogene Unterrichtssituationen, Gefühle und Ressourcen wichtig sind, erhielten sie den Namen "Die Sozialen".

Dieser Cluster besteht aus 19 (43.2%) Frauen und 25 (56.8%) Männern. Die Sozialen unterscheiden sich in keinem demographischen Merkmal statistisch signifikant von Lehrern der anderen Cluster. Der Mittelwertvergleich zwischen diesen Lehrern und denen der übrigen sechs Cluster (Summe) auf der Zufriedenheitsskala ergibt folgendes Bild:

Tab. 77: Vergleich der Zufriedenheitsmittelwerte zwischen Sozialen und Restgruppe

	Cluster 6 (N=44)	Summe Cluster (N=225)
Mittelwert	4.80	4.90
Standardabweichung	.85	.89

Die Mittelwerte unterscheiden sich voneinander nicht signifikant (T=-.70; df= 267; p=.484).

Cluster 7: Die Freizeitorientierten (19 Lehrer)

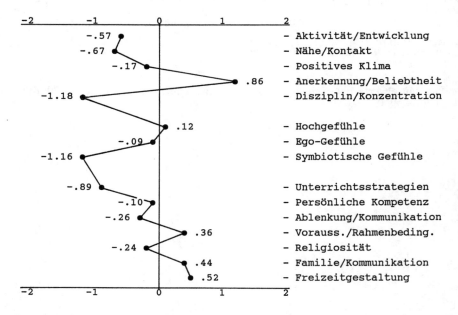

Abb. 9: Faktorenprofil der Freizeitorientierten

Auch in diesem kommt es wie im Cluster 5 zu einigen Extremwerten im Profilverlauf, möglicherweise bedingt durch die geringe Anzahl von Lehrern, die diesem Cluster zugeordnet sind. Für die Freizeitorientierten ist eine angenehme
Unterrichtssituation besonders wichtig: 'Anerkennung/Beliebtheit'. Extrem unwichtig ist ihnen 'Disziplin/Konzentration', dann: 'Nähe/Kontakt', 'Aktivität/
Entwicklung' und 'Positives Klima'. Extrem unterdurchschnittlich empfinden sie
'Symbiotische Gefühle'. 'Hochgefühle' liegen knapp über dem Durchschnitt. Sie
attribuieren überdurchschnittlich auf 'Freizeitgestaltung' - daher der Name für
die Lehrer dieses Clusters -, 'Familie/Kommunikation' und 'Voraussetzungen/
Rahmenbedingungen'. Deutlich unterdurchschnittlich attribuieren die Freizeitorientierten auf 'Unterrichtsstrategien', 'Ablenkung/Kommunikation', 'Religiosität' und 'Persönliche Kompetenz'.

Dieser Cluster besteht aus sieben (38.9%) Frauen und elf (61.1%) Männern
(eine fehlende Angabe). Im Vergleich zu den Lehrern in den anderen Clustern
sind die Freizeitorientierten statistisch signifikant kürzer im Dienst (Chi-Qua-
drat=9.74; df=2; p=.008).

Tab. 78: Verteilung der Freizeitorientierten über die Dienstjahresgruppen

Dienstjahre	N	%
0 - 9 Jahre	7	36.8
10 - 24 Jahre	12	63.2
25 Jahre und länger	0	
Summe	19	100.0

Weiterhin fällt auf, daß von den Freizeitorientierten ein statistisch signifikant hoher Anteil an Gymnasien unterrichtet (Chi-Quadrat=14.45; df=5; p=.013).

Tab. 79: Verteilung der Freizeitorientierten über die Schularten
(Mehrfachnennungen)

Schulart	N	%
Gesamtschule	2	9.5
Grundschule	1	4.8
Gymnasium	9	42.9
Hauptschule	2	9.5
Realschule	4	19.0
übrige	3	14.3
Summe	21	100.0

Der Mittelwertvergleich zwischen Freizeitorientierten und den übrigen sechs Clustern (Summe) auf der Zufriedenheitsskala ergibt folgendes Bild:

Tab. 80: Vergleich der Zufriedenheitswerte zwischen Freizeitorientierten und Restgruppe

	Cluster 7 (N=19)	Summe Cluster (N=250)
Mittelwert	4.89	4.88
Standardabweichung	.88	.89

Die Mittelwerte unterscheiden sich voneinander nicht signifikant (T=.07; df=267; p=.944).

3.3.3. Stichprobe 2 ("Belastende Unterrichtssituationen")

In die Clusteranalyse zu den belastenden Unterrichtssituationen gingen Daten von insgesamt 237 befragten Lehrern ein. Nach der Methode der Quick-Cluster wurden mehrere Clusteranalysen mit bis zu neun Clustern gerechnet. Aufgrund folgender Kriterien erwies sich die 7-Clusterlösung als die geeignetste:

- Sie weist zum einen vier größere Cluster (Nr. 1, 2, 4 und 5) auf, die sich grössenmäßig nicht überproportional voneinander unterscheiden. Der größte Cluster beinhaltet etwa 31%, der kleinste etwa 14% aller Lehrer. Zum anderen existieren drei weitere Cluster mit einer extrem kleinen Anzahl von Lehrern, Cluster 3 mit zwei sowie Cluster 6 und 7 mit jeweils einem Lehrer. Die drei Mini-Cluster wurden nicht weiter berücksichtigt, so daß sich effektiv vier Cluster ergaben.

- Der F-Test zeigt für die Faktoren dieser Clusterlösung fast durchgehend Signifikanzen, womit zum Ausdruck kommt, daß die Faktoren in dieser Lösung deutlich zwischen den Clustern unterscheiden. Darüber hinaus zeigt der F-Test im Vergleich zu den anderen Lösungen auch hohe Signifikanzen, d.h. für 20 der 24 Faktoren Signifikanzen auf dem 1%-Niveau, für den Faktor 'Systembedingte Mängel' eine Signifikanz auf dem 5%-Niveau. Die Faktoren 'Undiszipliniertheit/Unkonzentriertheit', 'Passivität/Extrinsische Motivation' und 'Abwehr' zeigen hingegen keine Signifikanzen. Daraus ist zu folgern, daß 21 der 24 Faktoren in hohem Maße zur Unterscheidung zwischen den Clustern beitragen.

Nachfolgend werden die vier großen Cluster dargestellt; die drei Mini-Cluster werden nicht weiter betrachtet:

Cluster A: Die Unbeschwerten (56 Lehrer)

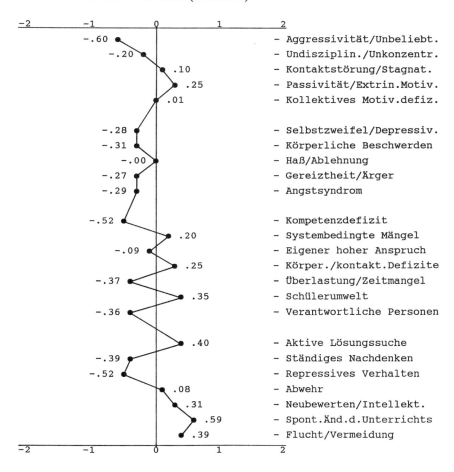

Abb. 10: Faktorenprofil der Unbeschwerten

Die Unbeschwerten erleben zwei von fünf Unterrichtssituationen als überdurchschnittlich belastend: 'Passivität/Extrinsische Motivation' und 'Kontaktstörung/Stagnation'. 'Aggressivität/Unbeliebtheit' und 'Undiszipliniertheit/Unkonzentriertheit' erleben sie weniger belastend als Lehrer anderer Cluster. Weniger stark empfinden sie vier von fünf negativen Gefühlen, in der Reihenfolge: 'Körperliche Beschwerden', 'Angstsyndrom', 'Selbstzweifel/Depressivität' und 'Gereiztheit/Ärger'. Mehr als Lehrer anderer Cluster schreiben diese Lehrer belastende Unterrichtssituationen den Faktoren 'Schülerumwelt', 'Körper- und kontaktbezogene Defizite' und 'Systembedingte Mängel' zu, weniger den Faktoren 'Kompetenzdefizit', 'Überlastung/Zeitmangel' und 'Verantwortliche Personen'. Die Unbeschwerten wenden als Bewältigungsstrategien überdurchschnittlich 'Spontane Änderung des Unterrichts', 'Aktive Lösungssuche', 'Flucht/Vermeidung' und 'Neubewerten/Intellektualisieren' an. Im Vergleich zu den Lehrern der anderen Cluster gehören 'Repressives Verhalten' und 'Ständiges Nachdenken' weniger zu ihrem Verhaltensrepertoire. Da diese Lehrer kaum negative Gefühle empfinden und über eine Reihe von Bewältigungsstrategien verfügen, wurden sie "Die Unbeschwerten" genannt.

Dieser Cluster besteht aus 18 (32.1%) Frauen und 38 (67.9%) Männern. Im Vergleich zu den anderen Clustern ist der Anteil der Männer dieser Lehrergruppe statistisch signifikant höher (Chi-Quadrat=6.71;df=1; p=.010). Der Mittelwertvergleich zwischen den Unbeschwerten und den übrigen drei Clustern (Summe) auf der Zufriedenheitsskala zeigt folgendes Bild:

Tab. 81: Vergleich der Zufriedenheitsmittelwerte zwischen Unbeschwerten und Restgruppe

	Cluster A (N=54)	Summe Cluster (N=177)
Mittelwert	5.02	4.62
Standardabweichung	.88	.99

Die Mittelwerte unterscheiden sich signifikant auf dem 1%-Niveau (T=2.65; df=229; p=.009) - zugunsten der Unbeschwerten. Sie sind von allen Lehrern die zufriedensten.

Cluster B: Die Resignierten (74 Lehrer)

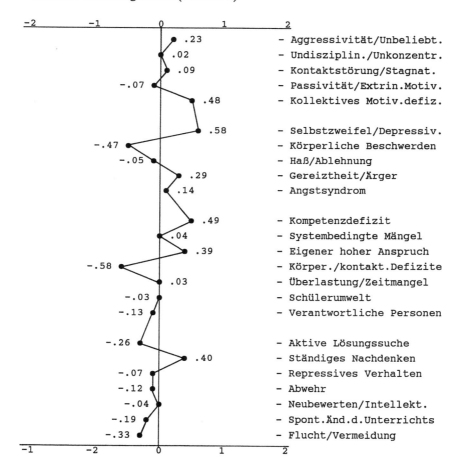

Abb. 11: Faktorenprofil der Resignierten

Die Resignierten erleben zwei Unterrichtssituationen als besonders belastend: 'Kollektives Motivationsdefizit' und 'Aggressivität/Unbeliebtheit'. Sie empfinden überdurchschnittlich stark 'Selbstzweifel/Depressivität', 'Gereiztheit/Ärger' und 'Angstsyndrom'. 'Körperliche Beschwerden' plagen sie eher weniger. Sie attribuieren überdurchschnittlich auf 'Kompetenzdefizit' und 'Eigener hoher Anspruch', unterdurchschnittlich auf 'Körper- und kontaktbezogene Defizite' und 'Verantwortliche Personen'. Als Bewältigungsstrategie ist für die Resignierten

'Ständiges Nachdenken' typisch. 'Flucht/Vermeidung', 'Aktive Lösungssuche', 'Spontane Änderung des Unterrichts' und 'Abwehr' ist für sie hingegen weniger typisch. Da diese Lehrer eine hohe Ausprägung im Faktor 'Selbstzweifel/Depressivität' zeigen, erhielten sie den Namen "Die Resignierten".

Dieser Cluster besteht aus 34 (47.2%) Frauen und 38 (52.8%) Männern (zwei fehlende Angaben). Diese Lehrergruppe unterscheidet sich in keinem demographischen Merkmal von den anderen Lehrern statistisch signifikant. Der Mittelwertvergleich zwischen den Lehrern des Clusters B und denen der übrigen drei Cluster (Summe) auf der Zufriedenheitsskala ergibt folgendes Bild:

Tab. 82: Vergleich der Zufriedenheitsmittelwerte zwischen Resignierten und Restgruppe

	Cluster B (N=73)	Summe Cluster (N=158)
Mittelwert	4.59	4.77
Standardabweichung	.96	.98

Die Mittelwerte unterscheiden sich voneinander nicht signifikant (T=-1.33; df=229; p=.186). Die Resignierten sind von allen Lehrern die am wenigsten zufriedenen.

Cluster C: Die Gestreßten (70 Lehrer)

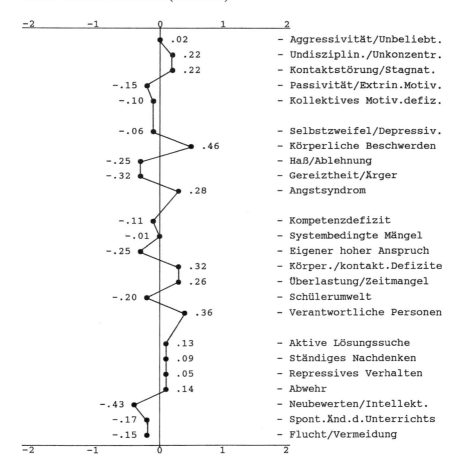

.02	- Aggressivität/Unbeliebt.
.22	- Undiszplin./Unkonzentr.
.22	- Kontaktstörung/Stagnat.
-.15	- Passivität/Extrin.Motiv.
-.10	- Kollektives Motiv.defiz.
-.06	- Selbstzweifel/Depressiv.
.46	- Körperliche Beschwerden
-.25	- Haß/Ablehnung
-.32	- Gereiztheit/Ärger
.28	- Angstsyndrom
-.11	- Kompetenzdefizit
-.01	- Systembedingte Mängel
-.25	- Eigener hoher Anspruch
.32	- Körper./kontakt.Defizite
.26	- Überlastung/Zeitmangel
-.20	- Schülerumwelt
.36	- Verantwortliche Personen
.13	- Aktive Lösungssuche
.09	- Ständiges Nachdenken
.05	- Repressives Verhalten
.14	- Abwehr
-.43	- Neubewerten/Intellekt.
-.17	- Spont.Änd.d.Unterrichts
-.15	- Flucht/Vermeidung

Abb. 12: Faktorenprofil der Gestreßten

Die Gestreßten erleben 'Undiszipliniertheit/Unkonzentriertheit' sowie 'Kontaktstörung/Stagnation' als überdurchschnittlich belastend, 'Passivität/Extrinsische Motivation' und 'Kollektives Motivationsdefizit' als unterdurchschnittlich. Sie empfinden besonders 'Körperliche Beschwerden' und 'Angstsyndrom'. Unterdurchschnittlich stark empfinden sie 'Gereiztheit/Ärger' und 'Haß/Ablehnung'. Sie attribuieren in erster Linie auf 'Verantwortliche Personen', 'Körper- und kontaktbezogene Defizite' sowie 'Überlastung/Zeitmangel', weniger jedoch

141

auf 'Eigener hoher Anspruch', 'Schülerumwelt' und 'Kompetenzdefizit'. Typische Bewältigungsstrategien der Gestreßten sind 'Abwehr' und 'Aktive Lösungssuche', weniger typische sind 'Neubewerten/Intellektualisieren', 'Spontane Änderung des Unterrichts' und 'Flucht/Vermeidung'. Da diese Lehrergruppe auf belastende Unterrichtssituationen vornehmlich mit 'Körperlichen Beschwerden' reagiert, erhielt sie den Namen "Die Gestreßten".

Dieser Cluster besteht aus 40 (61.5%) Frauen und 25 (38.5%) Männern (fünf fehlende Angaben). Im Vergleich zu den anderen Clustern ist der Anteil der Frauen in diesem Cluster statistisch signifikant höher (Chi-Quadrat=7.53; df=1; p=.006).

Weiterhin fällt auf, daß von den Gestreßten ein statistisch signifikant höherer Anteil an Grundschulen unterrichtet (Chi-Quadrat=16.27; df=5; p=.006).

Tab. 83: Verteilung der Gestreßten über die Schularten (Mehrfachnennungen)

Schulart	N	%
Gesamtschule	4	5.1
Grundschule	25	32.1
Gymnasium	8	10.2
Hauptschule	16	20.5
Realschule	12	15.4
übrige	13	16.7
Summe	78	100.0

Der Mittelwertvergleich zwischen den Gestreßten und den übrigen drei Clustern (Summe) auf der Zufriedenheitsskala ergibt folgendes Bild:

Tab. 84: Vergleich der Zufriedenheitswerte zwischen Gestreßten und Restgruppe

	Cluster C (N=67)	Summe Cluster (N=164)
Mittelwert	4.69	4.73
Standardabweichung	1.08	.94

Die Mittelwerte unterscheiden sich voneinander nicht signifikant (T=-.28; df=229; p=.783).

Cluster D: Die Choleriker (33 Lehrer)

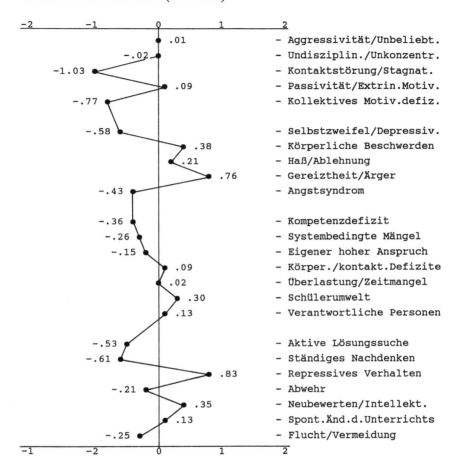

```
 -2          -1           0           1           2
 |_____|_____|_____|_____|
                         •.01
                 -.02 •             - Aggressivität/Unbeliebt.
    -1.03 •                          - Undisziplin./Unkonzentr.
                         •.09        - Kontaktstörung/Stagnat.
       -.77 •                        - Passivität/Extrin.Motiv.
                                     - Kollektives Motiv.defiz.

       -.58 •                        - Selbstzweifel/Depressiv.
                      •.38           - Körperliche Beschwerden
                    •.21             - Haß/Ablehnung
                           •.76      - Gereiztheit/Ärger
       -.43 •                        - Angstsyndrom

       -.36 •                        - Kompetenzdefizit
         -.26 •                      - Systembedingte Mängel
           -.15 •                    - Eigener hoher Anspruch
                    •.09             - Körper./kontakt.Defizite
                  •.02               - Überlastung/Zeitmangel
                     •.30            - Schülerumwelt
                   •.13              - Verantwortliche Personen

       -.53 •                        - Aktive Lösungssuche
      -.61 •                         - Ständiges Nachdenken
                           •.83      - Repressives Verhalten
         -.21 •                      - Abwehr
                     •.35            - Neubewerten/Intellekt.
                   •.13              - Spont.Änd.d.Unterrichts
        -.25 •                       - Flucht/Vermeidung
 |_____|_____|_____|_____|
 -1          -2           0           1           2
```

Abb. 13: Faktorenprofil der Choleriker

Die Choleriker erleben keine Unterrichtssituation als überdurchschnittlich belastend. 'Kontaktstörung/Stagnation' erleben sie als extrem, 'Kollektives Motivationsdefizit' als stark unterdurchschnittlich belastend. 'Gereiztheit/Ärger', 'Körperliche Beschwerden' und 'Haß/Ablehnung' empfinden sie über-, 'Selbstzwei-
fel/Depressivität' und 'Angstsyndrom' empfinden sie unterdurchschnittlich
stark. Als Vulnerabilitäts-Attributionen sind 'Schülerumwelt' und 'Verantwortliche Personen' typisch, 'Kompetenzdefizit', 'Systembedingte Mängel' und 'Eige-

ner hoher Anspruch' eher untypisch. Charakteristisch für die Choleriker sind Bewältigungsstrategien wie 'Repressives Verhalten', 'Neubewerten/Intellektualisieren' und 'Spontane Änderung des Unterrichts', weniger jedoch 'Ständiges Nachdenken', 'Aktive Lösungssuche', 'Flucht/Vermeidung' und 'Abwehr'. Da diese Lehrer in erster Linie mit 'Gereiztheit/Ärger' und 'Repressivem Verhalten' auf belastende Unterrichtssituationen reagieren, wurden sie als "Choleriker" bezeichnet.

Dieser Cluster besteht aus 15 (45.5%) Frauen und 18 (54.5%) Männern. Die Choleriker unterscheiden sich in keinem demographischen Merkmal statistisch signifikant von den anderen Clustern. Der Mittelwertvergleich zwischen Cholerikern und übrigen drei Clustern (Summe) auf der Zufriedenheitsskala ergibt folgendes Bild:

Tab. 85: Vergleich der Zufriedenheitsmittelwerte zwischen Cholerikern und Restgruppe

	Cluster D (N=33)	Summe Cluster (N=198)
Mittelwert	4.64	4.73
Standardabweichung	.90	.99

Die Mittelwerte unterscheiden sich voneinander nicht signifikant (T=-.49; df= 229; p=.621).

144

3.3.4. Zusammenfassende Darstellung der Cluster

Bevor die Ergebnisse im folgenden Kapitel unter Bezugnahme auf die Hypothesen diskutiert werden, sollen zum einen die Beziehungen zwischen den einzelnen Parametern und zum anderen die Cluster anhand des Kriteriums 'Zufriedenheit' noch einmal zusammenfassend dargestellt werden.

Die Abbildungen 14 und 15 zeigen die Zusammenhänge zwischen den Parametern auf der Grundlage der Faktoren-Interkorrelationen. Zur Vereinfachung wird auf die detaillierte Darstellung der Zusammenhänge zwischen den einzelnen Faktoren verzichtet. Dafür steht vor den Pfeilen, die von jedem Faktor ausgehen und in die Richtung des anderen Parameters zeigen, die Gesamtzahl der signifikanten Korrelationen zu Faktoren des anderen Parameters. Sind die Zusammenhänge eindeutig, d.h. bestehen ausschließlich positive oder negative Zusammenhänge, so steht vor dem Pfeil entweder ein "+" oder ein "-". Sind die Zusammenhänge mehrdeutig, d.h. bestehen sowohl positive als auch negative Korrelationen, so steht vor dem Pfeil ein "+/-". Die Abbildungen 16 und 17 zeigen die einzelnen Cluster, 1 bis 7 und A bis D, in der Reihenfolge ihrer Zufriedenheitswerte.

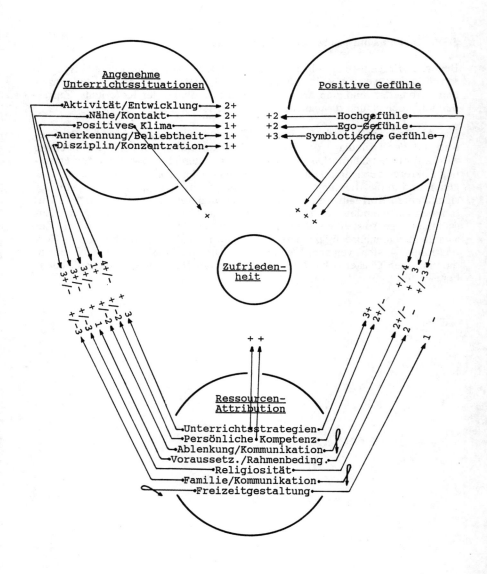

Abb. 14: Zusammenhänge zwischen den Parametern 'Angenehme Unterrichtssituationen', 'Positive Gefühle', 'Ressourcen-
Attribution' und 'Zufriedenheit'

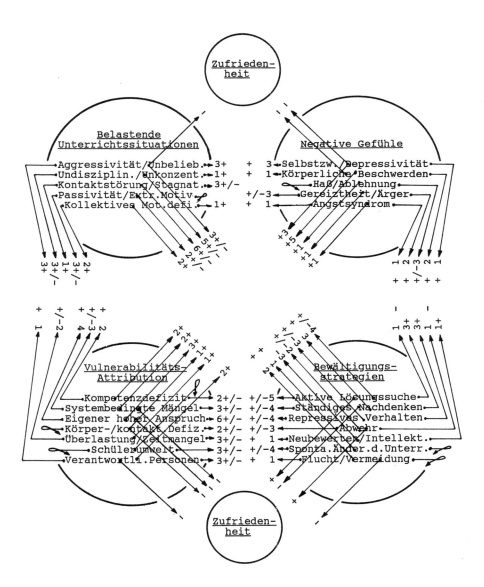

Abb. 15: Zusammenhänge zwischen den Parametern 'Belastende Unterrichtssituationen', 'Negative Gefühle', 'Vulnerabilitäts-
Attribution', 'Bewältigungsstrategien' und 'Zufriedenheit'

147

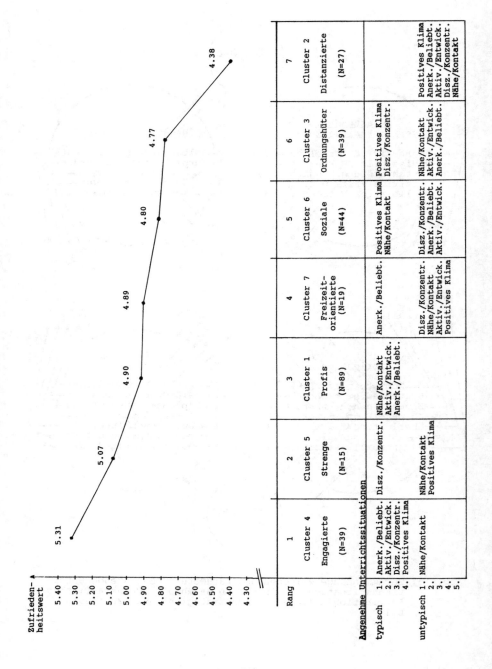

Rang	1 Cluster 4 Engagierte (N=39)	2 Cluster 5 Strenge (N=15)	3 Cluster 1 Profis (N=89)	4 Cluster 7 Freizeit- orientierte (N=19)	5 Cluster 6 Soziale (N=44)	6 Cluster 3 Ordnungshüter (N=39)	7 Cluster 2 Distanzierte (N=27)
typisch	1. Anerk./Beliebt. 2. Aktiv./Entwick. 3. Disz./Konzentr. 4. Positives Klima	Disz./Konzentr.	Nähe/Kontakt Aktiv./Entwick. Anerk./Beliebt.	Anerk./Beliebt.	Positives Klima Nähe/Kontakt	Positives Klima Disz./Konzentr.	
untypisch	1. Nähe/Kontakt 2. 3. 4. 5.	Nähe/Kontakt Positives Klima		Disz./Konzentr. Nähe/Kontakt Aktiv./Entwick. Positives Klima	Disz./Konzentr. Anerk./Beliebt. Aktiv./Entwick.	Nähe/Kontakt Aktiv./Entwick. Anerk./Beliebt.	Positives Klima Anerk./Beliebt. Aktiv./Entwick. Disz./Konzentr. Nähe/Kontakt

Angenehme Unterrichtssituationen

Positive Gefühle

		Cluster 1	Cluster 2	Cluster 3	Cluster 4	Cluster 5	Cluster 6	Cluster 7
typisch	1. 2. 3.	Hochgefühle Symbiot.Gefühle Ego-Gefühle	Ego-Gefühle	Symbiot.Gefühle Hochgefühle Ego-Gefühle	Hochgefühle	Symbiot.Gefühle	Hochgefühle	Symbiot.Gefühle Ego-Gefühle
untypisch	1. 2. 3.	Symbiot.Gefühle Hochgefühle	Symbiot.Gefühle Hochgefühle		Symbiot.Gefühle	Hochgefühle	Ego-Gefühle Symbiot.Gefühle Hochgefühle	Ego-Gefühle

Ressourcen-Attribution

		Cluster 1	Cluster 2	Cluster 3	Cluster 4	Cluster 5	Cluster 6	Cluster 7
typisch	1. 2. 3. 4. 5.	Religiosität Pers.Kompetenz Vorauss./Rahm.	Unterr.strateg. Pers.Kompetenz Freizeitgestal.	Unterr.strateg. Vorauss./Rahm. Famil./Kommuni. Ablenk./Kommun. Religiosität	Freizeitgestal. Famil./Kommuni. Vorauss./Rahm.	Famil./Kommuni. Pers.Kompetenz	Ablenk./Kommun. Religiosität Pers.Kompetenz	Religiosität Vorauss./Rahm. Freizeitgestal.
untypisch	1. 2. 3. 4. 5.	Famil./Kommuni. Vorauss./Rahm. Religiosität	Pers.Kompetenz Freizeitgestal.	Unterr.strateg. Ablenk./Kommun. Religiosität Pers.Kompetenz	Unterr.strateg. Ablenk./Kommun. Pers.Kompetenz	Religiosität Vorauss./Rahm. Freizeitgestal. Unterr.strateg.	Unterr.strateg. Vorauss./Rahm.	Unterr.strateg. Famil./Kommun. Pers.Kompetenz Ablenk./Kommun.

Zufriedenheit

	Cluster 1	Cluster 7
typisch	am zufriedensten (sign.)	am wenigsten zufrieden (sign.)

Demographische Besonderheiten

		Cluster 1	Cluster 3	Cluster 4	Cluster 6	Cluster 7
typisch	1. 2.	ältere Lehrer, viele Dienstjahre	mehr Frauen als Männer, insbes. an Grundschulen	wenig Dienstjahre, insbes. an Gymnasien	insbes. an Sonderschulen, in CDU-regier. Bundesländern	mehr Männer als Frauen

Abb. 16: Lehrer-Cluster mit Faktorenstruktur zu "Angenehme Unterrichtssituationen" in der Rangfolge nach dem Kriterium 'Zufriedenheit'

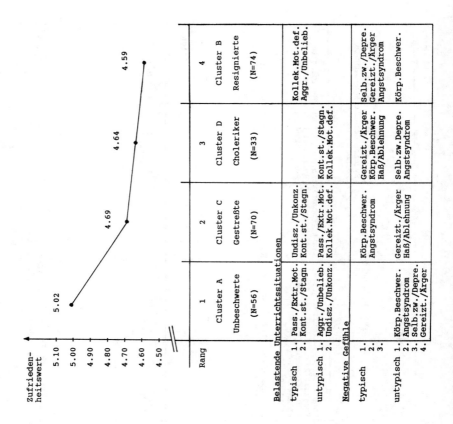

Zufrieden-
heitswert

5.10 ·
5.00 · 5.02
4.90 ·
4.80 ·
4.70 · 4.69   4.64
4.60 ·   4.59
4.50 ·

Rang	1 Cluster A Unbeschwerte (N=56)	2 Cluster C Gestreßte (N=70)	3 Cluster D Choleriker (N=33)	4 Cluster B Resignierte (N=74)
Belastende Unterrichtssituationen				
typisch	1. Pass./Extr.Mot. 2. Kont.st./Stagn.	1. Undisz./Unkonz. 2. Kont.st./Stagn.		1. Kollek.Mot.def. 2. Aggr./Unbelieb.
untypisch	1. Aggr./Unbelieb. 2. Undisz./Unkonz.	1. Pass./Extr.Mot. 2. Kollek.Mot.def.	1. Kont.st./Stagn. 2. Kollek.Mot.def.	
Negative Gefühle				
typisch		1. Körp.Beschwer. 2. Angstsyndrom	1. Gereizt./Ärger 2. Körp.Beschwer. 3. Haß/Ablehnung	1. Selb.zw./Depre. 2. Gereizt./Ärger 3. Angstsyndrom
untypisch	1. Körp.Beschwer. 2. Angstsyndrom 3. Selb.zw./Depre. 4. Gereizt./Ärger	1. Gereizt./Ärger 2. Haß/Ablehnung	1. Selb.zw.Depre. 2. Angstsyndrom	1. Körp.Beschwer.

Vulnerabilitäts-Attribution

		Cluster 1	Cluster 2	Cluster 3	Cluster 4
Vulnerabilitäts-Attribution					
typisch	1.	Schülerumwelt	Verantw.Person.	Schülerumwelt	Kompetenzdefiz.
	2.	Körp./kont.Def.	Körp./kont.Def.	Verantw.Person.	Eig.hoh.Anspru.
	3.	Syst.bed.Mäng.	Üb.last./Zeitm.	Eig.hoh.Anspru.	
untypisch	1.	Kompetenzdefiz.	Eig.hoh.Anspru.	Kompetenzdefiz.	Körp./kont.Def.
	2.	Üb.last./Zeitm.	Schülerumwelt	Syst.bed.Mäng.	Verantw.Person.
	3.	Verantw:Person.	Kompetenzdefiz.	Eig.hoh.Anspru.	
Bewältigungsstrategien					
typisch	1.	Spont.And.Unt.	Abwehr	Repress.Verha.	ständ.Nachden.
	2.	Akt.Lösungssu.	Akt.Lösungssu.	Neubew./Intel.	
	3.	Flucht/Vermei.		Spont.And.Unt.	
	4.	Neubew./Intel.			
untypisch	1.	Repress.Verha.	Neubew./Intel.	ständ.Nachden.	Flucht/Vermei.
	2.	ständ.Nachden.	Spont.And.Unt.	Akt.Lösungssu.	Akt.Lösungssu.
	3.		Flucht/Vermei.	Flucht/Vermei.	Spont.And.Unt.
	4.			Abwehr	Abwehr
Zufriedenheit					
typisch		am zufriedensten (sign.)			
Demographische Besonderheiten					
typisch	1.	mehr Männer als Frauen	mehr Frauen als Männer, insbes. an Grundschulen		
	2.				

Abb. 17: Lehrer-Cluster mit Faktorenstruktur zu "Belastende Unterrichtssituationen" in der Rangfolge nach 'Zufriedenheit'

151

4. Diskussion und Schlußfolgerungen

4.1. Zusammenhänge zwischen den Parametern

Ausgehend von den Abbildungen 14 und 15 werden in der nachfolgenden Diskussion zu einzelnen Parametern zum einen die Dichte des Zusammenhangsmaßes zwischen zwei Parametern - ausgedrückt als das Verhältnis zwischen den signifikant korrelierenden Faktoren und der Gesamtzahl durchgeführter Korrelationen - erörtert. Dazu werden die Clusterreihen aus Abbildung 16 und 17 herangezogen. Zum anderen werden die Zentralität und Funktionalität einzelner Faktoren im Hinblick auf den jeweils anderen Parameter beschrieben. Mit Zentralität ist die Bedeutung des Faktors innerhalb eines Parameters gemeint, gemessen an der Anzahl der Korrelationen. Unter Funktionalität wird die Art des Zusammenhangs verstanden, der im Hinblick auf den anderen Parameter entweder eindeutig (+ oder -) oder mehrdeutig (+ und -) sein kann. Wenn im folgenden allgemein von signifikanten Korrelationen die Rede ist, sind damit signifikante (5%-Niveau) und hochsignifikante (1%-Niveau) gemeint.

4.1.1. 'Angenehme Unterrichtssituationen'

Die Faktorenanalyse zu 'Angenehme Unterrichtssituationen' ergab fünf Faktoren, die knapp 45% der Varianz aufklären. Folgende Zusammenhänge zeigen sich zwischen 'Angenehme Unterrichtssituationen' und anderen Parametern:

mit 'Positive Gefühle':

Die Dichte des Zusammenhangs beträgt 7:15, was auf einen im Vergleich zu den Verhältnissen zwischen anderen Parametern recht engen Zusammenhang schließen läßt. Darüber hinaus fällt auf, daß die signifikanten Korrelationen durchweg positiv sind und daß jede angenehme Unterrichtssituation mit mindestens einem positiven Gefühl korreliert. Abbildung 16 zur Clusterreihe verdeutlicht diesen Zusammenhang, wonach Lehrer, die viele Unterrichtssituationen als überdurchschnittlich angenehm erleben, auch alle positiven Gefühle überdurchschnittlich stark empfinden. Dieser Zusammenhang zeigt sich ganz klar für die Engagierten und Profis. Er gilt offenbar nur unter der Bedingung, daß möglichst keine oder wenige angenehme Unterrichtssituationen als unterdurchschnittlich wichtig erlebt werden. Umgekehrt zeigt sich: Lehrer, denen mehrere angenehme Unterrichtssituationen kaum und keine bzw. wenige angenehme Unterrichtssituationen besonders wichtig sind, empfinden auch nur wenige positive Gefühle (Freizeitorientierte, Soziale, Strenge) oder viele positive Gefühle schwach (Ordnungshüter, Distanzierte). Dies bestätigt somit die Hypothese 1.1., die lautete: "Lehrer, für die viele angenehme Unterrichtssituationen bedeutungsvoll sind, empfinden auch viele positive Gefühle".

Dieses Ergebnis wirkt auf den ersten Blick banal, da es logisch scheint, daß Lehrer nur dann positive Gefühle empfinden können, wenn sie auch angenehme Unterrichtssituationen erleben. Sofern sie diese nicht erleben, sollte es nicht verwundern, wenn sich keine positiven Gefühle einstellen. Es wird aber im weiteren Verlauf der Diskussion deutlich, daß kaum zwei andere Parameter einen so engen und in eine Richtung weisenden Zusammenhang zeigen wie 'Angenehme Unterrichtssituationen' und 'Positive Gefühle', selbst nicht 'Belastende Unterrichtssituationen' und 'Negative Gefühle'.

Wie bereits ausgeführt, korreliert jede angenehme Unterrichtssituation mit mindestens einem positiven Gefühl. Mit zwei positiven Gefühlen korrelieren 'Aktivität/Entwicklung' und 'Nähe/Kontakt' signifikant, was bedeutet, daß diesen beiden Faktoren eine gewisse Zentralität und im Hinblick auf positive Gefühle am ehesten Prädiktorenfunktion, d.h. Vorhersagewahrscheinlichkeit für das Auftreten positiver Gefühle, zukommt. Da sämtliche signifikanten Korrelationen positiv sind, ist auch jeder der beiden Prädiktoren in Bezug auf seine Funktionalität eindeutig. In der Clusterreihe zeigt sich diese Tendenz für 'Aktivität/Entwicklung' deutlich. Die Engagierten und Profis, denen diese Situation besonders wichtig ist, erleben auch viele positive Gefühle. Für alle übrigen Lehrer ist diese Unterrichtssituation untypisch, sie erleben auch nur wenige oder keine positiven Gefühle.

mit 'Ressourcen-Attribution':

Etwas weniger eng ist der Zusammenhang zwischen 'Angenehme Unterrichtssituationen' und 'Ressourcen-Attribution', 14:35, jedoch differenzierter, da bestimmte Unterrichtssituationen sowohl signifikant positiv als auch negativ mit einzelnen Ressourcen korrelieren. Dies führt dazu, daß das für 'Angenehme Unterrichtssituationen' und 'Positive Gefühle' geltende Prinzip "je mehr..., desto mehr... - je weniger..., desto weniger..." für diesen Fall nicht mehr zutrifft. Das kommt auch in der Clusterreihe zum Ausdruck. Danach attribuieren Lehrer, für die viele Unterrichtssituationen besonders angenehm sind, nicht auch gleichzeitig auf viele Ressourcen. Dies gilt zwar für die Profis, nicht aber z.B. für die Engagierten. Auch umgekehrt gilt nicht, daß Lehrer, für die viele angenehme Unterrichtssituationen nur geringe Bedeutung haben, auch nur auf wenige Ressourcen attribuieren. Damit kann die Hypothese 1.2. "Lehrer, für die viele angenehme Unterrichtssituationen bedeutungsvoll sind, attribuieren auch auf viele Ressourcen", nicht bestätigt werden.

Im Hinblick auf 'Ressourcen-Attribution' kommt der Unterrichtssituation 'Disziplin/Konzentration' zentrale Bedeutung zu. Es zeigen sich zwischen dieser Unterrichtssituation und einer Reihe von Ressourcen Korrelationen, die jedoch in unterschiedliche Richtungen weisen. Lehrer attribuieren das Erleben dieser Unterrichtssituation vornehmlich auf 'Religiosität', 'Ablenkung/Kommunikation' und 'Persönliche Kompetenz', nicht hingegen auf 'Familie/Kommunikation'. Eher periphere Bedeutung hat in diesem Zusammenhang 'Anerkennung/

Beliebtheit'. Lehrer, die diese angenehme Situation erleben, attribuieren nur auf 'Voraussetzungen/Rahmenbedingungen'. Möglicherweise kann man aus diesen Ergebnissen schließen, daß 'Disziplin/Konzentration' einen umfangreicheren "Attributionsbedarf" hat als 'Anerkennung/Beliebtheit'.

mit 'Zufriedenheit':

Überraschenderweise korreliert lediglich 'Positives Klima' als einzige angenehme Unterrichtssituation signifikant positiv mit 'Zufriedenheit'. Ein so geringer Zusammenhang (1:5) zwischen den Faktoren zu 'Angenehme Unterrichtssituationen' und 'Zufriedenheit' war nicht erwartet, zeigt aber, daß das Erleben von angenehmen Unterrichtssituationen selbst nicht bzw. kaum mit hohen Zufriedenheitswerten der Lehrer einhergeht. Blickt man auf die Clusterreihe, ist der beschriebene Tatbestand nicht recht nachvollziehbar. Die Clusterreihe weist nämlich auf den ersten Blick einen Zusammenhang zwischen der Anzahl angenehmer Situationen und 'Zufriedenheit' auf. Den zufriedensten Lehrern, den Engagierten, sind auch die meisten (vier von fünf) angenehmen Unterrichtssituationen besonders wichtig. Die Engagierten sind darüber hinaus signifikant zufriedener als alle übrigen Lehrer. Demgegenüber erleben die Distanzierten, die signifikant am wenigsten zufrieden sind, sämtliche angenehmen Unterrichtssituationen als wenig wichtig. Dieses Ergebnis ist für beide Extremgruppen eindeutig. Weniger klar ist der Zusammenhang zwischen beiden Parametern allerdings für die dazwischenliegenden Gruppen. Hier läßt sich nicht eindeutig belegen, daß - betrachtet man die Lehrer-Cluster entlang des Zufriedenheitskontinuums - die Abnahme der Zufriedenheit einhergeht mit der Abnahme besonders angenehm bzw. einer Zunahme unterdurchschnittlich angenehm erlebter Unterrichtssituationen. Der geringe Zusammenhang zwischen einzelnen Faktoren zu 'Angenehme Unterrichtssituationen' und 'Zufriedenheit' erklärt gegebenenfalls diesen Tatbestand. Deshalb trifft die Hypothese 1.4. "Lehrer, für die viele angenehme Unterrichtssituationen bedeutungsvoll sind, fühlen sich in ihrem Beruf auch überdurchschnittlich zufrieden" auf die beiden im Hinblick auf die Zufriedenheit immerhin signifikant von den übrigen Clustern abweichenden Extremgruppen zu.

4.1.2. 'Positive Gefühle'

Die Faktorenanalyse zu 'Positive Gefühle' ergab drei Faktoren, die etwa 48% der Varianz aufklären. Folgende Zusammenhänge zeigen sich zwischen 'Positive Gefühle' und anderen Parametern:

mit 'Angenehme Unterrichtssituationen':

Die Dichte des Zusammenhangs zwischen 'Angenehme Unterrichtssituationen' und 'Positive Gefühle' (7:15) sowie dessen Funktionalität wurde bereits in Kapitel 4.1.1. ('Angenehme Unterrichtssituationen') erörtert. Jeder der drei Gefühls-Faktoren korreliert signifikant mit mindestens zwei Unterrichtssituationen. Keinem der drei Gefühls-Faktoren kommt herausragende Zentralität zu. Lediglich 'Symbiotische Gefühle' korreliert mit drei anstatt mit zwei Unterrichtssituationen. Das bedeutet, daß diesem Gefühl als Prädiktor für das Erleben angenehmer Unterrichtssituationen die relativ größte Bedeutung zukommt.

mit 'Ressourcen-Attribution':

Die Dichte des Zusammenhangs zwischen 'Positive Gefühle' und 'Ressourcen-Attribution' beträgt 10:21, ist vergleichsweise hoch und entspricht etwa der zwischen 'Positive Gefühle' und 'Angenehme Unterrichtssituationen' (7:15). Die signifikanten Korrelationen sind sowohl positiv als auch negativ, was bedeutet, daß die Funktionalität des einen Parameters für den anderen jeweils mehrdeutig ist. So zeigt sich auch in der Clusterreihe (Abb. 16), daß die Anzahl der positiven Gefühle, die Lehrer empfinden, in keinem Zusammenhang mit der Anzahl der Ressourcen steht, auf die Lehrer attribuieren. Lehrer, die viele positive Gefühle empfinden, attribuieren demnach nicht auch auf viele Ressourcen. Ebensowenig attribuieren Lehrer, die nur wenig positive Gefühle empfinden, auch nur auf wenige Ressourcen. Deshalb wird die Hypothese 1.3., die lautete: "Lehrer, die in angenehmen Unterrichtssituationen viele positive Gefühle empfinden, attribuieren auch auf viele Ressourcen", in dieser einfachen Form zurückgewiesen.

Wie schon im Zusammenhang mit 'Angenehme Unterrichtssituationen' zeigt sich auch hier, daß den drei Gefühls-Faktoren ein vergleichbares Gewicht als Prädiktor zukommt. Jedes Gefühl steht mit mindestens drei Ressourcen in engerem Zusammenhang. 'Symbiotische Gefühle' ragt jedoch ein wenig heraus, da dieses Gefühl mit vier Ressourcen korreliert.

Nicht nur die Funktionalität zwischen den Parametern insgesamt ist mehrdeutig, sondern selbst die Funktionalität innerhalb einiger Gefühls-Faktoren in Bezug auf 'Ressourcen-Attribution'. So sind 'Hochgefühle' und 'Symbiotische Gefühle' mehrdeutig, d.h. korrelieren positiv und negativ mit einzelnen Ressourcen-Faktoren. 'Symbiotische Gefühle' korreliert positiv mit 'Unterrichtsstrategien', negativ mit 'Voraussetzungen/Rahmenbedingungen', 'Freizeitgestaltung' und 'Religiosität'. Dies bedeutet konkret, daß Lehrer, die 'Symbiotische Gefühle' empfinden, auf bestimmte Ressourcen nur eingeschränkt attribuieren. Die Attributionsbreite der "Symbiotiker" ist offenbar eingeschränkt. Einzig 'Ego-Gefühle' ist in Bezug auf 'Ressourcen-Attribution' eindeutig. Sämtliche drei Korrelationen sind positiv, d.h. zu 'Unterrichtsstrategien', 'Persönliche Kompetenz' und 'Voraussetzungen/Rahmenbedingungen'. Das heißt, daß Lehrer, die 'Ego-Gefühle' empfinden, am ehesten auf eine größere Zahl von Ressourcen attribuieren.

Bestätigt werden kann damit auch WEINERs (1981) Hypothese, nach der Personen positive Selbstachtung ('Ego-Gefühle') erleben, wenn sie Erfolge auf internale Faktoren ('Persönliche Kompetenz') attribuieren. 'Ego-Gefühle' ist darüber hinaus aber auch verbunden mit aktionalen ('Unterrichtsstrategien') und externalen ('Voraussetzungen/Rahmenbedingungen') Faktoren.

mit 'Zufriedenheit':

Alle drei Gefühls-Faktoren stehen in sehr engem positiven Zusammenhang mit 'Zufriedenheit' (3:3). Das heißt, alle Gefühls-Faktoren korrelieren signifikant mit 'Zufriedenheit'. Lehrer, die mindestens ein positives Gefühl besonders stark empfinden, sind zufriedener als Lehrer, die kein positives Gefühl empfinden und Lehrer, die viele positive Gefühle empfinden, sind zufriedener als Lehrer, die wenige positive Gefühle empfinden. Dieser Zusammenhang wird bei Betrachtung der Clusterreihe deutlich. Die zufriedensten Lehrer, die Engagierten, empfinden auch alle positiven Gefühle besonders stark. Die Engagierten sind sogar signifikant zufriedener als alle übrigen Lehrer. Die am wenigsten zufriedenen Lehrer, die Distanzierten, empfinden kein einziges positives Gefühl besonders stark, jedoch die meisten positiven Gefühle nur schwach. Die Distanzierten sind sogar signifikant weniger zufrieden als alle anderen Lehrer. Dieses Ergebnis ist für die dargestellten Extremgruppen eindeutig. Darüber hinaus ist festzustellen, daß diejenigen Lehrer, die am zweitwenigsten zufrieden sind, die Ordnungshüter, sogar alle positiven Gefühle nur schwach empfinden. Die Cluster zwischen den Extremgruppen sind im Hinblick auf Zusammenhänge zwischen der Anzahl der Gefühls-Faktoren und 'Zufriedenheit' heterogen. Auffällig sind die Strengen, die nur ein Gefühl besonders stark, die anderen Gefühle aber nur schwach empfinden, auf der anderen Seite aber die zweitzufriedenste Lehrergruppe ist. Die Hypothese 1.5. "Lehrer, die in angenehmen Unterrichtssituationen viele positive Gefühle empfinden, fühlen sich in ihrem Beruf auch überdurchschnittlich zufrieden", kann somit im großen und ganzen bestätigt werden.

Alle Gefühle korrelieren hochsignifikant positiv mit 'Zufriedenheit', sind also sämtlich eindeutige Prädiktoren für die Zufriedenheit von Lehrern in ihrem Beruf. Mit Abstand am höchsten mit Zufriedenheit korreliert 'Ego-Gefühle', dann 'Hochgefühle', dann 'Symbiotische Gefühle'. Betrachtet man die Bedeutung von 'Ego-Gefühle' in den einzelnen Clustern, so offenbart sich deutlich, daß 'Ego-Gefühle' von den drei zufriedensten Lehrergruppen stark, von den beiden am wenigsten zufriedenen Lehrergruppen jedoch nur schwach empfunden wird. Der hohe Zusammenhang zwischen 'Ego-Gefühle' und 'Zufriedenheit' läßt sich u.a. darauf zurückführen, daß es im Gefühls-Faktor 'Ego-Gefühle' ebenfalls ein Item "Zufriedenheit" gibt. Zusammenfassend kann man sagen, daß Lehrer, die 'Ego-Gefühle' empfinden, in ihrem Beruf zufriedener sind als Lehrer, die nicht 'Ego-Gefühle' empfinden.

4.1.3. 'Ressourcen-Attribution'

Die Faktorenanalyse zu 'Ressourcen-Attribution' ergab sieben Faktoren, die gut 37% der Varianz aufklären. Zusammenhänge folgender Art zeigen sich zwischen 'Ressourcen-Attribution' und anderen Parametern:

mit 'Angenehme Unterrichtssituationen':

Die Dichte des Zusammenhangs zwischen 'Ressourcen-Attribution' und 'Angenehme Unterrichtssituationen' (14:35) wurde bereits in Kapitel 4.1.1. ('Angenehme Unterrichtssituationen') erörtert. Im Hinblick auf Zentralität und Funktionalität zeigt sich ein differenziertes Bild. Danach kommt zwei Ressourcen zentrale Bedeutung zu: 'Unterrichtsstrategien' und 'Religiosität'. Beide Ressourcen-Faktoren korrelieren signifikant mit jeweils drei Unterrichtssituationen. 'Unterrichtsstrategien' kommt dabei eine eindeutige Funktion zu. Lehrer, die auf 'Unterrichtsstrategien' attribuieren, erleben 'Aktivität/Entwicklung', 'Nähe/Kontakt' und 'Positives Klima' als besonders bedeutungsvoll. Dies kommt auch in der Clusterreihe (Abb. 16) deutlich zum Ausdruck, wonach die Anzahl der als überdurchschnittlich angenehm erlebten Unterrichtssituationen offenbar mit dem Auftreten einzelner Ressourcen, nämlich 'Unterrichtsstrategien', einhergeht. Die Engagierten und die Profis, denen die meisten angenehmen Situationen besonders wichtig sind, schätzen gleichermaßen 'Unterrichtsstrategien' als wichtigste Ressource ein. Umgekehrt wird dieser Ressource von Lehrern, welche mehrere bzw. viele angenehme Unterrichtssituationen nur als unterdurchschnittlich wichtig erleben, die geringste Bedeutung (Distanzierte, Freizeitorientierte, Ordnungshüter) oder eine geringe Bedeutung (Strenge, Soziale) beigemessen. Im Attributionsprozeß angenehmer Unterrichtssituationen spielt 'Unterrichtsstrategien' also eine wichtige Rolle. Diese Ressource ist wohl deshalb so wesentlich, da sie aktionalen Charakter besitzt und sich unmittelbar auf Unterrichtssituationen selbst bezieht. Sie befähigt Lehrer, Unterrichtssituationen direkt zu beeinflussen - und sich diese gegebenenfalls angenehm zu gestalten.

Die Ressource 'Religiosität' ist etwa ebenso zentral, demgegenüber aber mehrdeutig. Lehrern, die auf 'Religiosität' attribuieren, ist die Situation 'Disziplin/ Konzentration' wichtig, nicht jedoch 'Nähe/Kontakt' und 'Positives Klima'. Die Clusterreihe zeigt sogar, daß Lehrern, die auf 'Religiosität' attribuieren, tendenziell weniger Unterrichtssituationen wichtig sind, z.B. den Distanzierten, den Strengen und den Ordnungshütern. Bei den Engagierten, für die viele Situationen wichtig sind, spielt 'Religiosität' eine nur untergeordnete Rolle. Der Grund dafür mag darin liegen, daß sich Lehrer, denen 'Religiosität' wichtig ist, verstärkt mit sich selbst beschäftigen und daher insbesondere soziale, d.h. auf andere bezogene Situationen als weniger bedeutungsvoll wahrnehmen. Dafür spricht auch, daß den Sozialen die Ressource 'Religiosität' am unwichtigsten ist. Dies steht möglicherweise im Gegensatz zu den Inhalten christlicher und anderer religiöser Lehren, macht aber die psychologische Wirkung dieser Ressource deutlich.

Kein Zusammenhang besteht zwischen der Ressource 'Freizeitgestaltung' und 'Angenehme Unterrichtssituationen'. Das könnte daran liegen, daß 'Freizeitgestaltung' außerhalb des unterrichtsbezogenen Wahrnehmungsfeldes liegt und damit für den Attributionsprozeß angenehmer Unterrichtssituationen keinerlei Bedeutung hat.

Die in Kapitel 4.1.1. ('Angenehme Unterrichtssituationen') zurückgewiesene Hypothese 1.2. ("Lehrer, für die viele angenehme Unterrichtssituationen bedeutungsvoll sind, attribuieren auch auf viele Ressourcen") kann nach diesen Erörterungen dahingehend modifiziert werden, daß die Anzahl der angenehmen Unterrichtssituationen abhängig von einzelnen Schlüsselressourcen, d.h. von 'Unterrichtsstrategien' und 'Religiosität', ist.

mit 'Positive Gefühle':

Die Dichte des Zusammenhangs zwischen 'Ressourcen-Attribution' und 'Positive Gefühle' beträgt 10:21, wie schon in Kapitel 4.1.2. ('Positive Gefühle') erwähnt. Zentrale und eindeutige Bedeutung kommt auch hier der Ressource 'Unterrichtsstrategien' zu. Sie korreliert signifikant und durchgehend positiv mit allen drei Gefühlen, am höchsten mit 'Symbiotische Gefühle'. Lehrer, die auf diese Ressource attribuieren, erleben alle drei positiven Gefühle besonders stark. Diese Einschätzung wird durch die Clusterreihe gestützt. Die Engagierten und die Profis, die alle positiven Gefühle besonders stark empfinden, attribuieren gleichermaßen am stärksten auf 'Unterrichtsstrategien'. Lehrer hingegen, bei denen keine oder nur wenige positive Gefühle überdurchschnittlich bzw. die meisten Gefühle nur schwach ausgeprägt sind, messen 'Unterrichtsstrategien' gleichzeitig die geringste (Ordnungshüter, Distanzierte, Freizeitorientierte) oder eine geringe (Strenge, Soziale) Bedeutung bei. Am auffälligsten ist dieser Zusammenhang bei den Ordnungshütern und Distanzierten, welche die drei bzw. zwei positiven Gefühle kaum oder gar nicht empfinden und für welche die Ressource 'Unterrichtsstrategien' gleichsam am bedeutungslosesten ist.

Eindeutig, aber in umgekehrte Richtung, wirken 'Religiosität' und 'Positive Gefühle'. 'Religiosität' korreliert negativ mit 'Symbiotische Gefühle' und 'Hochgefühle'. Lehrer, die auf 'Religiosität' attribuieren, empfinden eher nicht 'Symbiotische Gefühle' und 'Hochgefühle'. Die Clusterreihe veranschaulicht diesen Mechanismus: Lehrer, welche einen überwiegenden Teil der positiven Gefühle nur schwach empfinden, geben 'Religiosität' als wichtigste (Distanzierte, Strenge) bzw. zweitwichtigste (Ordnungshüter) Ressource an. Über mögliche Erklärungen wurde bereits im Zusammenhang mit 'Angenehme Unterrichtssituationen', wo sich im Hinblick auf 'Religiosität' ein ähnliches Bild zeigte, spekuliert. Vielleicht macht diese Ressource Lehrer weniger empfänglich für auf andere bezogene Gefühle, oder die Beschäftigung mit religiösen Inhalten mindert grundsätzlich die Wahrnehmung eigener Empfindungen. Es kann aber auch sein, daß das verminderte Empfinden positiver Gefühle Lehrer dazu veranlaßt, sich erst recht religiösen Gedanken und Handlungen zuzuwenden.

Ambivalent für das Empfinden positiver Gefühle ist die Funktion der Ressourcen 'Persönliche Kompetenz' und 'Voraussetzungen/Rahmenbedingungen'. Ohne Bedeutung und damit ohne Vorhersagewert für das Empfinden positiver Gefühle sind 'Ablenkung/Kommunikation' und 'Familie/Kommunikation'. Eine mögliche Erklärung dafür ist, daß diese Ressourcen außerhalb des Unterrichts im privaten Bereich zu suchen sind und somit nicht mit im Unterricht entstehenden spontanen Gefühlen verbunden sind.

Zur Hypothese 1.3. ("Lehrer, die in angenehmen Unterrichtssituationen viele positive Gefühle empfinden, attribuieren auch auf viele Ressourcen"), die in Kapitel 4.1.2. ('Positive Gefühle') in dieser einfachen Form zunächst zurückgewiesen wurde, kann nun differenzierter Stellung genommen werden: Grundsätzlich steht zwar nicht die Menge der Ressourcen, auf die Lehrer attribuieren, im Zusammenhang mit der Anzahl positiver Gefühle, jedoch einzelne Ressourcen. 'Unterrichtsstrategien' kommt dabei eine positive, 'Religiosität' eine negative Wirkung zu.

mit 'Zufriedenheit':

Das Verhältnis zwischen 'Ressourcen-Attribution' und 'Zufriedenheit' ist nicht besonders eng (2:7). Diesen Tatbestand veranschaulicht auch die Clusterreihe, nach der die Zunahme der Zufriedenheitswerte nicht mit einer wachsenden Zahl von Ressourcen-Faktoren einhergeht. Nur 'Unterrichtsstrategien' und 'Persönliche Kompetenz' korrelieren signifikant mit 'Zufriedenheit'. Die Clusterreihe zeigt, daß die signifikant zufriedensten Lehrer (Engagierte) auf beide, die signifikant am wenigsten zufriedenen (Distanzierte) hingegen auf keine der beiden Ressourcen attribuieren. Die Lehrer der mittleren Cluster - mit Ausnahme der Freizeitorientierten, die auf keine der beiden Ressourcen attribuieren - attribuieren alternativ auf 'Unterrichtsstrategien' (Profis) oder 'Persönliche Kompetenz' (Strenge, Soziale, Ordnungshüter). Die Hypothese 1.6. ("Lehrer, die das Erleben angenehmer Unterrichtssituationen auf viele Ressourcen attribuieren, fühlen sich in ihrem Beruf auch überdurchschnittlich zufrieden") wird in dieser einfachen Form nicht bestätigt. Es gilt jedoch: Lehrer, die auf einzelne Ressourcen - 'Unterrichtsstrategien' und/oder 'Persönliche Kompetenz' - attribuieren, sind tendenziell zufriedener.

4.1.4. 'Belastende Unterrichtssituationen'

Die Faktorenanalyse zu 'Belastende Unterrichtssituationen' führte zu fünf Faktoren, die knapp 42% der Varianz aufklären. Folgende Zusammenhänge zeigen sich zwischen 'Belastende Unterrichtssituationen' und anderen Parametern:

mit 'Negative Gefühle':

Die Enge des Zusammenhangs zwischen beiden Parametern liegt bei 8:25, was zeigt, daß die Relation zwischen 'Belastende Unterrichtssituationen' und 'Negative Gefühle' geringer ist als diejenige zwischen 'Angenehme Unterrichtssituationen' und 'Positive Gefühle' (7:15). Mit einer Ausnahme sind hier sämtliche signifikanten Korrelationen zwischen beiden Parametern positiv. Die Clusterreihe in Abbildung 17 zeigt demgemäß, daß zwischen der Anzahl der von Lehrern als belastend erlebten Unterrichtssituationen und der Anzahl empfundener negativer Gefühle kein Zusammenhang besteht.

Es fallen zwei zentrale Unterrichtssituationen auf, die mit zahlreichen negativen Gefühlen korrelieren. 'Aggressivität/Unbeliebtheit' korreliert durchgehend positiv, also unter funktionsspezifischen Gesichtspunkten eindeutig, mit 'Selbstzweifel/Depressivität', 'Körperliche Beschwerden' und Gereiztheit/Ärger'. Lehrer, die 'Aggressivität/Unbeliebtheit' als belastend erleben, empfinden auch die genannten drei negativen Gefühle. Die Clusterreihe (Abb. 17) zeigt, daß die Unbeschwerten, die 'Aggressivität/Unbeliebtheit' nicht als belastend erleben, auch kein einziges negatives Gefühl empfinden. Die Resignierten, die 'Aggressivität/Unbeliebtheit' als besonders belastend erleben, empfinden eine Reihe negativer Gefühle. Ambivalent ist demgegenüber Kontaktstörung/Stagnation'. Lehrer, die diese Unterrichtssituation als belastend erleben, empfinden zwar 'Selbstzweifel/Depressivität' und 'Angstsyndrom', weniger jedoch 'Gereiztheit/Ärger'. Grundsätzlich unbedeutend für das Empfinden negativer Gefühle ist 'Passivität/Extrinsische Motivation'.

Nach diesen Ergebnissen kann die Hypothese 2.1. ("Lehrer, die viele Unterrichtssituationen als belastend erleben, empfinden auch viele negative Gefühle"), als nicht bestätigt gelten. Der Faktor 'Aggressivität/Unbeliebtheit' ist aber ein Prädiktor, d.h. ihm kommt eine die Anzahl negativer Gefühle voraussagende Funktion zu, wonach Lehrer, die diese Situation erleben, auch vermehrt negative Gefühle empfinden.

mit 'Vulnerabilitäts-Attribution':

Der Zusammenhang zwischen 'Belastende Unterrichtssituationen' und 'Vulnerabilitäts-Attribution (12:35) ist unwesentlich, aber etwas weniger eng als derjenige zwischen 'Angenehme Unterrichtssituationen' und 'Ressourcen-Attribution' (14:35). Von den zwölf signifikanten Korrelationen sind zehn positiv und zwei negativ. Damit ist die Zahl positiver Korrelationen zu schwach, als daß man anhand der Clusterreihe erkennen könnte, daß Lehrer, die viele belastende Unterrichtssituationen erleben, auf nur wenige Vulnerabilitäts-Faktoren attribuieren. Daraus ergibt sich, daß die Hypothese 2.2. ("Lehrer, die viele Unterrichtssituationen als belastend erleben, attribuieren nur auf wenige Vulnerabilitäts-Faktoren") nicht zu bestätigen ist.

Jede belastende Unterrichtssituation korreliert mit mindestens einem Vulnerabilitäts-Faktor signifikant, jedoch keine mit mehr als drei. Das bedeutet, daß keine belastende Situation einen unter quantitativen Aspekten herausragenden Attributionsbedarf hat. Eine gewisse zentrale Bedeutung kommt 'Aggressivität/ Unbeliebtheit' und 'Undiszipliniertheit/Unkonzentriertheit' zu. 'Aggressivität/ Unbeliebtheit' ist im Hinblick auf 'Vulnerabilitäts-Attribution' eindeutig. Lehrer, für die diese Situation belastend ist, attribuieren vermehrt auf 'Eigener hoher Anspruch', 'Überlastung/Zeitmangel' und 'Kompetenzdefizit', also auf zwei internale und einen aktionalen Faktor. Die Clusterreihe macht diesen Zusammenhang für die am wenigsten zufriedenen Lehrer, die Resignierten, deutlich, für die 'Aggressivität/Unbeliebtheit' sehr belastend ist und die ausschließlich auf 'Kompetenzdefizit' und 'Eigener hoher Anspruch' attribuieren. Quantitativ zeigt dies jedoch kaum Wirkung. Die Funktion dieses Prädiktors ist zu gering, als daß sich innerhalb der Clusterreihe sichtbare Zusammenhänge zur Anzahl der Vulnerabilitäts-Faktoren auftun würden. Es gilt jedoch: 'Aggressivität/Unbeliebtheit' ist ein Prädiktor für einen internalen Attributionsstil.

'Undiszipliniertheit/Unkonzentriertheit' und 'Passivität/Extrinsische Motivation' haben als Prädiktor für Vulnerabilitäts-Faktoren ebenfalls zentralere, aber ambivalente Bedeutung. 'Kontaktstörung/Stagnation' hat als Prädiktor die geringste Bedeutung. Lehrer, die diese Situation als belastend erleben, attribuieren lediglich auf 'Eigener hoher Anspruch'.

mit 'Bewältigungsstrategien':

Das Zusammenhangsmaß zwischen 'Belastende Unterrichtssituationen' und 'Bewältigungsstrategien' ist vergleichsweise eng, 18:35. Es bestehen, abgesehen vom Zusammenhang mit 'Zufriedenheit', keine engeren Beziehungen zwischen zwei Parametern in dieser Studie. Die Funktion des Zusammenhangs ist jedoch ambivalent. Dies ist auch der Grund dafür, warum die Clusterreihe keinen Zusammenhang zwischen der Anzahl belastender Unterrichtssituationen und der Menge an Bewältigungsstrategien, die Lehrer nutzen, zu erkennen gibt. Deshalb wird die Hypothese 2.3., die lautete: "Lehrern, die viele Unterrichtssituationen als belastend erleben, begegnen diesen mit nur wenigen Bewältigungsstrategien", in dieser einfachen Form nicht bestätigt.

Auffällig ist, daß die Variabilität, mit wievielen Bewältigungsstrategien die einzelnen Situationsfaktoren korrelieren, ungewöhnlich schwankt, zwischen zwei und sechs signifikanten Korrelationen. Abgesehen vom unbedeutendsten Prädiktor, der mit nur zwei Bewältigungsstrategien positiv korreliert, sind alle anderen Situationen im Hinblick auf 'Bewältigungsstrategien' ambivalent. 'Kontaktstörung/Stagnation' steht mit sechs von sieben Bewältigungsstrategien in engem Zusammenhang. Lehrer, die diese Unterrichtssituation als belastend erleben, neigen zu den Strategien 'Ständiges Nachdenken', 'Aktive Lösungssuche', 'Spontane Änderung des Unterrichts' und 'Flucht/Vermeidung', nicht jedoch zur Strategie 'Repressives Verhalten' und 'Neubewerten/Intellektualisieren'. Die vier positiven Zusammenhangsmaße zeigen in der Clusterreihe eine gewisse Wirkung: Lehrer, die 'Kontaktstörung/Stagnation' als belastend erleben, nutzen tendenziell auch mehr Bewältigungsstrategien (und effizientere, wie noch zu zeigen sein wird). Betrachtet man dabei auch einmal die Anzahl nicht genutzter Strategien, zeigt sich dies bei den Unbeschwerten und Gestreßten gegenüber den Cholerikern und Resignierten. Deshalb kann die oben zurückgewiesene Hypothese 2.3. ansatzweise dahingehend modifiziert werden: Lehrer, die 'Kontaktstörung/Stagnation' als belastend erleben, nutzen tendenziell mehr Bewältigungsstrategien.

'Undiszipliniertheit/Unkonzentriertheit' ist ebenfalls recht zentral, aber auch mehrdeutig. Lehrer, die diese Unterrichtssituation als belastend erleben, neigen zu den Strategien 'Repressives Verhalten', 'Abwehr' und 'Flucht/Vermeidung', nicht jedoch zu 'Aktive Lösungssuche' und 'Neubewerten/Intellektualisieren'.

mit 'Zufriedenheit':

Erstaunlicherweise korreliert nur 'Aggressivität/Unbeliebtheit' signifikant negativ mit 'Zufriedenheit'. Dieser geringe Zusammenhang (1:5) entspricht genau dem zwischen 'Angenehme Unterrichtssituationen' und 'Zufriedenheit'. Diesen Sachverhalt macht die Clusterreihe recht deutlich, wonach die Anzahl der belastenden Unterrichtssituationen in keinem Zusammenhang mit dem Zufriedenheitswert steht. Deshalb trifft die Hypothese 2.7. "Lehrer, die viele Unterrichtssituationen als belastend erleben, fühlen sich in ihrem Beruf weniger zufrieden", nicht zu.

Die Clusterreihe zeigt aber, daß Lehrer, die 'Aggressivität/Unbeliebtheit' als belastend erleben (Resignierte), unzufriedener sind als Lehrer, für die so eine Situation nicht belastend ist (Unbeschwerte). Deshalb kann Hypothese 2.7. folgendermaßen modifiziert werden: Lehrer, welche die Unterrichtssituation 'Aggressivität/Unbeliebtheit' als belastend erleben, sind in ihrem Beruf unzufriedener als Lehrer, die diese Situation nicht als belastend erleben.

4.1.5. 'Negative Gefühle'

Die Faktorenanalyse zu 'Negative Gefühle' führte zu fünf Faktoren, die etwa 47% der Varianz aufklären. Folgende Zusammenhänge tun sich zwischen 'Negative Gefühle' und den anderen Parametern auf:

mit 'Belastende Unterrichtssituationen':

Die Beziehung zwischen beiden Parametern ist, wie schon erörtert, vergleichsweise wenig eng (8:25). Abgesehen von einer Korrelation sind alle signifikanten Korrelationen zwischen beiden Parametern positiv. Zentrales und eindeutiges negatives Gefühl ist 'Selbstzweifel/Depressivität'. Lehrer, die dieses Gefühl empfinden, erleben drei von fünf Unterrichtssituationen als belastend: 'Kollektives Motivationsdefizit', 'Aggressivität/Unbeliebtheit' und 'Kontaktstörung/Stagnation'. Der Blick auf die Clusterreihe (Abb. 17) zeigt folgendes Prinzip: Für die Resignierten gilt, daß sie 'Selbstzweifel/Depressivität' am stärksten empfinden und gleichzeitig keine belastende Situation nur schwach erleben. Für die Choleriker gilt: Sie erleben 'Selbstzweifel/Depressivität' überhaupt nicht, erleben dafür aber auch keine Unterrichtssituation als besonders belastend. Unbeschwerte und Gestreßte, die 'Selbstzweifel/Depressivität' etwa im mittleren Bereich empfinden, erleben einige Unterrichtssituationen als belastend, andere als nicht belastend.

Deshalb kann die in Kapitel 4.1.4. ('Belastende Unterrichtssituationen') bereits diskutierte Hypothese 2.1., nach der Lehrer, die viele Unterrichtssituationen als belastend erleben, auch viele negative Gefühle empfinden, folgendermaßen differenziert werden: Lehrer, die 'Selbstzweifel/Depressivität' empfinden, erleben tendenziell auch mehr Unterrichtssituationen als belastend.

Gewisse Zentralität kommt auch dem Gefühl 'Gereiztheit/Ärger' zu, mit jedoch mehrdeutiger Funktion. Lehrer, die dieses Gefühl empfinden, erleben vermehrt 'Aggressivität/Ablehnung', 'Undiszipliniertheit/Unkonzentriertheit', weniger jedoch 'Kontaktstörung/Stagnation'. Das Gefühl 'Haß/Ablehnung' steht demgegenüber mit keiner belastenden Unterrichtssituation im Zusammenhang.

mit 'Vulnerabilitäts-Attribution':

Vergleicht man das Verhältnis zwischen 'Negative Gefühle' und 'Vulnerabilitäts-Attribution' mit dem zwischen 'Positive Gefühle' und 'Ressourcen-Attribution', so zeigen sich drei Unterschiede: Erstens ist das Zusammenhangsmaß zwischen 'Negative Gefühle' und 'Vulnerabilitäts-Attribution' (10:35) um einiges geringer als das zwischen 'Positive Gefühle' und 'Ressourcen-Attribution' (10:21). Zweitens korrelieren negative Gefühle in sehr viel unterschiedlicherem Ausmaß mit Vulnerabilitäts-Faktoren. Drittens sind sämtliche überzufälligen Korrelationen positiv. Letzteres bedeutet, daß die Beziehung zwischen beiden Parametern grundsätzlich eindeutig ist. Die Anzahl der signifikanten Korrelationen ist jedoch recht gering, so daß man bei der Betrachtung der Clusterreihe kaum augenfällige Zusammenhänge zwischen der Anzahl der Vulnerabilitäts-Faktoren und der Anzahl der negativen Gefühle erkennen kann. Ansatzweise wird deutlich, daß die Choleriker und die Resignierten die meisten negativen Gefühle empfinden und lediglich auf zwei anstatt auf drei Vulnerabilitäts-Faktoren (wie die Unbeschwerten und die Gestreßten) attribuieren. Deshalb kann die Hypothese 2.4., die lautete: "Lehrer, die in belastenden Unterrichtssituationen viele negative Gefühle empfinden, attribuieren nur auf wenige Vulnerabilitäts-Faktoren", nur eingeschränkt bestätigt werden.

Dem Gefühl 'Körperliche Beschwerden' kommt die mit Abstand größte Zentralität zu. Dieser Faktor korreliert signifikant mit fünf von sieben Vulnerabilitäts-Faktoren, mit 'Körper- und kontaktbezogene Defizite', 'Überlastung/Zeitmangel', 'Eigener hoher Anspruch', 'Systembedingte Mängel' und 'Verantwortlichen Personen'. Lehrer, die 'Körperliche Beschwerden' empfinden, attribuieren vornehmlich auf diese fünf Faktoren. Das bedeutet möglicherweise, daß Lehrer mit körperlichen Beschwerden einen hohen Attributionsbedarf haben. Blickt man jedoch auf die Clusterreihe, so spiegelt diese das hohe Maß an Zentralität dieses Faktors offenbar nicht wider.

Periphere Bedeutung als Prädiktor für Vulnerabilitäts-Faktoren kommt den Gefühls-Faktoren 'Haß/Ablehnung', 'Angstsyndrom' und 'Gereiztheit/Ärger' zu. Sie korrelieren jeweils nur mit einem Vulnerabilitäts-Faktor signifikant.

'Selbstzweifel/Depressivität' als Ausdruck negativer Selbstachtung empfinden Lehrer, die auf 'Kompetenzdefizit' und 'Eigener hoher Anspruch', also internale und stabile Faktoren, attribuieren. Insoweit bestätigen die Ergebnisse WEINERs (1981) Hypothese. Darüber hinaus attribuieren Lehrer, die dieses Gefühl empfinden, auch auf einen externalen Faktor ('Systembedingte Mängel'), allerdings etwas weniger stark. Darüber hinaus kann die Hypothese von WEINER et al. (1971) nur zum Teil bestätigt werden, nach der Personen Aggressionen ('Haß/Ablehnung') erleben, wenn sie Mißerfolg ('Belastende Unterrichtssituation') auf Motivation, Anstrengung oder Persönlichkeit anderer ('Verantwortliche Personen') attribuieren. Dies gilt zwar für die Choleriker, nicht aber für die Gestreßten. Nicht bestätigt werden kann demgegenüber WEINERs (1981) Behauptung, nach der eine Person Ärger erlebt, wenn sie Ereignisse auf Faktoren attribuiert, die von anderen kontrolliert werden. Nach den vorliegenden Ergebnissen zeigt sich, daß 'Gereiztheit/Ärger' dann auftritt, wenn ein negatives Ereignis internal ('Eigener hoher Anspruch') attribuiert wird.

mit 'Bewältigungsstrategien':

Vergleichsweise gering ist der Zusammenhang zwischen 'Negative Gefühle' und 'Bewältigungsstrategien', 9:35. Davon sind sieben Korrelationen positiv und zwei negativ, d.h. der Zusammenhang zwischen beiden Parametern ist mehrdeutig. Keinem Gefühls-Faktor kommt herausragende Zentralität zu. Jedes Gefühl steht mit mindestens einem, jedoch nicht mit mehr als drei Bewältigungsstrategien im Zusammenhang. Gewisse Zentralität besitzt 'Haß/Ablehnung', aber mit ambivalenter Funktion. Lehrer, die 'Haß/Ablehnung' empfinden, nutzen vorzugsweise die Strategie 'Repressives Verhalten', nicht aber 'Aktive Lösungssuche' und 'Abwehr'. Dennoch zeigt sich in der Clusterreihe ein klarer Zusammenhang zwischen der Anzahl der negativen Gefühle und der Anzahl der Bewältigungsstrategien. Deshalb wird die Hypothese 2.5. ("Lehrer, die in belastenden Situationen viele negative Gefühle empfinden, nutzen nur wenige Bewältigungsstrategien.") im großen und ganzen bestätigt. Die inhaltliche Begründung erfolgt jedoch in Kapitel 4.1.7. ('Bewältigungsstrategien'), da die Bedeutung einzelner Bewältigungsstrategien für den Parameter 'Negative Gefühle' größer ist als die Bedeutung einzelner negativer Gefühle für den Parameter 'Bewältigungsstrategien'.

mit 'Zufriedenheit':

Nur drei von fünf negativen Gefühlen korrelieren signifikant negativ mit 'Zufriedenheit': 'Selbstzweifel/Depressivität', 'Körperliche Beschwerden' und 'Gereiztheit/Ärger'. Der Zusammenhang beträgt also 3:5 und ist somit geringer als derjenige zwischen positiven Gefühlen und 'Zufriedenheit' (3:3). Lehrer, die mindestens eines oder mehrere der drei genannten Gefühle empfinden, sind weniger zufrieden als Lehrer, die keines der genannten Gefühle empfinden. Die Clusterreihe veranschaulicht diesen Sachverhalt recht eindrucksvoll: Die zufriedensten Lehrer, die Unbeschwerten, erleben die meisten negativen Gefühle nur schwach bzw. gar nicht. Sie sind signifikant zufriedener als alle anderen Lehrer. Die Gestreßten (Rang 2) empfinden 'Körperliche Beschwerden', die Choleriker (Rang 3) empfinden 'Gereiztheit/Ärger' und 'Körperliche Beschwerden', die Resignierten (Rang 4, am wenigsten zufrieden) empfinden 'Selbstzweifel/Depressivität' (korreliert am höchsten) und 'Gereiztheit/Ärger'.

Die Hypothese 2.8. ("Lehrer, die in belastenden Unterrichtssituationen viele negative Gefühle empfinden, fühlen sich in ihrem Beruf weniger zufrieden") kann nach den vorliegenden Ergebnissen voll bestätigt werden. Es läßt sich ein kontinuierlicher Zusammenhang zwischen dem Absinken der Zufriedenheitswerte über die Cluster bei gleichzeitigem Ansteigen negativer Gefühle beobachten. 'Selbstzweifel/Depressivität', 'Körperliche Beschwerden' und 'Gereiztheit/Ärger' sind diejenigen Gefühle, die mit geringer Zufriedenheit einhergehen.

4.1.6. 'Vulnerabilitäts-Attribution'

Die Faktorenanalyse zu 'Vulnerabilitäts-Attribution' ergab sieben Faktoren, die gut 44% der Varianz aufklären. Folgende Zusammenhänge bestehen zwischen 'Vulnerabilitäts-Attribution' und anderen Parametern:

mit 'Belastende Unterrichtssituationen':

Das Zusammenhangsmaß beträgt, wie schon in Kapitel 4.1.4. ('Belastende Unterrichtssituationen') erörtert, 12:35. Aufgrund des geringen Zusammenhangs zwischen beiden Parametern gibt die Clusterreihe keine quantitativen Parallelen zwischen beiden Parametern zu erkennen, woraufhin die Hypothese 2.2. zurückgewiesen bzw. modifiziert wurde.

Zentrale Bedeutung kommt dem Faktor 'Eigener hoher Anspruch' zu, der signifikant und durchgehend positiv mit vier von fünf belastenden Situationen korreliert, mit 'Passivität/Extrinsische Motivation', 'Aggressivität/Unbeliebtheit', 'Kontaktstörung/Stagnation' und 'Kollektives Motivationsdefizit'. Das heißt: Lehrer, die auf 'Eigener hoher Anspruch' attribuieren, neigen dazu, die genannten vier Unterrichtssituationen als belastend zu erleben. Dies wird in der Clusterreihe (Abb. 17) aber nicht deutlich, da sich kein augenfälliger Zusammenhang zwischen dem Auftreten des Faktors 'Eigener hoher Anspruch' und einer größeren Anzahl belastender Unterrichtssituationen innerhalb der Cluster auftut. Keinerlei Prädiktorenfunktion kommt den Vulnerabilitäts-Faktoren 'Körper- und kontaktbezogene Defizite' und 'Schülerumwelt' zu.

mit 'Negative Gefühle':

Die Relation zwischen Vulnerabilitäts-Faktoren und 'Negative Gefühle' ist weniger eng, nämlich 10:35. Sämtliche signifikanten Korrelationen sind zwar positiv, jedoch ist der Zusammenhang zu gering, als daß quantitative Zusammenhänge zwischen beiden Parametern anhand der Clusterreihe zu beobachten wären (vgl. Kapitel 4.1.5. 'Negative Gefühle').

Im Hinblick auf Zentralität kommt dem Vulnerabilitäts-Faktor 'Eigener hoher Anspruch' besondere Bedeutung zu. Lehrer, die auf diesen Faktor attribuieren, empfinden drei von fünf Gefühlen als belastend: 'Selbstzweifel/Depressivität', 'Gereiztheit/Ärger' und 'Körperliche Beschwerden'. Keine Prädiktorenfunktion kommt dem Faktor 'Schülerumwelt' zu.

Die Analyse der Clusterreihe, bezogen auf die inhaltliche Bedeutung einzelner Vulnerabilitäts-Faktoren, liefert jedoch Anhaltspunkte für eine Interpretation: Es kommt offenbar auf den Vulnerabilitätsstil, d.h. auf die Zusammensetzung der Vulnerabilitäts-Faktoren, auf welche die Lehrer attribuieren, an. Es zeigt sich, daß Lehrer (Unbeschwerte), die auf einen Faktorenmix (external/aktional, mit Schwergewicht auf external) attribuieren, keine, und Lehrer (Gestreßte) mit einem Faktorenmix (external/aktional, mit Schwergewicht auf aktional) wenige negative Gefühle empfinden. Diejenigen Lehrer aber, die entweder ausschließlich external (Choleriker) oder internal (Resignierte) attribuieren, empfinden tendenziell mehr negative Gefühle.

Deshalb kann die in Kapitel 4.1.5. ('Negative Gefühle') bereits diskutierte Hypothese 2.4. ("Lehrer, die in belastenden Unterrichtssituationen viele negative Gefühle empfinden, attribuieren nur auf wenige Vulnerabilitäts-Faktoren") folgendermaßen differenziert werden: Zwischen der Anzahl negativer Gefühle und der Menge der Vulnerabilitäts-Faktoren besteht kein Zusammenhang, wohl aber zwischen der Anzahl negativer Gefühle und dem Vulnerabilitätsstil. Im Hinblick auf die Anzahl negativer Gefühle ist ein Mix aus externalen und aktionalen Faktoren eher günstig, rein externale oder internale Vulnerabilitätsstile sind eher ungünstig.

mit 'Bewältigungsstrategien':

Der Zusammenhang zwischen 'Vulnerabilitäts-Attribution' und 'Bewältigungsstrategien' ist, abgesehen von 'Zufriedenheit', enger als zu anderen Parametern, 22:49, jedoch uneindeutig, d.h. die signifikanten Korrelationen sind sowohl positiv als auch negativ. So zeigt sich in der Clusterreihe auch keine Relation zwischen den Parametern nach dem Prinzip "Lehrer, die auf viele Vulnerabilitäts-Faktoren attribuieren, verfügen auch über zahlreiche Bewältigungsstrategien." Deshalb kann die Hypothese 2.6., die lautete: "Lehrer, die auf nur wenige Vulnerabilitäts-Faktoren attribuieren, nutzen auch nur wenige Bewältigungsstrategien", in dieser Form nicht bestätigt werden.

Aufgrund der relativen Enge des Zusammenhangs korreliert auch jeder Vulnerabilitäts-Faktor mit mindestens zwei Bewältigungsstrategien signifikant. Hervorzuheben ist, daß jeder Vulnerabilitäts-Faktor in Bezug auf Bewältigungsstrategien mehrdeutig ist. Dies gilt selbst für diejenigen Faktoren, die nur zwei signifikante Korrelationen aufweisen. Die mit Abstand größte Bedeutung kommt dem Vulnerabilitäts-Faktor 'Eigener hoher Anspruch' zu. Dieser Faktor korreliert mit sechs von sieben Bewältigungsstrategien signifikant. Lehrer, die auf diesen Faktor attribuieren, bewältigen belastende Situationen mit den Strategien 'Ständiges Nachdenken', 'Spontane Änderung des Unterrichts', 'Aktive Lösungssuche', 'Repressives Verhalten' und 'Flucht/Vermeidung', nicht jedoch mit 'Abwehr'. Betrachtet man die Clusterreihe, so läßt sich darüber hinaus schlußfolgern, daß Lehrern, die ausschließlich internal attribuieren (Resignierte), nur eine Bewältigungsstrategie zur Verfügung steht: 'Ständiges Nachdenken'. Lehrer, die external bzw. external/aktional attribuieren, verfügen über mehr bzw. erfolgreichere Bewältigungsstrategien (wie noch zu zeigen sein wird).

mit 'Zufriedenheit':

Die Beziehung zwischen 'Vulnerabilitäts-Attribution' und 'Zufriedenheit' (4:7) ist enger als diejenige zwischen 'Ressourcen-Attribution' und 'Zufriedenheit' (2:7), zeigt aber erwartungsgemäß in die andere Richtung. Folgende vier Vulnerabilitäts-Faktoren korrelieren signifikant negativ mit 'Zufriedenheit': 'Verantwortliche Personen', 'Systembedingte Mängel', 'Eigener hoher Anspruch' sowie 'Körper- und kontaktbezogene Defizite'. Lehrer, die auf einen oder mehrere dieser Faktoren attribuieren, sind in ihrem Beruf weniger zufrieden als Lehrer, die auf keinen der genannten Faktoren attribuieren. Dieser Sachverhalt wird in der Clusterreihe nicht deutlich. Die Hypothese 2.9. ("Lehrer, die nur auf wenige Vulnerabilitäts-Faktoren attribuieren, fühlen sich in ihrem Beruf weniger zufrieden") kann demnach nicht bestätigt werden. Zwischen der Anzahl der Vulnerabilitäts-Faktoren, auf welche Lehrer attribuieren, und dem Ausmaß ihrer Zufriedenheit besteht kein Zusammenhang.

Die Clusterreihe legt aber eine darüber hinausgehende Interpretation nahe: Es besteht offenbar ein Zusammenhang zwischen dem Ausmaß der Zufriedenheit und dem Vulnerabilitätsstil. Die am wenigsten zufriedenen Lehrer, die Resignierten, attribuieren ausschließlich auf internale Vulnerabilitäts-Faktoren ('Kompetenzdefizit', 'Eigener hoher Anspruch'). Die am zweitwenigsten zufriedenen Lehrer, die Choleriker, attribuieren ausschließlich auf externale Faktoren ('Schülerumwelt', 'Verantwortliche Personen'). Die zufriedensten Lehrer, die Unbeschwerten, und die zweitzufriedensten, die Gestreßten, attribuieren sowohl auf externale als auch auf aktionale Vulnerabilitäts-Faktoren.

4.1.7. 'Bewältigungsstrategien'

Die Faktorenanalyse zu 'Bewältigungsstrategien' ergab sieben Faktoren, die gut 34% der Varianz aufklären. Folgende Relationen zeigen sich zwischen 'Bewältigungsstrategien' und anderen Parametern:

mit 'Belastende Unterrichtssituationen':

Der Zusammenhang zwischen 'Bewältigungsstrategien' und 'Belastende Unterrichtssituationen' ist, wie bereits in Kapitel 4.1.4. ('Belastende Unterrichtssituationen') ausgeführt, zwar eng (18:35), aber ambivalent, so daß die Hypothese 2.3. in der ursprünglichen Fassung nicht bestätigt werden konnte. Einige Bewältigungsstrategien sind im Hinblick auf belastende Unterrichtssituationen mehrdeutig, andere hingegen eindeutig. Größte Zentralität kommt der Strategie 'Aktive Lösungssuche' zu. Lehrer, die sich dieser Strategie bedienen, erleben 'Kollektives Motivationsdefizit', 'Kontaktstörung/Stagnation' und 'Passivität/Extrinsische Motivation' als belastend, nicht jedoch 'Undiszipliniertheit/Unkonzentriertheit'. 'Aktive Lösungssuche' ist demnach mehrdeutig. Eindeutig ist die Bewältigungsstrategie 'Ständiges Nachdenken'. Lehrer, die diese Strategie nutzen, erleben 'Aggressivität/Unbeliebtheit', 'Kontaktstörung/Stagnation' und 'Kollektives Motivationsdefizit' als belastend. Eindeutig, jedoch in umgekehrter Richtung, ist 'Neubewerten/Intellektualisieren'. Lehrer, die diese Strategie favorisieren, erleben 'Undiszipliniertheit/Unkonzentriertheit', 'Aggressivität/Unbeliebtheit' und Kontaktstörung/Stagnation' eher nicht als belastend.

Die Clusterreihe (Abb. 17) verdeutlicht die Wirkungsweise der Prädiktoren 'Aktive Lösungssuche', 'Ständiges Nachdenken' und 'Neubewerten/Intellektualisieren' in gewisser Weise: Die Unbeschwerten und die Gestreßten erleben zwei Situationen als belastend und nutzen 'Aktive Lösungssuche'. Die Resignierten erleben ebenfalls zwei Unterrichtssituationen als belastend und bewältigen sie mit der Strategie 'Ständiges Nachdenken'. Den Cholerikern, die hingegen keine Situation als besonders belastend erleben, ist 'Neubewerten/Intellektualisieren' recht wichtig. Die schon in Kapitel 4.1.4. ('Belastende Unterrichtssituationen') diskutierte Hypothese 2.3. ("Lehrer, die viele Unterrichtssituationen als belastend erleben, begegnen diesen mit nur wenigen Bewältigungsstrategien") kann dahingehend modifiziert werden: Lehrer, die sich der Bewältigungsstrategien 'Aktive Lösungssuche' und 'Ständiges Nachdenken' bedienen, erleben eher mehr, Lehrer, die mit 'Neubewerten/Intellektualisieren' reagieren, erleben eher weniger Unterrichtssituationen als belastend.

mit 'Negative Gefühle':

Das Zusammenhangsmaß zwischen 'Bewältigungsstrategien' und 'Negative Gefühle' ist eher gering (9:35) und darüber hinaus mehrdeutig. Auffällig ist, daß zwei Bewältigungsstrategien, welche beide eindeutig sind, gleichermaßen zentrale Bedeutung zukommt: 'Ständiges Nachdenken' und 'Repressives Verhalten'. Lehrer, die belastenden Unterrichtssituationen mit der Strategie 'Ständiges Nachdenken' begegnen, empfinden 'Selbstzweifel/Depressivität', 'Körperliche Beschwerden' und 'Angstsyndrom'. Lehrer, die auf solche Situationen mit der Strategie 'Repressives Verhalten' reagieren, empfinden 'Gereiztheit/Ärger', 'Haß/Ablehnung' sowie 'Körperliche Beschwerden'. Andere Bewältigungsstrategien sind für das Empfinden negativer Gefühle hingegen irrelevant: 'Spontane Änderung des Unterrichts' und 'Flucht/Vermeidung'.

Ein Blick auf die Clusterreihe macht das Gesagte deutlich: Diejenigen Lehrer, die in erster Linie die Strategien 'Ständiges Nachdenken' (Resignierte) bzw. 'Repressives Verhalten' (Choleriker) nutzen, empfinden auch mehr negative Gefühle als Lehrer, die beide Strategien nicht anwenden (Unbeschwerte, Gestreßte). Für die in Kapitel 4.1.5. ('Negative Gefühle') bestätigte, aber noch nicht begründete Hypothese 2.5. ("Lehrer, die in belastenden Unterrichtssituationen viele negative Gefühle empfinden, nutzen nur wenige Bewältigungsstrategien"), gilt daher: Lehrer, die belastende Unterrichtssituationen mit den Strategien 'Ständiges Nachdenken' bzw. 'Repressives Verhalten' bewältigen, empfinden auch mehr negative Gefühle als Lehrer, die sich dieser Strategien nicht bedienen.

mit 'Vulnerabilitäts-Attribution':

Das Zusammenhangsmaß zwischen 'Bewältigungsstrategien' und 'Vulnerabilitäts-Attribution' beträgt 22:49, ist somit relativ eng und mehrdeutig, wie in Kapitel 4.1.6. ('Vulnerabilitäts-Attribution') bereits ausgeführt. Jede Bewältigungsstrategie korreliert mit mindestens einem Vulnerabilitäts-Faktor signifikant. Zentrale Bedeutung und ambivalente Funktion kommt der Bewältigungsstrategie 'Aktive Lösungssuche' zu. Sie korreliert mit fünf von sieben Vulnerabilitäts-Faktoren signifikant. Lehrer, die mit dieser Strategie belastende Unterrichtssituationen bewältigen, attribuieren auch auf 'Schülerumwelt', 'Systembedingte Mängel', 'Überlastung/Zeitmangel', 'Eigener hoher Anspruch', weniger jedoch auf 'Verantwortliche Personen'. Da immerhin vier Korrelationen davon positiv sind, läßt sich ein leichter Zusammenhang zwischen beiden Parametern auch anhand der Clusterreihe beobachten: Diejenigen Lehrer, die 'Aktive Lösungssuche' betreiben, attribuieren auf drei Faktoren (Unbeschwerte, Gestreßte), diejenigen, für die diese Strategie irrelevant ist, attribuieren nur auf zwei Faktoren.

Auffällig ist weiterhin, daß Lehrer, welche die kognitive Strategie 'Ständiges Nachdenken' nutzen, in erster Linie auf internale Faktoren, Lehrer, die 'Repressives Verhalten' zeigen, eher auf externale Vulnerabilitäts-Faktoren attribuieren. Die Clusterreihe verdeutlicht diesen Tatbestand: Die Resignierten, für die 'Ständiges Nachdenken' im Vordergrund steht, attribuieren auf 'Eigener hoher Anspruch' und 'Kompetenzdefizit' (Resignierte). Demgegenüber attribuieren Lehrer, die 'Repressives Verhalten' an den Tag legen, überwiegend auf externale Faktoren wie 'Schülerumwelt' und 'Verantwortliche Personen' (Choleriker).

Hypothese 2.6. ("Lehrer, die auf nur wenige Vulnerabilitäts-Faktoren attribuieren, nutzen auch nur wenige Bewältigungsstrategien") kann also folgendermassen kommentiert werden: Lehrer, die sich der Bewältigungsstrategie 'Aktive Lösungssuche' bedienen, attribuieren tendenziell auf mehr Vulnerabilitäts-Faktoren externaler, aktionaler und internaler Natur. Lehrer, die diese Strategie nicht nutzen, sind offensichtlich reduziert auf einen rein internalen oder externalen Vulnerabilitätsstil.

mit 'Zufriedenheit':

Von den sieben Bewältigungsstrategien korrelieren nur vier signifikant mit 'Zufriedenheit' (4:7). Als einziger Parameter ist 'Bewältigungsstrategien' im Hinblick auf Zufriedenheit mehrdeutig. Das bedeutet, daß einige Bewältigungsstrategien positiv ('Aktive Lösungssuche', 'Abwehr'), andere negativ ('Ständiges Nachdenken', 'Flucht/Vermeidung') mit 'Zufriedenheit' korrelieren. Lehrer, welche die Strategien 'Aktive Lösungssuche' bzw. 'Abwehr' nutzen, sind eher zufrieden. Lehrer, die mit den Strategien 'Ständiges Nachdenken' bzw. 'Flucht/Vermeidung' reagieren, sind eher weniger zufrieden. Dies läßt sich auch anhand der Clusterreihe nachvollziehen: Die Unbeschwerten (Rang 1) und die Gestreßten (Rang 2) nutzen positiv mit Zufriedenheit korrelierende, die Choleriker (Rang 3) keine positiv mit Zufriedenheit korrelierende und die Resignierten (Rang 4) eine negativ mit Zufriedenheit korrelierende Bewältigungsstrategie. Für beide Extreme gilt darüber hinaus: Die zufriedensten Lehrer, die Unbeschwerten, verfügen über die meisten (vier), die am wenigsten zufriedenen Lehrer, die Resignierten, nur über eine Strategie.

Die Hypothese 2.10., die lautete: "Lehrer, die belastenden Unterrichtssituationen mit nur wenigen Bewältigungsstrategien begegnen, fühlen sich in ihrem Beruf weniger zufrieden", kann für die beiden Extremgruppen, die zufriedensten und die am wenigsten zufriedenen bestätigt werden. Darüber hinaus zeigte sich, daß 'Aktive Lösungssuche' und 'Abwehr' mit hoher Zufriedenheit einhergehen, 'Ständiges Nachdenken' und 'Flucht/Vermeidung' jedoch mit geringerer Zufriedenheit.

4.1.8. Eine Analogie aus der Literatur

Ein im Hinblick auf die erörterten Zusammenhänge zwischen den Parametern interessantes Konzept stammt von PLUTCHIK (1980), der bei der Entstehung einer Emotion eine evolutionsbiologisch determinierte Wirkungskette vermutet. Sie sei hier kurz vorgestellt:

Tab. 86: Evolutionsbiologische Wirkungskette von Ereignis, Kognition, Emotion, Verhalten und Wirkung

Reiz-ereignis	erschlossene Kognition	Gefühl	Verhalten	Wirkung
1. Bedrohung	Gefahr	Furcht, Schreck	Flüchten	Schutz
2. Hindernis	Feind	Ärger, Wut	Angreifen	Zerstörung
3. Möglicher Geschlechts-partner	Besitz	Freude	Werben, Paaren	Fort-pflanzung
4. Verlust einer nahestehenden Person	Isolation	Trauer, Kummer	Um Hilfe rufen	Reinte-gration
5. Gruppen-mitglied	Freund	Aufnahme, Vertrauen	Heraus-putzen, Teilen	Anschluß
6. Scheuß-licher Gegenstand	Gift	Ekel, Abscheu	Erbrechen Wegstoßen	Zurück-weisung
7. Neuartige Umwelt	Was gibt es hier?	Erwartung	Unter-suchen	Exploration
8. Plötzlicher neuartiger Gegenstand	Was ist das?	Über-raschung	Anhalten	Orientierung

Hier interessieren die Wirkungsketten Nr. 1, 2 und 6:

zu 1.:
Nach PLUTCHIK (1980) ist die Emotion Furcht/Schreck eng verbunden mit der Verhaltensweise "Flüchten". Dieser Zusammenhang läßt sich anhand der vorliegenden Ergebnisse nicht bestätigen. Die Emotion 'Angstsyndrom' korreliert nicht mit 'Flucht/Vermeidung', sondern mit 'Ständiges Nachdenken'.

zu 2.:
Weiterhin wird behauptet, daß die Emotion "Wut/Ärger" im Zusammenhang mit "Angreifen" steht. Dies kann bestätigt werden, da die Faktoren 'Gereiztheit/ Ärger' und 'Repressives Verhalten' hoch miteinander korrelieren.

zu 6.:
Nach PLUTCHIK (1980) hängt "Ekel/Abscheu" mit "Wegstoßen" und "Zurückweisung" zusammen. Auch dies kann hier als bestätigt gelten. Die Emotion 'Haß /Ablehnung' korreliert mit der Strategie 'Repressives Verhalten', die nicht nur aggressive, sondern auch abweisende Tendenzen umfaßt.

Weitere Zusammenhänge zwischen einzelnen Faktoren werden bei der Analyse und der Diskussion der verschiedenen Cluster in Kapitel 4.3. (Akzentuierte Darstellung der ermittelten Lehrer-Cluster) noch deutlicher.

4.1.9. 'Zufriedenheit'

Überraschend wenig sagt das Zufriedenheitsmaß etwas darüber aus, wie angenehm bzw. belastend Lehrer bestimmte Unterrichtssituationen erleben. Wie bereits gezeigt, gehen nur 'Positives Klima' mit hoher und 'Aggressivität/Unbeliebtheit' mit geringerer 'Zufriedenheit' einher. Hier widersprechen sich Korrelationsmaße und Ergebnisse anhand der Clusterreihe. Folgt man der Clusterreihe (Abb. 16), so sagt die Anzahl der angenehmen Unterrichtssituationen etwas über das Zufriedenheitsmaß aus - zumindest bei den Extremen - nach dem Prinzip: "je mehr..., desto mehr..., je weniger..., desto weniger". Für 'Belastende Unterrichtssituationen' zeigt sich, daß sich das Ausmaß an 'Zufriedenheit' als relativ unabhängig von der Anzahl belastender Unterrichtssituationen erweist (Abb. 17). Lediglich 'Aggressivität/Unbeliebtheit' ist ein Prädiktor für ein geringeres Zufriedenheitsmaß. Wie bereits ausgeführt, waren derart geringe Zusammenhänge zwischen den beiden Situationsparametern und 'Zufriedenheit' nicht erwartet. Daraus läßt sich schließen, daß das Erleben vieler angenehmer bzw. belastender Unterrichtssituationen selbst kaum mit hoher bzw. geringerer 'Zufriedenheit' des Lehrers einhergeht. Das Ausmaß der 'Zufriedenheit' hängt offensichtlich mit einzelnen "Schlüsselsituationen" zusammen.

Wesentlich enger hängen 'Positive Gefühle' und 'Negative Gefühle' mit 'Zufriedenheit' zusammen, was dafür spricht, daß die Zufriedenheit bei Lehrern im Beruf grundsätzlich enger mit Empfindungen als mit Unterrichtssituationen selbst in Beziehung steht. Alle positiven Gefühle gehen mit hoher 'Zufriedenheit' einher, insbesondere 'Ego-Gefühle'. Auf der anderen Seite beeinträchtigen die Gefühle 'Selbstzweifel/Depressivität' (mit Abstand), 'Körperliche Beschwerden' und 'Gereiztheit/Ärger' die 'Zufriedenheit' von Lehrern, 'Haß/Ablehnung' und 'Angstsyndrom' hingegen nicht.

Von den Ressourcen gehen 'Unterrichtsstrategien' (aktional) und 'Persönliche Kompetenz' (internal) am meisten mit 'Zufriedenheit' einher. Dies erscheint logisch, da diese beiden Faktoren diejenigen sind, die sich direkt auf unterrichts-relevante Tätigkeiten und das berufliche Selbstverständnis von Lehrern beziehen und daher die engste Verbindung mit 'Zufriedenheit' knüpfen. Die übrigen Faktoren machen eher private, außerhalb der Schule liegende Kontexte zur Grundlage des Attributionsprozesses. Selbst der Faktor 'Voraussetzungen/Rahmenbedingungen' trägt nicht unmittelbar zu 'Zufriedenheit' bei. Vier von sieben Vulnerabilitäts-Faktoren gehen mit geringer 'Zufriedenheit' einher: 'Verantwortliche Personen', 'Systembedingte Mängel', 'Eigener hoher Anspruch' und 'Körper- und kontaktbezogene Defizite'. An erster und zweiter Stelle stehen damit zwei externale Vulnerabilitäts-Faktoren, an dritter ein internaler, erst an vierter ein aktionaler. Dieser Sachverhalt bestätigt die Erkenntnis (SCHMALT, 1986), nach der Personen dazu neigen, Erfolge - hier definiert als Zugewinn an Zufriedenheit - in erster Linie auf Faktoren der eigenen Person attribuieren (internal), Mißerfolge - definiert als Minderung der Zufriedenheit - hingegen auf außerhalb der Person liegende Faktoren (external).

Berücksichtigt man nun noch die Wirkung der hier beschriebenen sogenannten aktionalen Attributionsfaktoren, so zeigt sich, daß bei Erfolgsattributionen der aktionale Faktor 'Unterrichtsstrategien' noch vor dem internalen Faktor 'Persönliche Kompetenz' steht, bei Mißerfolgsattributionen aber steht der erste aktionale Faktor 'Körper- und kontaktbezogene Defizite' erst hinter den ersten internalen Faktor 'Eigener hoher Anspruch'. Das bedeutet, daß den aktionalen Faktoren, zumindest bezogen auf die hier erörterte Thematik, offenbar eine elementare Funktion zukommt: Aktionale Attributionsfaktoren erfüllen in Erfolgssituationen ('Angenehme Unterrichtssituationen'), externale Attributionsfaktoren in bedrohlichen bzw. Mißerfolgssituationen ('Belastende Unterrichtssituationen') stabilisierende Funktion.

Vergleicht man darüber hinaus das Zusammenhangsmaß zwischen 'Ressourcen-Attribution' und 'Zufriedenheit' mit dem zwischen 'Vulnerabilitäts-Attribution' und 'Zufriedenheit', so zeigt sich, daß beim zweiten doppelt so viele Faktoren mit 'Zufriedenheit' korrelieren. Daraus kann man schließen, daß geringere Zufriedenheit einen weitaus größeren Attributions- bzw. "Erklärungs"bedarf erfordert als hohe Zufriedenheit.

Mit 'Zufriedenheit' des Lehrers sind die Bewältigungsstrategien 'Aktive Lösungssuche' und 'Abwehr' am engsten verknüpft, mit geringerer 'Zufriedenheit' demgegenüber 'Ständiges Nachdenken' und 'Flucht/Vermeidung'. Die Strategien 'Repressives Verhalten', 'Spontane Änderung des Unterrichts' und 'Neubewerten/Intellektualisieren' stehen mit 'Zufriedenheit' in keinem Zusammenhang. Definiert man Höhe und Richtung der Korrelationen zwischen 'Zufriedenheit' und einzelnen Bewältigungsstrategien als Kriterium für deren Effizienz bzw. Ineffizienz, so zeigen sich 'Aktive Lösungssuche' und 'Abwehr' als besonders effizient, 'Ständiges Nachdenken' und 'Flucht/Vermeidung' als ineffizient. Dies impliziert bereits eine Kausalität zwischen 'Bewältigungsstrategien' und 'Zufriedenheit' die jedoch in künftigen Studien weiter zu belegen sind.

Überraschend ist zudem der Befund, daß 'Abwehr' eine effiziente und erfolgversprechende Bewältigungsstrategie ist. Dies widerspricht der insbesondere unter Psychologen verbreiteten Meinung, daß es grundsätzlich schädlich sei, Konfliktsituationen abzuwehren und daß jede schwierige Situation optimalerweise mittels 'Aktive Lösungssuche' bewältigt werden müsse. Interpretieren kann man den vorliegenden Befund dahingehend, daß 'Abwehr' den Lehrern in belastenden Unterrichtssituationen dazu dient, Kontrolle zu behalten, ohne sich mit der Situation selbst auseinandersetzen zu müssen. Dies ist dann sinnvoll, wenn es aussichtslos erscheint, der Belastungssituation mit der Strategie 'Aktive Lösungssuche' zu begegnen. 'Abwehr' geschieht sowohl kognitiv als auch aktional. 'Flucht/Vermeidung' ist demgegenüber bereits die Folge von Kontrollverlust. Ein weiterer Erklärungsversuch dazu findet sich im Kapitel 4.2.4. ('Bewältigungsstrategien').

Zur Zufriedenheit von Lehrern in ihrem Beruf insgesamt ist anzumerken, daß sich die ermittelten durchschnittlichen Zufriedenheits-Meßwerte auf breiter Front mit den in der Literatur beschriebenen Ergebnissen decken, wonach sich Lehrer durchweg sehr zufrieden über ihren Beruf äußern. Der Nachweis der hohen Lehrer-Zufriedenheit in dieser Untersuchung hat wahrscheinlich mehrere Gründe: Zum einen mag kaum ein Lehrer seine berufliche Unzufriedenheit gern eingestehen (vgl. KRAMPEN, 1978), zum anderen stellen die befragten Lehrer möglicherweise eine "Survival-Population" dar. Ein weiterer Grund ist auf methodischer Ebene zu suchen: Gegebenenfalls zeigten die Zufriedenen eher Bereitschaft, an dieser Studie mitzuwirken. Immerhin wurden mehr als 50% der verschickten Fragebögen nicht zurückgesandt. Dennoch führt die Analyse der Zufriedenheitswerte zu einem differenzierten Bild. Es wurden zufriedene und weniger zufriedene Lehrergruppen ermittelt, deren Zufriedenheitswerte eindeutig mit bestimmten Erfahrungsparametern zusammenhängen.

Ein letzter Hinweis gilt der Frage, ob junge Lehrer ihr Lehrersein als belastender erleben als erfahrene. Die vorliegenden Ergebnisse geben darauf eine indirekte Antwort: Demnach erleben jüngere Lehrer ihren Beruf zwar nicht als belastender, erfahrenere Lehrer erleben den Lehrerberuf jedoch als befriedigender - zumindest wenn sie der Gruppe der Engagierten angehören. Dies kann auf ihre Sozialisation zurückgeführt werden oder, wie bereits ausgeführt, Kennzeichen ihrer Zugehörigkeit zu einer "Survival-Population" sein.

4.1.10. Schlagzeilen zur kognitiven Landschaft I

Zusammenfassend sollen in diesem Kapitel die wichtigsten Ergebnisse zu Zu-
sammenhängen zwischen den Parametern in Form von Fragen und thesenhaften
Antworten verdichtet werden. Die Struktur richtet sich nicht mehr nach der
Reihenfolge der Hypothesen, sondern berücksichtigt nur die Highlights:

1. Welche Lehrer erleben viele angenehme Unterrichtssituationen?
   * Lehrer, die viele positive Gefühle empfinden;
   * Lehrer, die insbesondere 'Symbiotische Gefühle' empfinden;
   * Lehrer, die das Erleben angenehmer Unterrichtssituationen auf die Res-
     source 'Unterrichtsstrategien' attribuieren;
   * Lehrer, die das Erleben angenehmer Unterrichtssituationen nicht auf die
     Ressource 'Religiosität' attribuieren.

2. Welche Lehrer erleben viele belastende Unterrichtssituationen?
   * Tendenziell Lehrer, die 'Selbstzweifel/Depressivität' empfinden;

3. Welche Lehrer empfinden viele positive Gefühle?
   * Lehrer, die viele angenehme Unterrichtssituationen erleben;
   * Lehrer, für welche die Unterrichtssituation 'Aktivität/Entwicklung' bedeu-
     tungsvoll ist;
   * Lehrer, die vorrangig auf die Ressource 'Unterrichtsstrategien' attribuieren;
   * Lehrer, die nicht auf die Ressource 'Religiosität' attribuieren.

4. Welche Lehrer empfinden viele negative Gefühle?
   * Lehrer, die 'Aggressivität/Unbeliebtheit' als belastend erleben;
   * Lehrer, die belastende Unterrichtssituationen ausschließlich internal attri-
     buieren;
   * Lehrer, die belastende Unterrichtssituationen ausschließlich external attri-
     buieren;
   * Lehrer, die belastende Unterrichtssituationen mit der Strategie 'Ständiges
     Nachdenken' bewältigen;
   * Lehrer, die belastende Unterrichtssituationen mit der Strategie 'Repressi-
     ves Verhalten' bewältigen.

5. Welche Lehrer attribuieren belastende Unterrichtssituationen internal?
   * Lehrer, die 'Aggressivität/Unbeliebtheit' als belastend erleben;
   * Lehrer, die 'Selbstzweifel/Depressivität' empfinden;
   * Lehrer, die belastende Unterrichtssituationen mit der Strategie 'Ständiges
     Nachdenken' bewältigen.

6. Welche Lehrer attribuieren belastende Unterrichtssituationen external?
   * Lehrer, die belastende Unterrichtssituationen mit der Strategie 'Repressi-
     ves Verhalten' bewältigen.

7. Welche Lehrer attribuieren auf einen Mix aus externalen und aktionalen Vulnerabilitäts-Faktoren?
   * Lehrer, die belastende Unterrichtssituationen mit der Strategie 'Aktive Lösungssuche' bewältigen.

8. Welche Lehrer sind die zufriedensten?
   * Lehrer, die viele positive Gefühle empfinden;
   * Lehrer, die insbesondere 'Ego-Gefühle' empfinden;
   * Lehrer, die das Erleben angenehmer Unterrichtssituationen auf die Ressource 'Unterrichtsstrategien' attribuieren;
   * Lehrer, die das Erleben angenehmer Unterrichtssituationen auf die Ressource 'Persönliche Kompetenz' attribuieren.
   * Lehrer, die belastende Unterrichtssituationen mit der Strategie 'Aktive Lösungssuche' bewältigen;
   * Lehrer, die belastende Unterrichtssituationen mit der Strategie 'Abwehr' bewältigen;
   * ältere und diensterfahrenere Lehrer.

9. Welche Lehrer sind am wenigsten zufrieden?
   * Lehrer, die 'Aggressivität/Unbeliebtheit' als belastend erleben;
   * Lehrer, die 'Selbstzweifel/Depressivität' empfinden;
   * Lehrer, die 'Körperliche Beschwerden' empfinden;
   * Lehrer, die 'Gereiztheit/Ärger' empfinden;
   * Lehrer, die belastende Unterrichtssituationen ausschließlich internal attribuieren;
   * Lehrer, die belastende Unterrichtssituationen ausschließlich external attribuieren;
   * Lehrer, die belastende Unterrichtssituationen mit der Strategie 'Ständiges Nachdenken' bewältigen;
   * Lehrer, die belastende Unterrichtssituationen mit der Strategie 'Flucht/ Vermeidung' bewältigen.

4.2. Zur Binnenstruktur der Parameter -
die Parameter im Quervergleich

Im diesem Abschnitt werden die Parameter einander gegenübergestellt, d.h. die Faktoren zu 'Angenehme Unterrichtssituationen' denen zu 'Belastende Unterrichtssituationen', die zu 'Positive Gefühle' denjenigen zu 'Negative Gefühle', die zu 'Ressourcen-Attribution' denen zu 'Vulnerabilitäts-Attribution'. Beabsichtigt ist damit, Position und Bedeutung einzelner Faktoren innerhalb der jeweiligen Parameter zu vergleichen. Methodisch ist dieses Vorgehen nicht ganz unproblematisch, da die jeweiligen Fragebogenteile aus unterschiedlichen, nicht parallelisierten Itemsätzen (vgl. Kapitel 2.3.2. Präzisierung, Operationalisierung und Konstruktion des Fragebogens) bestanden. Unterstellt wird, daß es sich bei den gegenübergestellten Faktoren jeweils um die Extreme einer bipolaren Skala handelt - soweit dies eine Augenschein-Einschätzung zuläßt.

4.2.1. 'Angenehme Unterrichtssituationen' -
'Belastende Unterrichtssituationen'

Im folgenden werden die Faktoren zu 'Angenehme Unterrichtssituationen' denen zu 'Belastende Unterrichtssituationen' gegenübergestellt:

```
Die angenehme
     Unterrichtssituation...entspricht in etwa der belastenden
                                          Unterrichtssituation...

Faktor 1: Aktivität/            Faktor 4: Passivität/Extrin-
          Entwicklung                     sische Motivation

Faktor 2: Nähe/Kontakt          Faktor 3: Kontaktstörung/
                                          Stagnation

Faktor 3: Positives Klima       Faktor 5: Kollektives
                                          Motivationsdefizit

Faktor 4: Anerkennung/          Faktor 1: Aggressivität/
          Beliebtheit                     Unbeliebtheit

Faktor 5: Disziplin/            Faktor 2: Undiszipliniertheit/
          Konzentration                   Unkonzentriertheit
```

Abb. 18: Faktoren zu 'Angenehme Unterrichtssituationen' und 'Belastende Unterrichtssituationen' in der Gegenüberstellung

Es zeigt sich, daß der "angenehme" Faktor 1 'Aktivität/Entwicklung' 15,2%, deren "belastendes" Komplementär, Faktor 4 'Passivität/Extrinsische Motivation', nur 7,5% der Varianz aufklärt. Auch zeigt 'Aktivität/Entwicklung' in Bezug auf andere Parameter ein größeres Maß an Zentralität als 'Passivität/Extrinsische

Motivation' (vgl. Kapitel 4.1. Zusammenhänge zwischen den Parametern). Umgekehrt klärt 'Aggressivität/Unbeliebtheit' 11,2%, der entsprechende Faktor 'Anerkennung/Beliebtheit' hingegen nur 7,4% der Varianz auf. Ebenso ist die Zentralität von 'Aggressivität/Unbeliebtheit' größer als die von 'Anerkennung/ Beliebtheit'. Mit anderen Worten: Bestimmte angenehme Unterrichtssituationen sind besonders bedeutungsvoll, deren belastende Komplementärsituationen jedoch nicht in demselben Ausmaß. Ebenso sind gewisse belastende Unterrichtssituationen sehr bedeutend, deren entsprechende angenehme Unterrichtssituationen aber nicht in demselben Grad. Für letzteres gilt beispielhaft die Alltagserfahrung, nach der die Existenz bestimmter Dinge als selbstverständlich hingenommen, deren Abwesenheit aber als besonders belastend erlebt wird (z.B. Gesundheit, Versorgung mit Lebensmitteln usw.).

Es ist aus zwei Gründen problematisch, zu 'Belastende Unterrichtssituationen' in der Literatur vorhandene Konzepte und empirische Ergebnisse heranzuziehen. Zum einen beziehen sich die in Kapitel 1.3.1. (Zur Arbeitsbelastung von Lehrern) geschilderten Untersuchungen (MÜLLER-LIMMROTH, 1980; SAUPE & MÖLLER, 1981; WULK, 1988) allgemein auf Belastungen im Zusammenhang mit dem Lehrerberuf und befassen sich nicht ausschließlich mit Unterrichtssituationen. Zum anderen ist zu beobachten, daß in den meisten empirischen Studien nicht explizit zwischen verschiedenen Parametern wie z.B. 'Unterrichtssituation', 'Gefühl', und 'Attribution' differenziert wird. Deshalb finden sich die hier ermittelten fünf "belastenden" Faktoren in vielen Untersuchungen zu Belastungen im Lehrerberuf nur implizit wieder.

4.2.2. 'Positive Gefühle' - 'Negative Gefühle'

Auch von diesen Parametern sollen die Faktoren einander gegenübergestellt werden, um Parallelen aufzuzeigen:

Das positive Gefühl...entspricht in etwa dem negativen Gefühl...

Faktor 1: Hochgefühle	Faktor 4: Gereiztheit/Ärger
Faktor 2: Ego-Gefühle	Faktor 1: Selbstzweifel/ Depressivität
Faktor 3: Symbiotische Gefühle	Faktor 3: Haß/Ablehnung
	Faktor 2: Körperliche Beschwerden
	Faktor 5: Angstsyndrom

Abb. 19: Faktoren zu 'Positive Gefühle' und 'Negative Gefühle' in der Gegenüberstellung

Auch hier zeigt sich wie im vorangegangenen Vergleich, daß den einzelnen positiven und negativen Gefühls-Faktoren jeweils unterschiedliche Gewichtung zukommt. Dem positiven Gefühl 'Hochgefühle', das 20,3% der Varianz aufklärt, steht 'Gereiztheit/Ärger' gegenüber, das nur 7,4% der Varianz aufklärt. 'Hochgefühle' hat in Bezug auf andere Parameter auch größere Zentralität als 'Gereiztheit/Ärger'. 'Selbstzweifel/Depressivität' und 'Ego-Gefühle' klären jeweils knapp 16% der Varianz auf. 'Körperliche Beschwerden' und 'Angstsyndrom' verfügen über kein positives Gefühlspendant. Das einzige positive körperbezogene Item "Entspanntsein" lädt auf 'Hochgefühle', ein mögliches Komplementäritem zu Angst - "Sicherheit" - lädt auf 'Ego-Gefühle'.

Die drei extrahierten Faktoren zu 'Positive Gefühle' gleichen exakt dem Klassifikationsschema von LERSCH (zit. nach DORSCH, 1976), der aber nicht nur positive, sondern auch negative Gefühle den drei folgenden Kategorien zuordnet:

1. Gefühlsregungen des lebendigen Daseins, u.a. Lust, Freude, Entzücken - entspricht dem Faktor 1 'Hochgefühle'.
2. Gefühlsregungen des individuellen Selbsts, der Selbsterhaltung, egoistische Gefühle - entspricht dem Faktor 2 'Ego-Gefühle'.
3. Transitive Gefühlsregungen, d.h. mitmenschliche, verpflichtende Empfindungen - entspricht dem Faktor 3 'Symbiotische Gefühle'.

Für die fünf negativen Gefühls-Faktoren läßt sich LERSCHs (zit. nach DORSCH, 1976) Einteilung nicht nachweisen. Die drei positiven sowie die fünf negativen Gefühls-Faktoren sind darüber hinaus in der Literatur in dieser Form nicht repliziert worden. Die von KYRIACOU und SUTCLIFFE (1978) ermittelten psychologischen und physiologischen Streßsymptome (vgl. Kapitel 1.3.1. Zur Arbeitsbelastung von Lehrern) finden sich in allen Faktoren wieder.

SCHMIDT-ATZERT (1981, 1987) und SCHMIDT-ATZERT & STRÖHM (1983) fanden in einer Reihe von Untersuchungen z.T. mehr und andere Emotionscluster mit abweichender Zuordnung der in dieser Studie genannten Emotionen. Das liegt wohl daran, daß sich die Emotionen in dieser Untersuchung auf eine begrenzte Anzahl von Situationen, nämlich auf Unterrichtssituationen, beziehen, wodurch das Spektrum möglicher Gefühle reduziert ist und z.B. sexuelle Gefühle, Neid, Eifersucht usw. offenbar keine Rolle spielen. SCHMIDT-ATZERT (1981) berichtet weiterhin über eine Untersuchung, in der Versuchspersonen bestimmen sollten, ob bestimmte Begriffe zum Wortfeld "Emotionen" gehören. Dabei stellte sich heraus, daß die Versuchsperson u.a. die Begriffe "Einsamkeit", "Überraschung", "Entspannung", "Neugierde" und "Schuld" der Kategorie "weiß nicht", den Begriff "Sicherheit" der Kategorie "eher keine Emotion" zuordneten. Dies widerspricht zum Teil den in dieser Studie getroffenen Definitionen der genannten Begriffe als Emotionen. Als ausschlaggebendes Kriterium bei der Festlegung eines Begriffs als Emotion galt aber das Verständnis der in der Voruntersuchung befragten Lehrer vom entsprechenden Begriff.

Betrachtet man den Faktor 'Angstsyndrom', so wird deutlich, daß diese Dimension sowohl physiologische (Zittern, Herzklopfen), als auch psychische Merkmale (Angst/Bedrohung) bündelt. Dies kommt auch in SCHMIDT-ATZERTs (1981) Symptomprofilen zum Ausdruck, in denen die Emotion "Angst" im Vergleich zu anderen Emotionen stark mit den Symptomen "Herzklopfen" und "Zittern" einhergeht.

Bei der Durchsicht der Literatur im Hinblick auf die in belastenden Unterrichtssituationen von Lehrern empfundenen Gefühle fällt auf, daß in erster Linie Angst und die Suche nach deren Ursachen (DÖRING, 1989; WEIDENMANN, 1983; u.a.) Gegenstand differenzierter Betrachtungen waren. Den vorliegenden Ergebnissen zufolge ist aber 'Angstsyndrom' ein relativ unbedeutender und in Bezug auf andere Parameter peripherer Faktor. Gleichzeitig gehören eine Reihe weitaus wichtigerer Emotionen zum Schulalltag eines Lehrers: 'Selbstzweifel/Depressivität', 'Haß/Ablehnung' und 'Gereiztheit/Ärger' sind wohl recht typisch für das Lehrerempfinden in belastenden Unterrichtssituationen, finden aber nur selten Erwähnung (z.B. bei SAUPE & MÖLLER, 1981). Nur dem Faktor 'Körperliche Beschwerden' wird sowohl in dieser Studie, als auch in der öffentlichen Diskussion dasselbe Gewicht beigemessen.

4.2.3. 'Ressourcen-Attribution' - 'Vulnerabilitäts-Attribution'

Die jeweils sieben Faktoren zu 'Ressourcen-' und 'Vulnerabilitäts-Attribution' lassen sich nur unvollständig in die in Kapitel 1.4.5. (Attribution) dargestellten Attributionsschemata integrieren. So kann man nur bei einigen Attributionsfaktoren eindeutig zwischen externalen und internalen Attributionen unterscheiden. Einige Attributionsfaktoren subsumieren sowohl kognitive als auch kommunikative und handlungsorientierte Komponenten, die eine eindeutige Festlegung auf external oder internal unmöglich machen. Deshalb wurden solche Ressourcen- bzw. Vulnerabilitäts-Attributionen als aktional bezeichnet. Gemeinsames Kennzeichen von aktionalen und internalen Ressourcen ist, daß das Individuum diese des eigenen Erlebnis- und Handlungsfeldes zugehörig betrachtet, wohingegen es externale Ressourcen ausschließlich im Umfeld sucht.

Die Gegenüberstellung von internalen, externalen und aktionalen Ressourcen- und Vulnerabilitäts-Attributionen ergibt folgendes Bild:

```
Der Ressourcen-
   Faktor...          entspricht in etwa   dem Vulnerabilitäts-
                                           Faktor...

internal:                                  internal:

Faktor 2: Persönliche Kompetenz    Faktor 1: Kompetenzdefizit
                                   Faktor 3: Eigener hoher
                                             Anspruch

Faktor 5: Religiosität (überwiegend)
```

external: external:

Faktor 4: Voraussetzungen/   Faktor 2: Systembedingte
          Rahmenbedingungen   Mängel
                                  Faktor 6: Schülerumwelt
                                  Faktor 7: Verantwortliche
                                            Personen

aktional: aktional:

Faktor 1: Unterrichtsstrategien

Faktor 3: Ablenkung/Kommunikation Faktor 4: Körper- und kontakt-
Faktor 6: Familie/Kommunikation   bezogene Defizite

Faktor 7: Freizeitgestaltung   Faktor 5: Überlastung/Zeitman-
                                             gel

Abb. 20: Faktoren zu 'Ressourcen-Attribution' und 'Vulnerabili-
         täts-Attribution' in der Gegenüberstellung

Eine sichere Bestimmung der Attribuierungen nach stabil vs. variabel und global vs. spezifisch läßt sich nicht treffen.

Die Gegenüberstellung macht deutlich, daß zu Ressourcen-Faktoren passende Vulnerabilitäts-Faktoren existieren. Offensichtlich ist dieser Sachverhalt bei den internalen Faktoren, wo es auf der Vulnerabilitätsseite sogar zwei komplementäre Faktoren gibt. Bei den Ressourcen kommt dem internalen Attributionsstil insgesamt eine etwas geringere Bedeutung zu (12,4% der Varianz) als bei der Vulnerabilität (17,3% der Varianz). Auffällig ist weiterhin, daß zu 'Unterrichts-strategien' auf der anderen Seite kein Attributions-Pendant besteht. 'Körper- und kontaktbezogene Defizite' sind sowohl gleichermaßen das Komplementär zu 'Ablenkung/Kommunikation' und 'Familie/Kommunikation'. In der Summe klären die aktionalen Ressourcen-Faktoren 20,7% der Varianz, die aktionalen Vulnerabilitäts-Faktoren nur 10,8% der Varianz auf. Bemerkenswert ist außerdem die Tatsache, daß auf der Vulnerabilitätsseite drei externale Faktoren (zusammen 16,1% der Varianz), auf der Ressourcenseite hingegen nur ein externaler Faktor (4,1% der Varianz) existieren.

Die bereits angerissenen Überlegungen zur Bedeutung externaler Ressourcen in Erfolgs- und Mißerfolgssituationen können dahingehend gestützt werden, daß externalen Attributionen in belastenden Situationen ein größeres Gewicht zukommt als in angenehmen Situationen. Im Hinblick auf internale Attributionen gehen die vorliegenden Ergebnisse auf den ersten Blick nicht in dieselbe Richtung des oft zitierten Befundes, nach dem Personen grundsätzlich Erfolge (im Sinne angenehmer Unterrichtssituationen) eher internal, Mißerfolge (im Sinne belastender Unterrichtssituationen) external attribuieren (SCHMALT, 1986). Bezieht man aber die aktionalen Faktoren in die Überlegungen ein und definiert sie als in ihrer Wirkung bzw. Funktionsweise den internalen ähnlich, so zeigen sich eindeutige Parallelen. In solchen Attributionsasymmetrien ist ein motivierender Attributionsfehler zu sehen, welcher es der Person gestattet, das Selbstwertgefühl von Beeinträchtigungen unbeschadet zu lassen und dadurch eine positive Affektlage aufrechterhalten zu können (SCHMALT, 1986).

Wie bereits erörtert, muß man die Tatsache berücksichtigen, daß die Ressourcen-Items und die Vulnerabilitäts-Items nicht parallelisiert sind und die Faktorenanalyse deshalb nie zu einer 1 : 1 - Faktorenanalogie zwischen beiden Parametern führen konnte. Die Faktorenanalyse bündelte lediglich die Fragebogenitems und gibt deren Inhalt komprimiert wider. Dies bedeutet aber auch, daß in der Vorbefragung deutlich mehr Material zu externalen Vulnerabilitäts-Faktoren als zu externalen Ressourcen-Faktoren erhoben wurde, was anschließend den entsprechenden Niederschlag in der Konstruktion der entsprechenden Fragebogenteile fand.

Es fällt auf, daß die aktionalen Ressourcen-Faktoren aufgrund ihres handlungsorientierten Charakters bereits an Bewältigungsstrategien erinnern. Besonders deutlich wird dies bei einer Gegenüberstellung von 'Unterrichtsstrategien' und 'Aktive Lösungssuche'. Dies zeigt, daß sich die Parameter 'Ressourcen-Attribution' und 'Bewältigungsstrategien', zumindest was deren aktionale Ressourcen- und Bewältigungs-Faktoren anbelangt, nicht scharf voneinander abgrenzen lassen. Anders ausgedrückt: Die aktionalen Ressourcen könnten auch als Bewältigungsstrategien im Zusammenhang mit angenehmen Unterrichtssituationen und positiven Gefühlen gewertet werden.

4.2.4. 'Bewältigungsstrategien'

Die in dieser Untersuchung gefundenen sieben Faktoren zu 'Bewältigungsstrategien' lassen sich in Anlehnung an das Klassifikationsschema von LAZARUS und LAUNIER (1981, siehe auch Kapitel 1.4.4. Bewältigung) anhand der folgenden drei Dimensionen beschreiben:

1. "aktional vs. kognitiv";
2. "umweltbezogen vs. selbstbezogen";
3. "offensiv vs. defensiv".

Tab. 87: Bestimmung der Bewältigungsstrategie-Faktoren anhand verschiedener Kriterien

Kriterium / Bewältigungsstrategie	aktio-nal	kogni-tiv	umwe.-bezog.	selb.-bezog.	offen-siv	defen-siv.
1. Aktive Lösungssuche	x	x	x	x	x	
2. Ständiges Nachdenken		x		x		x
3. Repressives Verhalten	x		x		x	
4. Abwehr	x	x	x	x		x
5. Neubewerten/ Intellekt.		x	x	x	x	
6. Spontane Änder.d.Unter.	x		x		x	
7. Flucht/ Vermeidung	x		x			x

Die Tabelle macht deutlich, daß es sich bei den genannten Dimensionen offenbar sowohl um bi- als auch um unipolare Konstrukte handelt. So bestehen die Dimensionen "aktional vs. kognitiv" und "umweltbezogen vs. selbstbezogen" jeweils aus zwei voneinander unabhängigen unipolaren Skalen. Dies kommt bei Charakterisierung der Bewältigungsstrategien 'Aktive Lösungssuche', 'Abwehr' und 'Neubewerten/Intellektualisieren' zum Ausdruck, die gleichzeitig aktionale und kognitive bzw. umwelt- und selbstbezogene Aspekte beinhalten. Die Dimension "offensiv vs. defensiv" scheint demgegenüber bipolar zu sein.

Legt man die Anzahl der pro Bewältigungsstrategie gemachten Kreuze zugrunde und definiert sie als Kriterium für die Effizienz einer Strategie, so liegen die Strategien 'Aktive Lösungssuche' und 'Abwehr' an der Spitze, die Strategien 'Ständiges Nachdenken', 'Repressives Verhalten', 'Flucht/Vermeidung' und 'Spontane Änderung des Unterrichts' am Ende.

Vergleicht man diesen Befund mit den Ausführungen zu den Zusammenhängen zwischen 'Bewältigungsstrategien' und 'Zufriedenheit' (Kapitel 4.1.7. Bewältigungsstrategien), so ist die Parallelität verblüffend. Legt man das Kriterium 'Zufriedenheit' zugrunde, ergibt sich folgende Effizienzreihenfolge der gefundenen Faktoren zu 'Bewältigungsstrategien'. Angegeben sind zusätzlich die Korrelationskoeffizienten zwischen Bewältigungsstrategie und dem Zufriedenheitsmaß sowie die Anzahl der Kreuze in der oben aufgeführten Tabelle.

Effizienzreihenfolge der Bewältigungsstrategien

```
Rang 1:  Aktive Lösungssuche                   ( .18** - 5 Kreuze)
Rang 2:  Abwehr                                ( .17** - 5 Kreuze)
Rang 3:  Spontane Änderung des Unterrichts     ( .04   - 3 Kreuze)
Rang 4:  Neubewerten/Intellektualisieren       ( .03   - 4 Kreuze)
Rang 5:  Repressives Verhalten                 (-.10   - 3 Kreuze)
Rang 6:  Flucht/Vermeidung                     (-.13*  - 3 Kreuze)
Rang 7:  Ständiges Nachdenken                  (-.20** - 3 Kreuze)
```

```
 *  signifikant auf dem 5%-Niveau
**  signifikant auf dem 1%-Niveau
```

Für die beiden erfolgreichsten Bewältigungsstrategien sind, wie deutlich sichtbar ist, die Anzahl der Kreuze in der obigen Tabelle das Erfolgskriterium. Für die übrigen Bewältigungsstrategien, die - abgesehen von einer Strategie - durchgehend mit drei Kreuzen versehen wurden, sind die Bestimmungskriterien darüber hinaus genauer inhaltlich zu differenzieren. Folgende Regeln lassen sich ableiten:

1. "offensiv vor defensiv":
   'Flucht/Vermeidung' ist die zweitungünstigste Strategie und unterscheidet sich von 'Spontane Änderung des Unterrichts' und 'Repressives Verhalten' nur darin, daß sie defensiver Natur ist. Weiterhin spricht für diese Regel die (zwar nur geringfügige) Überlegenheit der Strategie 'Aktive Lösungssuche' gegenüber 'Abwehr'. 'Aktive Lösungssuche' ist offensiv, 'Abwehr' hingegen defensiv.

2. "aktional vor kognitiv":
   Trotz der vier Kreuze ist 'Neubewerten/Intellektualisieren' genauso wenig effizient wie 'Spontane Änderung des Unterrichts'. Der Hauptgrund dafür liegt vermutlich darin, daß diese Strategie lediglich kognitiv und nicht aktional ist. Da nützt es offensichtlich auch nichts, daß diese Strategie sowohl umwelt- als auch selbstbezogen ist. 'Ständiges Nachdenken' ist ebenfalls eine ausschließlich kognitive Strategie und gleichzeitig die mit Abstand ineffizienteste.

3. "umweltbezogen vor selbstbezogen":
   Dies kann nur vermutet werden, da 'Ständiges Nachdenken' als selbstbezogene Strategie sehr ineffizient ist, ein direkter Vergleich zu einer anderen Strategie, die sich nur in diesem Kriterium von 'Ständiges Nachdenken' unterscheidet, aber nicht möglich ist.

Inwieweit sich die drei Dimensionen untereinander beeinflussen, kann nur vermutet werden. Anzunehmen ist, daß
- Personen, die aktional bewältigen, tendenziell auch umweltbezogen und offensiv bewältigen,
- Personen, die kognitiv bewältigen, tendenziell auch selbstbezogen und defensiv bewältigen.

Die Frage, welche Bewältigungsstrategien im Hinblick auf Zufriedenheit von Lehrern in ihrem Beruf erfolgreich und welche mißerfolgversprechend sind, läßt sich zusammenfassend dahingehend beantworten, daß erfolgreiche Bewältigungsstrategien sowohl aktionale als auch kognitive, sowohl umweltbezogene als auch selbstbezogene Elemente umfassen und offensiven Charakter besitzen sollten. Anscheinend unabhängig vom Zufriedenheitsmaß sind aktionale - umweltbezogene - offensive Strategien. Der Zufriedenheit abträglich sind rein aktionale - umweltbezogene - defensive Strategien, geradezu unheilvoll sind rein kognitive - selbstbezogene - defensive Bewältigungsstrategien. Derartige Bewältigungsstrategien stellen wohl den verzweifelten Versuch dar, Kontrolle über eine belastende Situation zu gewinnen, aber genau das Gegenteil bewirken und mit einer Abnahme der Zufriedenheit einhergehen.

Es ist verschiedentlich versucht worden, Belastungserleben und -verarbeitung diagnostisch zu erfassen (vgl. REICHERTS, 1988, s.a. PRYSTAV, 1981). Vergleicht man die in dem vorliegenden Instrument empirisch ermittelten Bewältigungsstrategien mit Klassifikationsversuchen in der Literatur, so finden sich Parallelen. Die zahlreichen Kategorisierungsversuche, die man in der Literatur findet, sind z.T. empirisch begründet (JANKE et al., 1985; ALDWIN et al., 1980) oder erfolgten nach heuristischen Gesichtspunkten (WULK, 1988; ARNDT-PAGÉ et al., 1983). ARNDT-PAGÉ et al. (1983) baten 135 Personen, 64 aus der Literatur extrahierte Bewältigungsstile nach Ähnlichkeit zu sortieren. Übereinstimmend mit den vorliegenden Ergebnissen ist die erste von den neun gefundenen Dimensionen eine aktionale Strategie, in der es darum geht, entweder allein oder mit anderen einen Problemlösungsprozeß einzuleiten.

JANKE et al. (1985) identifizierten mit ihrem in Deutschland validierten und sehr verbreiteten Streßverarbeitungsfragebogen (SVF) sechs Faktoren der Belastungsverarbeitung:

Faktor 1: Emotionale Betroffenheit und Tendenz zum depressiven Rückzug (Subtests: Gedankliche Weiterbeschäftigung, Resignation, Selbstbemitleidung, Selbstbeschuldigung, Fluchttendenz, Soziale Abkapselung, z.T. auch Aggression).
Dieser Faktor entspricht Faktor 2 'Ständiges Nachdenken'.

Faktor 2: Aktive Kontrollversuche von Belastungssituationen und -reaktionen (Subtests: Situationskontrollversuche, Reaktionskontrollversuche, Positive Selbstinstruktion).
Dieser Faktor entspricht Faktor 1 'Aktive Lösungssuche'
und Faktor 6 'Spontane Änderung des Unterrichts'.

Faktor 3: Kognitive Bewältigung durch Bewertungsänderung (Subtests: Bagatellisierung und Schuldabwehr).
Dieser Faktor entspricht Faktor 5 'Neubewerten/Intellektualisieren'.

Faktor 4: Ausweichen und Ablenkung (Subtests: Ablenkung von Situationen, Suche nach Selbstbestätigung und Vermeidungstendenz).
Dieser Faktor entspricht Faktor 4 'Abwehr'
und Faktor 7 'Flucht/Vermeidung'.

Faktor 5: Hilfeerwartung durch andere/Suche nach sozialer Unterstützung (Bedürfnis nach sozialer Unterstützung).
Dieser Faktor hat keine Entsprechung.

Faktor 6: (Subtests: Pharmakaeinnahme und Ersatzbefriedigung).
Dieser Faktor hat keine Entsprechung.

Auf der anderen Seite findet der Faktor 3 'Repressives Verhalten' im SVF keine Entsprechung.

Vergleicht man weiterhin die sieben in dieser Studie ermittelten Bewältigungsstrategien mit den anhand einer Stichprobe von 150 Erwachsenen erbrachten acht Faktoren der "Ways of Coping Checklist" (WCCL) der LAZARUS-Gruppe (vorgelegt von ALDWIN et al., 1980), so beschreiben fünf Dimensionen eindeutig ähnliche Strategien:

Faktor 1: Confronting Coping (Konfrontation),
        beschreibt aggressive, instrumentelle Bewältigungsversuche, um die Situation zu verändern. Dieser Faktor umfaßt auch Feindseligkeit und Risikoverhalten.
Dieser Faktor entspricht Faktor 3 'Repressives Verhalten'.

Faktor 2: Distancing (Distanzierung),
        beschreibt Bemühungen, sich aus dem belastenden Geschehen innerlich herauszuhalten oder der Situation positive Seiten abzugewinnen.
Dieser Faktor entspricht Faktor 4 'Abwehr'.

Faktor 6: Escape-Avoidance (Rückzug-Vermeidung),
        umschreibt Wunschdenken und instrumentelle Anstrengung des Vermeidens und Zurückziehens.
Dieser Faktor entspricht Faktor 7 'Flucht/Vermeidung'.

Faktor 7: Planful problem solving (Problemlösen),
        umschreibt bewußte problembezogene Versuche, die Situation zu verändern, verbunden mit analytisch-rationaler Herangehensweise und Problemlösung.
Dieser Faktor entspricht Faktor 1 'Aktive Lösungssuche'.

Faktor 8: Positive reappraisal (Positive Neubewertung),
        beschreibt Versuche, dem Ereignis positive Bedeutung zu verleihen, insbesondere im Hinblick auf persönliches Wachstum. Damit verbunden sind auch religiöse Aspekte.
Dieser Faktor entspricht Faktor 5 'Neubewerten/Intellektualisieren'.

Die WCCI-Faktoren 3 (Selbstkontrolle), 4 (Suche nach sozialer Unterstützung) und 5 (Übernahme von Selbstverantwortlichkeit) haben auf der einen, Faktor 2 'Ständiges Nachdenken' sowie Faktor 6 'Spontane Änderung des Unterrichts' auf der anderen Seite keinen entsprechenden Gegenpart.

Zusammenfassend kann man festhalten, daß die in dieser Untersuchung gefundenen Bewältigungsstrategien bereits repliziert wurden, aber mit zum Teil unterschiedlicher Gewichtung. Im SVF entspricht der Faktor 1 (Emotionale Betroffenheit) dem Faktor 2 'Ständiges Nachdenken', ein vergleichbarer Faktor fehlt hingegen im WCCL. Im WCCL dagegen entspricht Faktor 1 (Confronting Coping) dem Faktor 3 'Repressives Verhalten', ein vergleichbarer Faktor wiederum fehlt im SVF. Aktive Lösungsstrategien sind im SVF (Faktor 2) und bei ARNDT-PAGÉ et al. (1983) gleichermaßen wichtig und stehen an zweiter bzw. erster Stelle. Dies deckt sich mit der Bedeutung des hier nachgewiesenen Faktors 1 'Aktive Lösungssuche'.

In Bezug auf geschlechtsbezogene Präferenzen bei der Wahl nach einem geeigneten Bewältigungsstil gilt folgendes:

FOLKMAN & LAZARUS (1980) fanden einen deutlichen Unterschied zwischen der mehr problemorientierten Bewältigung bei Männern im Arbeitsbereich und in aufgabenorientierten Situationen. Demgegenüber stellten KATZ & SCHMIDT (1991) fest, daß sich Frauen häufiger aktional mit Problemen auseinandersetzen und öfter Bewältigungsstrategien wählen, die zu einer Lösung beitragen. Analysiert man die vorliegenden Ergebnisse, so bestätigt deren Interpretation eher die Aussage von KATZ & SCHMIDT (1991).

Die Profis bestehen signifikant mehr aus Frauen als aus Männern. Sie attribuieren in erster Linie auf den Ressourcen-Faktor 'Unterrichtsstrategien' (dieser Faktor ist in dieser Untersuchung zwar nicht explizit als 'Bewältigungsstrategie' ausgewiesen, ihm kommt aber, wie in Kapitel 4.2.3. ('Ressourcen-Attribution' - 'Vulnerabilitäts-Attribution') erörtert wurde, ein aktionaler Charakter zu). Für die Distanzierten, die signifikant mehr aus Männern bestehen, sind demgegenüber 'Unterrichtsstrategien' am bedeutungslosesten. Bei belastenden Unterrichtssituationen zeigt sich zwischen weiblichen und männlichen Lehrern kaum ein Unterschied. Die Unbeschwerten bestehen mehr aus Männern und nutzen drei aktionale Bewältigungsstrategien. Den Gestreßten, bei denen Frauen in der Überzahl sind, stehen zwei aktionale Strategien zur Verfügung. Bei beiden Gruppen steht die effizienteste Strategie 'Aktive Lösungssuche' gleichermaßen auf Platz 2, wobei sich diese Strategie, folgt man dem Profilverlauf, bei den Unbeschwerten stärker zeigt.

Zusammenfassend heißt das, daß in angenehmen Unterrichtssituationen - in Erfolgssituationen - mehr Frauen, in belastenden Unterrichtssituationen sowohl Frauen als auch Männer (Männer geringfügig mehr) über einen problemorientierten Bewältigungsstil verfügen.

4.2.5. Schlagzeilen zur kognitiven Landschaft II

In Ergänzung zu Kapitel 4.1.10. (Schlagzeilen zur kognitiven Landschaft I) werden hier nun die wichtigsten Ergebnisse zur Binnenstruktur einzelner Parameter sowie deren Quervergleich ebenfalls in Frage- und Antwortform zusammenfassend und verdichtet dargestellt.

1. Welche Unterrichtssituationen sind die bedeutsamsten?
   * Die angenehme Unterrichtssituation 'Aktivität/Entwicklung';
   * die belastende Unterrichtssituation 'Aggressivität/Unbeliebtheit'.

2. Welche sind die wichtigsten Gefühle in Unterrichtssituationen?
   * Das positive Gefühl 'Hochgefühle';
   * das negative Gefühl 'Aggressivität/Unbeliebtheit'.

3. Welche Attributionsstile spielen in Unterrichtssituationen eine besondere Rolle?
   * In angenehmen Unterrichtssituationen spielen Attributionen auf aktionale Ressourcen-Faktoren die größte Rolle.
   * In belastenden Unterrichtssituationen spielen Attributionen auf externale Vulnerabilitäts-Faktoren die größte Rolle.

4. Welche Bewältigungsstrategien sind am effizientesten?
   * Offensive Strategien sind effizienter als defensive;
   * aktionale Strategien sind effizienter als kognitive;
   * umweltbezogene Strategien sind effizienter als selbstbezogene;
   * effiziente Strategien sind grundsätzlich offensiv, aktional, kognitiv, umweltbezogen und selbstbezogen;
   * 'Aktive Lösungssuche' und 'Abwehr' sind am effizientesten.

5. Gibt es im Hinblick auf die kognitive Landschaft Unterschiede zwischen weiblichen und männlichen Lehrern?
   * Weibliche Lehrer attribuieren angenehme Unterrichtssituationen tendenziell eher auf die Ressource 'Unterrichtsstrategien' als männliche Lehrer;
   * Männliche Lehrer bewältigen belastende Unterrichtssituationen nur geringfügig ausgeprägter mit einem problemorientierten Bewältigungsstil.

4.3. Akzentuierte Darstellung der ermittelten Lehrer-Cluster

Die geschilderten Ergebnisse sollen nachfolgend in pointierter Form aus der Perspektive der einzelnen Cluster dargestellt werden, weil sich daran diagnostisch-therapeutische Überlegungen knüpfen, die im Kapitel 4.4. (Konsequenzen aus den Ergebnissen für die Praxis) zu beschreiben sind.

Cluster 1: Die Profis

Die Lehrer dieses Clusters, welcher der größte ist, erleben viele angenehme Situationen im Unterricht und viele positive Gefühle. Betrachtet man sich die Rangliste der Situationen und der Gefühle nebeneinander dargestellt, so zeigt sich:

Rang 1: Nähe/Kontakt - Symbiotische Gefühle;
Rang 2: Aktivität/Entwicklung - Hochgefühle;
Rang 3: Anerkennung/Beliebtheit - Ego-Gefühle.

Diese Rangfolge-Analogie ist nicht nur vom Augenschein plausibel, sondern auch anhand der Faktoren-Interkorrelationsmatrix nachvollziehbar. Immerhin nutzen diese Lehrer fünf von sieben Ressourcen. Auffällig ist der breite Mix an internalen, externalen und aktionalen Ressourcen, wobei sie in Unterrichtsstrategien die wichtigste Kraftquelle sehen. Die Profis bestehen aus mehr Frauen als aus Männern und aus Lehrern, die vornehmlich an Grundschulen unterrichten. Sie fühlen sich in ihrem Beruf zufrieden. Man gewinnt den Eindruck, daß die Profis befähigt sind, auch für sich persönlich vom Unterricht zu profitieren, da sie viele Situationen als angenehm wahrnehmen, über ein reichhaltiges Gefühlsleben und ein vielseitiges bzw. effizientes Ressourcenrepertoire verfügen. Die Profis verkörpern vermutlich denjenigen Lehrertyp, der auch nach außen hin dem Optimalbild eines Lehrers entspricht.

Cluster 2: Die Distanzierten

Diese Lehrergruppe ist im Hinblick auf das Erleben angenehmer Unterrichtssituationen und das Empfinden positiver Gefühle der Gegenentwurf zu den Engagierten und den Profis. Den Distanzierten ist keine der Unterrichtssituationen bedeutsam und zwei der drei positiven Gefühle erleben sie gar nicht. Diese Lehrer scheinen unbeteiligt und auf Distanz bedacht, da ihnen sozial orientierte Situationen und Gefühle (positives Klima und symbiotische Gefühle) besonders fremd sind. Am wichtigsten ist ihnen Religiosität, am unwichtigsten Unterrichtsstrategien. Die Distanzierten sind signifikant am wenigsten zufrieden und bestehen überzufällig mehr aus Männern als aus Frauen. Möglicherweise handelt es sich bei dieser Population um Praxisschock-Geschädigte (vgl. Kapitel 1.3.1. Zur Arbeitsbelastung von Lehrern) oder Ausgebrannte (vgl. Kapitel 1.3.2. Burnout bei Lehrern), die auf ihren Beruf nur noch mit Rückzug reagieren können. Dafür spricht auch, daß ihnen Unterrichtsstrategien als Ressource am unwesentlichsten ist.

Cluster 3: Die Ordnungshüter

Diese Lehrer sind offenbar vorrangig an einem reibungslosen Unterrichtsablauf interessiert, sind ihnen doch positives Klima und Disziplin sowie Konzentration am wichtigsten. In diesen Situationen empfinden sie kein positives Gefühl übermäßig stark, scheinen demnach ebenfalls emotional wenig engagiert zu sein. In erster Linie profitieren sie von privaten-persönlichen Ressourcen, am meisten von Ablenkung/Kommunikation und Religiosität. Die beiden explizit auf Schule und Unterricht bezogenen Ressourcen - Unterrichtsstrategien und Voraussetzungen/Rahmenbedingungen - spielen für sie eine nur untergeordnete Rolle. Die Ordnungshüter sind signifikant häufiger Sonderschullehrer und arbeiten in CDU-regierten Bundesländern. Sie sind am zweitwenigsten zufrieden. Das aufgezeigte Profil der Ordnungshüter mag durch das Unterrichten an Sonderschulen geprägt sein, wo soziale und disziplinarische Probleme deutlicher als an anderen Schulen zu Tage treten und diese Lehrer deshalb die auf einen störungsfreien Ablauf des Unterrichts bezogenen Situationen als besonders angenehm erleben.

Cluster 4: Die Engagierten

Für die Engagierten ist fast jede Situationen im Unterricht besonders angenehm. Sie empfinden in diesen Situationen auch alle positiven Gefühle besonders intensiv. Bei der Analyse des Ressourcenstils fällt auf, daß Unterrichtsstrategien und persönliche Kompetenz die Hauptrolle spielen. Es sind genau diejenigen Ressourcen, die am höchsten mit Zufriedenheit korrelieren. Daher ist diese Lehrergruppe auch signifikant am zufriedensten. Sie besteht überwiegend aus älteren Lehrern, die schon längere Zeit im Dienst sind. Bei diesem Lehrertyp handelt es sich offenbar um den Bilderbuchlehrer schlechthin, für den das Lehrersein nicht nur Beruf, sondern auch Berufung ist. Die Engagierten sind über beide Geschlechter gleich verteilt und in allen Schultypen zu finden.

Cluster 5: Die Strengen

Den Lehrern dieser Gruppe ist in erster Linie Disziplin/Konzentration wichtig. Dabei empfinden sie Ego-Gefühle. Nähe/Kontakt sowie symbiotische Gefühle sind ihnen sichtlich fremd. Blickt man auf das Profil, so fällt dessen extremer Verlauf auf. Als die beiden wichtigsten gelten für diese Gruppe zwei internale Ressourcen - Religiosität und persönliche Kompetenz. Über Ressourcen, die auf ein privates, sozial-kommunikatives Netz hindeuten (Ablenkung/Kommunikation und Familie/Kommunikation), verfügen sie nicht. Ebenso unwichtig sind ihnen Unterrichtsstrategien. Die Strengen sind am zweitzufriedensten. Das ist damit zu erklären, daß sie in besonderem Maße Ego-Gefühle, die hoch mit Zu-

friedenheit korrelieren, empfinden. Ansonsten scheinen sie in ihrer Erlebnis-
und Empfindungsfähigkeit reduziert und wenig sozial orientiert zu sein.

Cluster 6: Die Sozialen

Diese Lehrer legen besonderen Wert auf die Qualität des sozialen Zusammen-
seins. Positives Klima und Nähe/Kontakt sind für sie ganz wichtig. Dementsprechend empfinden sie am stärksten symbiotische Gefühle. Ressourcen stehen ihnen vergleichsweise wenige zur Verfügung. Die wichtigste weist ebenfalls auf das
Motiv der sozialen Bindung hin: Familie/Kommunikation. Die Sozialen sind
mittelmäßig zufrieden.

Cluster 7: Die Freizeitorientierten

Den Freizeitorientierten ist Anerkennung/Beliebtheit mit Abstand am wichtigsten. Von Disziplin/Konzentration und symbiotischen Gefühlen halten sie nicht
über die Maßen viel. Ihre Ressourcen beschränken sich vorrangig auf den priva-
ten-familiären Bereich. Freizeitgestaltung und Familie/Kommunikation stehen
im Vordergrund, Unterrichtsstrategien spielen mit Abstand die geringste Rolle.
Im Hinblick auf die Zufriedenheit liegen diese Lehrer im Mittelfeld. Sie sind
erst seit kurzem im Dienst und unterrichten insbesondere an Gymnasien. Möglicherweise handelt es sich bei diesen Lehrern um grundsätzlich bequeme, wenig
engagierte mit freizeitorientierter Schonhaltung, die sich ihren Beruf nach dem
Kriterium der freien Zeiteinteilung und der langen Ferienzeiten ausgewählt haben.

Die unter diagnostisch-therapeutischen Gesichtspunkten interessanteren Cluster
A bis D werden etwas ausführlicher beschrieben:

Cluster A: Die Unbeschwerten

Die Unbeschwerten erleben zwei Unterrichtssituationen als besonders belastend. Was sie aber im Vergleich zu Lehrern anderer Cluster kennzeichnet, ist
die Tatsache, daß sie kein einziges negatives Gefühl besonders stark empfinden.
Zu vermuten ist, daß sie belastende Unterrichtssituationen, die sie übrigens in
vergleichbarem Ausmaß wie Lehrer anderer Cluster erleben, weniger als Bedrohung, sondern mehr als Herausforderung interpretieren, weil sie belastende Situationen als kontrollierbar wahrnehmen. Ihnen stehen nicht nur viele Bewältigungsstrategien zur Verfügung, sondern auch effiziente, d.h. aktionale Strategien, mit denen sie Situationen verändern können. Die Aussagen von ILFELD
(1980), daß die Bewältigungseffektivität - hier gemessen an Zufriedenheit und
negativen Gefühlen - auf der Menge der zum Einsatz gebrachten Bewältigungsstrategien beruht, kann dahingehend spezifiziert werden, daß es zusätzlich auf
den individuellen Bewältigungsstil ankommt. Unterstützt wird diese Aussage
von der Tatsache, daß die Unbeschwerten als hocheffiziente Strategie aktive Lö-

sungssuche betreiben und nicht mit ständigem Nachdenken, was sich als ungünstig erwiesen hat, reagieren. Von Vorteil ist auch der gemischte Attributionsstil bei den Vulnerabilitäts-Faktoren (external/aktional).

Die Unbeschwerten, die signifikant mehr aus Männern bestehen, sind im Vergleich zu den drei anderen Gruppen signifikant am zufriedensten. Daraus kann man ableiten, daß diese Lehrer seelisch gesund sind. Seelisch Gesunde zeichnen sich nach BECKER (1985) dadurch aus, daß ihnen nicht nur ein reiches Repertoire an Bewältigungsstrategien zur Verfügung steht, sondern daß sie diese auch flexibel und situationsadäquat einsetzen können. Sie sind bei der Bewältigung externer und interner Anforderungen außerordentlich kompetent. Sie sind charakterisiert durch ein positives Selbstkonzept und geringes Belastungserleben im Sinne von JERUSALEM und SCHWARZER (1989) und durch einen Mix internaler und externaler Kontrollüberzeugung (vgl. Kapitel 1.4.6. Kontrolle). Ihre Kognitionen sind kongruent (LANTERMANN, 1982), d.h. sie stützen ihre Handlungen sowohl auf die Wahrnehmung ihrer eigenen Gefühle als auch auf die Wahrnehmung handlungsrelevanter Umwelt-Ausschnitte. Umwelt und Emotionen stehen für die Unbeschwerten nicht im Widerspruch, sondern stellen Informationen dar, die sie einfach in Handlungen integrieren können. Dies zeigt sich klar anhand der Tatsache, daß sie aktionale und kognitive Bewältigungsstrategien nutzen.

Cluster B: Die Resignierten

Die Lehrer dieses Clusters sind am unzufriedensten. Hier tritt deutlich die unheilvolle Kombination zwischen Gefühlen des Selbstzweifels und der Depressivität, internaler Vulnerabilitäts-Attribution - Kompetenzdefizit, eigener hoher Anspruch - und ständigem Nachdenken als Bewältigungsstrategie zum Vorschein. Bemerkenswert ist weiterhin der Befund, daß - schaut man auf das Clusterprofil - alle vier untypischen, d.h. unterdurchschnittlich ausgeprägten Bewältigungsstrategien, aktionale und umweltbezogene Strategien sind. Drei dieser Strategien haben zudem offensiven Charakter.

Vergleicht man den Bewältigungsstil der Resignierten mit dem der Unbeschwerten, so verteilen sich die Bewältigungsstrategien in etwa spiegelverkehrt. Spontane Änderung des Unterrichts und aktive Lösungssuche stehen bei den Resignierten auf der Soll-Seite, bei den Unbeschwerten auf der Haben-Seite. Genau umgekehrt verhält es sich mit dem ständigen Nachdenken. Insbesondere diese Strategie steht in negativem Zusammenhang mit Zufriedenheit. Die Unfähigkeit der Resignierten, aktional, umweltbezogen und offensiv zu agieren und belastenden Unterrichtssituationen nur kognitiv, selbstbezogen und defensiv zu begegnen, hängt in hohem Maße mit ihrer relativ niedrigen Zufriedenheit zusammen. Kognitionspsychologischer Logik zufolge nehmen die Resignierten - ganz im Gegensatz zu den Unbeschwerten - belastende Unterrichtssituationen als unkontrollierbar wahr und reagieren dementsprechend mit ständigem Nachdenken als einer selbstverändernden, kognitiven Strategie.

Die beschriebenen Ergebnisse weisen eindeutig auf die Beeinträchtigung der seelischen Gesundheit dieser Gruppe hin (vgl. auch PERREZ, 1988). Auf diese Lehrergruppe trifft weitgehend die kognitive Struktur und die Symptomatik für Depressive zu (vgl. Kapitel 1.4.6. Kontrolle; 1.4.3. Belastungssymptomatik). Die Resignierten geben sich für belastende Unterrichtssituationen selbst Schuld und attribuieren Mißerfolge auf die eigene Person, was das Ausmaß ihrer Zufriedenheit mindert. Diese Lehrer verfügen über ein instabiles Selbstwertgefühl und haben keinen Fundus an stabilisierenden Persönlichkeitseigenschaften.

Cluster C: Die Gestreßten

In belastenden Unterrichtssituationen dominieren vegetative Gefühlsempfindungen, d.h. körperliche Beschwerden und Angst, die sich auf psychischer und somatischer Ebene manifestiert. Weniger stark empfinden die Gestreßten nach außen bzw. gegen andere gerichtete Gefühle wie Gereiztheit/Ärger und Haß/Ablehnung. Typisch ist für sie ein Mix aus externalen und aktionalen Vulnerabilitäts-Attributionen. Internale Attributionen - eigener hoher Anspruch und Kompetenzdefizit - sind für sie eher untypisch. Darüber hinaus stehen den Gestreßten die beiden - gemessen an der Zufriedenheit - effizientesten Bewältigungsstrategien zur Verfügung: Abwehr und aktive Lösungssuche. Diese umfassen aktionale und kognitive, umwelt- und selbstbezogene, offensive und defensive Aspekte. Die Gestreßten sind am zweitzufriedensten. Unter ihnen sind signifikant mehr Frauen als Männer. Sie unterrichten insbesondere an Grund- und Hauptschulen.

Cluster D: Die Choleriker

Die Choleriker erleben zwar keine Unterrichtssituation als besonders belastend, dafür aber empfinden sie drei der fünf negativen Gefühle besonders stark, sowohl Gefühle, die sich nach außen bzw. gegen andere richten - Gereiztheit/Ärger und Haß/Ablehnung - als auch das körperliche Wohl beeinträchtigende Empfindungen. Die Choleriker attribuieren vornehmlich auf externale Vulnerabilitäts-Faktoren: Schülerumwelt und verantwortliche Personen. Untypisch sind für sie internale Attributionen wie Kompetenzdefizit und eigener hoher Anspruch. Repressives Verhalten ist für sie mit Abstand die hervorstechende Bewältigungsstrategie. Untypisch für sie sind ständiges Nachdenken und aktive Lösungssuche. Dies macht deutlich, daß die Choleriker vorrangig mittels ihres repressiven Reaktionsmusters darauf abzielen, das Verhalten anderer Personen, in deren Verantwortung es ihrer Auffassung nach liegt, die belastende Situationen zu verändern, "mit Gewalt" zu beeinflussen.

Bringt man das Profil dieser Lehrer mit den Ausführungen ELBINGs (1983) in Verbindung, so handelt es sich hier um Lehrer, die sich als wenig verantwortlich für Handlungsergebnisse betrachten, da sie vornehmlich external attribuieren. Sie sehen auch wenig Möglichkeiten, aktiv ihre berufliche Umwelt zu gestalten.

Sie lehnen persönliche Verantwortung ab, schließen Einflußmöglichkeiten aus und sehen keine Notwendigkeit, sich zu verändern.

Zu dieser Vermutung paßt die folgende Überlegung:
Bei den Cholerikern wie auch bei Gestreßten handelt es sich wohl um recht populäre Lehrergruppen, da sie genau diejenigen Symptome an den Tag legen (körperliche Beschwerden, die Gestreßten zusätzlich Angst), die in einer Vielzahl von Untersuchungen an Lehrern erörtert wurden (vgl. Kapitel 1.3.1. Zur Arbeitsbelastung von Lehrern). Darüber hinaus attribuieren sie in erster Linie auf externale Vulnerabilitäts-Faktoren (verantwortliche Personen, die Choleriker zusätzlich auf Schülerumwelt). Ein solcher Attributionsstil entspricht der auch in den Medien weitverbreiteten und verallgemeinernden Auffassung, nach der (außenstehende) Personen und Instanzen für die Befindlichkeit des Lehrers verantwortlich gemacht werden - Schüler, Eltern, Schulleitung - und, als Stressoren wirksam, die psychosomatischen Reaktionen des Lehrers bedingen. Die Leiden der Choleriker und Gestreßten finden in den zu Beginn dieser Arbeit beschriebenen arbeitspsychologischen und rollenspezifischen Modellen zum Lehrerberuf ihren theoretischen Überbau. Daß jedoch nur weniger als die Hälfte der Lehrer dieser Untersuchung ihr Lehrersein in dieser Weise erfährt, macht insbesondere der Vergleich zur Befindlichkeit der Unbeschwerten und Resignierten deutlich.

So unterschiedlich die Choleriker und Resignierten auch sind, sie verbindet die einseitige Ausrichtung ihrer Aufmerksamkeit auf eine Kognitionsklasse (LANTERMANN, 1982), auf die Umwelt (Choleriker) oder auf die innere Befindlichkeit (Resignierte). Dies führt zu Unstimmigkeiten zwischen Umwelt- und Selbstwahrnehmung, was wiederum zu Bewältigungsstrategien führt, die weder der Umwelt noch den eigenen Emotionen angemessen sind. Die jeweils wichtigste Bewältigungsstrategie der beiden Gruppen korreliert negativ mit Zufriedenheit, ständiges Nachdenken sogar signifikant. Beide Gruppen sind gleichzeitig die am wenigsten zufriedenen.

Betrachtet man die beschriebenen Lehrer-Cluster unter dem Blickwinkel der Burnout-Problematik, so ist nicht eindeutig zu bestimmen, welcher Lehrertypus vom Ausbrennen bedroht ist bzw. bereits ausgebrannt ist. Am wenigsten gefährdet scheinen die Unbeschwerten. Einige Symptome treffen auf die Gestreßten zu, insbesondere die psychosomatischen Reaktionen. Körperliche Beschwerden sind für die Gestreßten besonders typisch, Schuldzuweisungen treffen vorrangig auf Choleriker zu, Verzweiflung und Hoffnungslosigkeit auf die Resignierten. Möglicherweise sind die Gestreßten und Choleriker vom Ausbrennen bedroht, die Resignierten aber bereits ausgebrannt. Hier ist es wichtig, genau zwischen einzelnen Lehrertypen zu unterscheiden. Es zeigt sich aber, daß offenbar nicht alle Lehrer oder alle Lehrer gleichermaßen ausgebrannt sind. Deshalb ist HOFFMANNs (1987) allgemeine These, daß Burnout bei Lehrern durch ständig steigende Ansprüche ausgelöst werde, in dieser einfachen und unspezifischen Form nicht haltbar, da z.B. die Unbeschwerten überhaupt nicht ausgebrannt sind, aber denselben Ansprüchen ausgesetzt sind wie andere Lehrer auch.

In Abbildung 21 werden beide Clusterreihen nebeneinandergestellt und miteinander verglichen. Bei näherer Betrachtung einzelner Situations-, Gefühlsgruppierungen sowie der Attributionsstile liegen Ähnlichkeiten auf der Hand. Gleichzeitig erfolgt die Gegenüberstellung intuitiv, zumal sich auch Widersprüchlichkeiten ergeben. In Zweifelsfällen wurde ein Cluster zwei Clustern der anderen Seite gegenübergestellt. Die Abbildung 22 zeigt die prozentuale Verteilung der einzelnen Cluster innerhalb der Stichproben.

Angenehme Unterrichtssituationen-Belastende Unterrichtssituationen

Cluster 1: Die Profis   Cluster A: Die Unbeschwerten
                               Cluster C: Die Gestreßten

Cluster 4: Die Engagierten   Cluster A: Die Unbeschwerten

Cluster 2: Die Distanzierten   Cluster B: Die Resignierten

Cluster 3: Die Ordnungshüter   Cluster C: Die Gestreßten

Cluster 5: Die Strengen   Cluster D: Die Choleriker

Cluster 6: Die Sozialen   Cluster C: Die Gestreßten

Cluster 7: Die Freizeitorient.   ?

Abb. 21: Gegenüberstellung der Cluster aus den beiden Stichproben

Profis	32.7%		Unbeschwerte	24.0%
			Resignierte	31.8%
Distanzierte	10.0%			
Ordnungshüter	14.3%			
Engagierte	14.3%		Gestreßte	30.0%
Strenge	5.5%			
Soziale	16.2%			
Freizeitorient.	7.0%		Choleriker	14.2%

N = 272   N = 233

Abb. 22: Prozentuale Verteilung der Cluster innerhalb der Stichproben

Die Profis und die Engagierten scheinen ihr Pendant in den Unbeschwerten zu finden. Dafür spricht das in der Summe recht hohe Maß an Zufriedenheit und die inhaltliche Analogie, die sich beim Vergleich der Clusterprofile ergibt. Dagegen spricht aber die prozentuale Verteilung innerhalb der Stichproben. Die Profis und die Engagierten bilden zusammen etwa 47% aller Lehrer, die Unbeschwerten hingegen nur 24%. Außerdem bestehen die Profis aus mehr Frauen als aus Männern, bei den Unbeschwerten verhält es sich genau umgekehrt.

Möglicherweise finden die Profis ihr Gegenüber auch in den Gestreßten. Dafür spricht der etwa gleich große Prozentsatz (32.7% bzw. 30.0%), der vergleichbare Zufriedenheitswert und ähnliche demographische Verhältnisse: Beide Gruppen bestehen aus mehr Frauen als Männern und unterrichten insbesondere an Grundschulen.

Die Distanzierten gleichen augenscheinlich den Resignierten. Die Distanzierten erleben wenig angenehme und die Resignierten viele belastende Unterrichtssituationen, beide Gruppen sind die am wenigsten zufriedenen. Sie weichen jedoch größenmäßig stark voneinander ab. Die Gruppe der Resignierten ist mehr als dreimal so groß wie die der Distanzierten.

Die Ordnungshüter und die Sozialen stehen den Gestreßten gegenüber. Dies ist auch im Hinblick auf die prozentuale Verteilung und (eingeschränkt) die Zufriedenheit plausibel.

Die Strengen finden ihr Gegenüber in den Cholerikern, wofür die Analogie beider Profile spricht. Auf der anderen Seite ist die Gruppe der Choleriker knapp dreimal so groß wie die der Strengen. Auch in den Zufriedenheitswerten erweisen sich die Strengen als deutlich zufriedener als die Choleriker. Zu den Freizeitorientierten findet sich kein Pendant.

4.4. Konsequenzen aus den Ergebnissen für die Praxis

Es geht nun um die Frage, welche weiterführenden, für die Praxis notwendigen Schlußfolgerungen zu ziehen sind. Damit will die vorliegende Studie dem Anspruch gerecht werden, nicht nur Erkenntnisse im Dienste der Wissenschaft zu liefern, sondern darauf aufbauend Empfehlungen im Sinne praxisorientierter Intervention zu entwickeln.

Es ging in dieser Untersuchung nicht um das Festschreiben abgegrenzter, unveränderlicher Lehrertypen mit dem Ziel, den Fächer der schon zahlreich vorhandenen Lehrertypen-Modelle um ein weiteres zu ergänzen. Solche in deterministischer Weise zu postulieren, ist weder im Sinne des Autors noch im Interesse der Lehrerschaft. Derartige Persönlichkeitstheorien zeigen alle Merkmale eines statischen Menschenbildes (vgl. auch GRELL, 1990), das der Realität niemals gerecht werden kann. Der Vorteil einer modellgestützten Vorgehensweise ist es aber, wie die vorliegende Arbeit verdeutlicht, anhand empirischer und akzentuiert dargestellter Ergebnisse einige differenzierte Maßnahmen ableiten zu können, deren spezifische Indikation sonst nicht ohne weiteres erkennbar wäre.

Konkret geht es darum, gruppenadäquate Maßnahmenkataloge zu entwickeln, z.B. Beratungs-, Trainings- oder Therapiekonzepte, welche die aufgezeigten unterschiedlichen Empfindungsqualitäten, Attributions- und Bewältigungsstile berücksichtigen. Solche Programme könnten auf die hier ermittelten Lehrertypen individuell zugeschnitten werden und würden auf eine effektive Modifikation der beeinträchtigenden kognitiven Strukturen abzielen.

Gemäß sauberer psychologischer Vorgehensweise könnten derartige Interventionen in zwei Schritten erfolgen:
1. Diagnose der individuellen kognitiven Landschaft.
2. Einleitung einer spezifischen, das Resultat aus der Diagnose berücksichtigenden Intervention.

Zur Diagnose eignet sich gegebenenfalls der vorliegende Fragebogen. Er ergänzt die bereits vorhandenen Erfassungsinstrumente zur Belastungsverarbeitung (vgl. REICHERTS, 1988), wobei er aber ausschließlich auf die Zielgruppe der Lehrer hin angelegt ist. Als Maßnahmen kämen eine Reihe von Instrumenten in Frage, die nachfolgend für die in dieser Untersuchung gefundenen Cluster dargestellt werden. Die hier beschriebenen Trainings haben nur wenig zu tun mit den klassischen Lehrertrainings, welche vorrangig die Veränderung und Einübung geeigneter praktisch-pädagogischer Einstellungen und Verhaltensweisen beabsichtigen (vgl. TAUSCH & TAUSCH, 1979; NICKEL, 1978; BRUNNER, 1976). Dort geht es um das Überprüfen von Einstellungen und Haltungen gegenüber Kindern und Jugendlichen, um für eine differenzierte Erfassung psychischer Vorgänge zu sensibilisieren und um Handlungskompetenzen in der Interaktion mit den Schülern zu erwerben. Das Kriterium liegt dabei stets auf Schülerseite, operationalisiert z.B. an der Schülerleistung oder am Klassenklima.

Die hier favorisierten Instrumente haben zwar auch den Aufbau von Kompetenzen im Sinne von effizienter Verhaltenssteuerung zum Ziel; als Erfolgskriterien jedoch gelten subjektive Parameter wie "Berufszufriedenheit" oder "Ausmaß kognitiver Umstrukturierung", "Qualität und Intensität von Empfindungen in Unterrichtssituationen" usw..

Nachfolgend seien clusterspezifische Vorschläge für Interventionsmaßnahmen thesenhaft dargestellt. Die Unbeschwerten werden dabei außer acht gelassen, da sie aufgrund eines optimalen Vulnerabilitäts- und Bewältigungsstils nur wenig Interventionsbedarf zu haben scheinen. Den Unbeschwerten kann man lediglich "weiter so" wünschen, verbunden mit der Hoffnung, daß ihre kognitive Landschaft auch in Zukunft stabil bleibt. Es werden, auch aus Platzgründen, nur Interventionsmaßnahmen für die Gestreßten, die Resignierten und die Choleriker beschrieben, da diese Gruppen aus diagnostischen Gründen für Psychologen am interessantesten sind und psychologische Techniken in erster Linie den Ausgleich von Defiziten beabsichtigen.

Interventionsmaßnahmen für die Resignierten:

Die Resignierten stellen die problematischste Teilpopulation dar. Sie sind am wenigsten zufrieden, ihre negativen Empfindungen in belastenden Unterrichtssituationen sind stärker als diejenigen anderer Lehrer, sie attribuieren ausschließlich internal, und ihnen steht nur eine kognitive, wenig effiziente Bewältigungsstrategie zur Verfügung.

Eine Attributionstherapie könnte den ungünstigen Attributionsstil in belastenden Situationen dahingehend verändern, daß die betroffenen Lehrer mehr Selbstvertrauen erlangen und Mißerfolge nicht mehr als persönlich verschuldet ansehen. Konkrete Ziele einer Attributionstherapie könnten sein, positive Ereignisse vermehrt internal-aktionalen Ursachen, negative Ereignisse eher external-aktionalen Ursachen zuzuschreiben. Das Training soll kognitive Strategien vermitteln, sich selbst als steuerbar zu erleben, Verantwortung für Erfolge zu übernehmen und Mißerfolge als veränderbar anzusehen (PESTA et al., 1982, vgl. auch HECKHAUSEN, 1989). Da es sich bei Attributionsstilen der beschriebenen Art um eingefahrene und komplexe kognitive Vorgänge handelt, die meist nicht bewußt ablaufen, ist es wichtig, die Resignierten für solche Prozesse zu sensibilisieren.

Dies sollte aber nicht in erster Linie mit Hilfe von Entspannungstechniken erfolgen. Diese nämlich, so geben KATZ & SCHMIDT (1991) zu bedenken, führen eine verstärkte Selbstbeobachtung herbei. Die Person setzt sich im entspannten Zustand zwar aktiver und bewußter mit Problemen auseinander, die Auseinandersetzung könnte jedoch bewirken, daß das Erleben der eigenen Unfähigkeit und die damit verbundenen Empfindungen von Resignation und Hoffnungslosigkeit noch verstärkt werden. Ein weiteres Ziel ist die Modifikation des Bewältigungsstils, der in enger Beziehung und Welchselwirkung mit dem Attributionsstil steht. BRODA (1985) spricht von einem System bewußter und unbewußter Planstrukturen auf verschiedenen Ebenen, welche das konkrete Bewältigungsverhalten bestimmen. Ziel einer Verhaltenstherapie wäre es, die impliziten Handlungspläne herauszuarbeiten. Dadurch gewinnt der betroffene Lehrer Einblick in sein Bewältigungsrepertoire und kann es ändern. Ziel dieses Teils der therapeutischen Intervention ist das konkrete Einüben eines Bewältigungsstils mit überwiegend aktionalen, umweltorientierten und offensiven Elementen. Die hier geschilderte Intervention hat eindeutig verhaltenstherapeutischen Charakter und könnte sowohl in Einzelgesprächen mit einem geschulten Psychotherapeuten als auch im Rahmen einer Gruppentherapie für Lehrer erfolgen.

Interventionsmaßnahmen für die Gestreßten:

Psychosomatische Beeinträchtigungen und Angstzustände sind die dominierenden Merkmale der Gestreßten auf der Emotionsebene. Ihre Vulnerabilitäts-Attribution besteht aus einem externalen und zwei aktionalen Faktoren, ihr Bewältigungsstil umfaßt zwei Strategien, welche aktionale und kognitive Komponenten aufweisen.

Vermutlich ist es diese Lehrergruppe, die sich subjektiv am stärksten belastet fühlt. Daher empfiehlt sich in erster Linie sportliche Betätigung zum Ausgleich. Darüber hinaus sind aber auch Entspannungstechniken angezeigt, die es diesen Lehrern ermöglichen, sich aktiver und bewußter mit belastenden Unterrichtssituationen und ihrem Bewältigungsverhalten auseinanderzusetzen. Welches Entspannungsverfahren sich am ehesten eignet, soll an dieser Stelle nicht diskutiert werden. Es bieten sich Autogenes Training, Progressive Relaxation, Meditation, Yoga usw. an (vgl. auch KATZ & SCHMIDT, 1991; FLIEGEL et al., 1981). Erwiesenermaßen beeinflussen solche Techniken unmittelbar physiologische Funktionsabläufe, so daß deren Anwendung für diese Lehrergruppe zu einem raschen Erfolg führen würde.

Dabei sollte es aber nicht belassen bleiben. Ziel einer Intervention für die Gestreßten ist es auch, deren Attributions- und Bewältigungsstil bewußt zu machen. Da für sie die Vulnerabilitäts-Attribution auf verantwortliche Personen am wichtigsten ist, neigen sie vermutlich am Anfang dazu, die Verantwortung für eigenes Handeln zu leugnen. Daher sollte es auch das Ziel der Entspannungstechnik sein, die beschriebenen kognitiven Prozesse bewußt zu machen.

Außerdem sollte für Lehrer dieser Gruppe beabsichtigt werden, das Netz sozialer Unterstützung auszubauen. Der zweitwichtigste Vulnerabilitäts-Faktor, auf den die Gestreßten attribuieren - körper- und kontaktbezogene Defizite - deutet auf einen Bedarf in Bezug auf Kontakt und Nähe hin. Auf den Nutzen von sozialer Unterstützung wird in der Literatur vielfach hingewiesen (vgl. DANISH & D'AUGELLI, 1990; ARONSON et al., 1983; FILIPP, 1990; BLÖSCHL, 1987; UDRIS, 1982). Wer über soziale Unterstützung verfügt, leidet weniger unter Belastungssituationen bzw. kann besser damit umgehen. So könnten zum einen Fähigkeiten vermittelt werden, die es den Gestreßten ermöglichen, ihr Netz an sozialer Unterstützung auszubauen. Zum anderen könnte bereits im Rahmen der Intervention dafür gesorgt werden, daß diese Lehrer soziale Unterstützung erfahren. Daher bieten sich hier keine einzel-, sondern gruppenorientierte Settings an, entweder als Selbsthilfegruppe oder als Gruppentherapie.

Interventionsmaßnahmen für die Choleriker:

Die Choleriker empfinden sowohl Gefühle, die sich nach außen bzw. gegen andere richten als auch psychosomatische Beeinträchtigungen. Sie attribuieren vorwiegend external und neigen zu aktionalen und kognitiven Bewältigungsstrategien, wobei sich ihre typischste Strategie - repressives Verhalten - unter sozial-integrativen Aspekten als problematisch erweist.

Da die Choleriker vornehmlich external attribuieren, ist davon auszugehen, daß sie die Verantwortlichkeit für ihr Erleben und Verhalten, noch mehr als die Gestreßten, leugnen und sich in hohem Maße als von außen kontrolliert sehen. Störungen ihrer Befindlichkeit begegnen sie mit repressivem Verhalten und dies vermutlich zu einem recht frühen Zeitpunkt. Dafür spricht die Tatsache, daß sie keine Situation als besonders belastend erleben. Dank ihrer unmittelbaren Nach-außen-Wirkung gelingt es ihnen, alle ihr Wohlbefinden beeinträchtigenden Impulse weitgehend fernzuhalten. Daß dies nur vordergründig gelingt, zeigt sich darin, daß sie eine Reihe von negativen Gefühlen stark empfinden.

Da die Choleriker bei sich selbst keine Verantwortlichkeit für das eigene Erleben sehen, ist anzunehmen, daß sie mit individuellen Interventionen nur schwer oder nicht erreichbar sind. Sie werden von außen kommende Hilfe, die auf Verhaltensmodifikation abzielt, anfänglich vehement abwehren. Gelingt es dennoch, sie mit einem quasi-therapeutischen Angebot zu locken, so bieten sich, genauso wie bei den Gestreßten, einleitende Entspannungstechniken an. Im weiteren Verlauf jedoch sollten die Choleriker angeregt werden, ihren Bewältigungsstil zu reflektieren. Gegebenenfalls gelingt es, die repressive Verhaltensstrategie durch eine effizientere zu ersetzen, z.B. durch aktive Lösungssuche. Dies kann durch verhaltenstherapeutische Methoden wie Selbststeuerung, Verhaltenskontrolle usw. erreicht werden. SCHLOTTKE & WAHL (1983) empfehlen z.B. ein Entspannungskonzept, das darauf vorbereitet, daß sich Lehrer auch in belastenden Situationen selbst entspannen können. Ziel dieses Trainings ist Verbesserung der Verhaltenskontrolle des Lehrers.

Solche Interventionen können als Einzel-Beratungsgespräche, die im Wechsel mit Entspannungstechniken in der Gruppe erfolgen, stattfinden. Die Beratungsgespräche sollten darauf hinwirken, die individuelle kognitive Landschaft ins Bewußtsein zu rufen und Kompetenzen zur aktiven Veränderung belastender Situationen zu fördern.

Die beschriebenen Interventionsmaßnahmen sind als Vorschläge zu verstehen, die einer weiteren zielgruppenbezogenen Differenzierung bedürfen. Man mag den Eindruck bekommen, daß die vorgenannten Überlegungen dazu verleiten, dem einzelnen Lehrer die alleinige Verantwortung in der Auseinandersetzung mit belastenden Unterrichtssituationen zuzuschreiben. Dies trifft für die Verantwortlichkeit für eigenes Erlebens natürlich zu, schließt die Möglichkeit kollektiver Vor- und Fürsorge aber nicht aus. Dies umso mehr, zumal deutlich wurde, daß nur 24% der Lehrer "unbeschwert" sind (siehe Abbildung 22!), sich demgegenüber aber für drei Viertel aller Lehrer ein offensichtlicher Interventionsbedarf ergibt. Hier könnten im Rahmen der Lehrerfortbildung, unterstützt von administrativer Seite und schon in der Lehrerausbildung psychologisch qualifizierte Angebote geschaffen werden, die es Lehrern ermöglichen, sich gemeinsam unter Berücksichtigung schulischer Kontexte mit individuellen Erfahrungen auseinanderzusetzen. Gerade in der Lehrerausbildung könnten solche Angebote auf belastende Unterrichtssituationen frühzeitig vorbereiten und präventiv Kompetenzen vermitteln. Vielleicht ließen sich damit auch Praxisschock-Erfahrungen verhindern bzw. abmildern.

Selbstverständlich dürfen die hier getroffenen Aussagen nicht dazu verleiten, daß der Notwendigkeit administrativer und struktureller Veränderungen weniger Bedeutung eingeräumt wird. Es soll jedoch klar werden, daß Änderungen, die sich ausschließlich auf schulische Abläufe und die Organisation beziehen, nicht automatisch das Ausmaß der Arbeitsbelastung reduziert. So ist beispielsweise eine Verkürzung der Arbeitszeit, in deren Empfehlung sich zahlreiche Untersuchungen erschöpfen, für viele Lehrer sicher wünschenswert, da sie mehr Freizeit beschert. Es ist aber fraglich, ob Arbeitszeitverkürzung ein geeignetes Mittel darstellt, um das subjektive Belastungserleben von Lehrern zu mindern. Es besteht sogar die Gefahr, daß solche Maßnahmen eine Alibi-Funktion bekommen und in vereinfachender Weise die wahren Ursachen belastender Unterrichtssituationen für den einzelnen Lehrer verschleiern und dadurch konstruktive und individuelle Lösungen geradezu verhindern.

Hervorgehoben werden soll mit den vorgenannten Vermutungen, daß Arbeitszeitverkürzung als alleiniges Mittel zur Verminderung der Belastung an der Oberfläche bleibt und haarscharf am Bedarf des einzelnen Lehrers vorbeilaufen kann. In dieses Bild fügen sich die Ausführungen KISCHKELs (1987), nach denen zwischen der Arbeitszeit und der Arbeitszufriedenheit keine nennenswerte Beziehung besteht und die Arbeitszeit kein Kriterium für den Umfang belastender und befriedigender Arbeitserfahrungen ist, sondern mit subjektiven Elementen konfundiert ist.

4.5. Reflexion dieser Untersuchung sowie Ausblick und Anregungen für die zukünftige Forschung

Während der Durchführung der Untersuchung und der Auswertung der erhobenen Daten wurde ein methodisches Problem immer evidenter: Wie in Kapitel 2.3.2. (Präzisierung, Operationalisierung und Konstruktion des Fragebogens) ausgeführt, war es aus Gründen des Materialumfangs, den die Vorbefragung erbrachte, nur möglich, zwei anstatt eine Stichprobe zu befragen. Vergleiche zwischen den kognitiven Landschaften von Lehrern der einen mit denen der anderen Stichprobe sind deshalb rein spekulativ und dienten an bestimmten Stellen dazu, weiterführende Überlegungen - weniger definitive Schlußfolgerungen - daraus abzuleiten, z.B. in Kapitel 4.3. (Akzentuierte Darstellung der Lehrer-Cluster), wo die Cluster 1 bis 7 den Clustern A bis D gegenübergestellt wurden. Hier ist es erforderlich, einmal anhand einer Stichprobe zu ermitteln, welche kognitiven Gesamtlandschaften - bezogen auf angenehme und belastende Unterrichtssituationen - Lehrer aufweisen.

Darüber hinaus ergaben sich bei der Reflexion und Interpretation der Ergebnisse eine Reihe interessanter Fragestellungen, die Ausgangspunkt für zukünftige Forschungsprojekte sein könnten:

In der vorliegenden Arbeit wurde "streng wissenschaftlich" von Zusammenhängen zwischen den Parametern gesprochen, nicht jedoch von Kausalbeziehungen. Solche könnten in künftigen Studien, z.B. mit Hilfe experimenteller Designs, ermittelt werden. Sie sollten zum Ziel haben, unabhängige und abhängige Variablen in dem beschriebenen Wirkungsgeflecht zu identifizieren. Sind grundsätzlich die Parameter in ihrer Gesamtheit unabhängige bzw. abhängige Variablen oder gibt es sogar innerhalb der Parameter sowohl unabhängige, als auch abhängige Variablen?

Aufschlußreich ist die Beantwortung der Frage, ob gewisse Bewältigungsstrategien bzw. ganze Bewältigungsstile in kurzer Zeit trainierbar sind und ob damit eine spürbare Steigerung der Zufriedenheit erreicht werden kann. Hier wären Voraussetzungen auf diagnostischer Ebene und die Bedingungen, unter denen solche Interventionen stattfinden sollten sowie Erfolgskriterien genauer zu beschreiben. Darüber hinaus könnte man Ablauf und Erfolg der Interventionen für die jeweiligen Lehrer-Zielgruppen im einzelnen ermitteln. In diesem Zusammenhang ist zu prüfen, inwieweit sich die vorhandenen Fragebögen zu diagnostischen Zwecken eignen. Als Itempool sind sie sicherlich wertvoll, könnten aber mittels feinstatistischer Analysen weiter gestrafft und somit für den handlichen Gebrauch aufbereitet werden. An dieser Stelle sollten sich auch die Burnout-Forscher einschalten, die mit Hilfe eines solchen Fragebogens bereits frühzeitig Burnout-Symptome an Lehrern diagnostizieren und umgehend gezielte therapeutische Maßnahmen anbieten könnten.

Kognitive Landschaften sind außerdem anhand demographischer Merkmale eingehender zu untersuchen. So könnte Ursachenforschung betrieben werden, die Aussagen darüber trifft, ob z.b. das Unterrichten an bestimmten Schultypen das Anlegen besonderer Bewältigungsstile eher fördert oder eher verhindert. Dazu liegen in dieser Untersuchung bereits Hinweise vor.

Da die Schule eine Dienstleistungsorganisation ist und Lehrer nicht nur aus Selbstzweck unterrichten, sondern sich fortwährend ihren "Auftraggebern", den Schülern, gegenübersehen, ist auch die Erforschung von Zusammenhängen zwischen den kognitiven Landschaften des Lehrers und pädagogischen Parametern von Interesse. Damit eröffnen sich eine Reihe wichtiger Fragestellungen. Wie hängen beispielsweise bestimmte Bewältigungsstile mit Erziehungsdimensionen, mit konkretem Unterrichtsverhalten von Lehrern, mit Kommunikationsprozessen im Unterricht, mit Schülerleistungen und mit dem Klassenklima zusammen? An dieser Stelle gewinnt das Außenkriterium "Schüler" zentrale Bedeutung. Hier lassen sich auch Brücken zu den anderen, im Kapitel 1.1. (Ausgangslage und Problemstellung) beschriebenen Forschungsrichtungen schlagen. Welche Zusammenhänge bestehen mit Erziehungsstilen, die in der Pädagogischen Psychologie so zahlreich formuliert sind und zum Teil empirisch überprüft wurden (siehe u.a. CASELMANN, 1964; GORDON, 1959; GRAUMANN & HOFER, 1974; SCHENK, 1977; NICKEL, 1978; TAUSCH & TAUSCH, 1979; WEBER, 1986, siehe auch das Führungsstilmodell von LEWIN et al. 1939)?

Dahinter steht auch die Frage, anhand welcher Parameter, z.B. Erziehungsstile, kognitive Landschaften für andere beobachtbar werden. Dazu sei abschließend eine interessante Analogie aufgezeigt: OLMSTED et al. (1974) entwickelten aus Testdaten und Tiefeninterviews mit Lehrerstudenten im Vorbereitungsdienst mittels statistischer Prozeduren sieben Lehrertypen ("teacher stance types"), die zum Teil an die in dieser Untersuchung gefundenen Lehrer erinnern. Die nachfolgend vorgenommene Zuordnung ist jedoch nicht immer eindeutig und erfolgte teilweise intuitiv:

1. Child focuser (an den Interessen des Kindes orientiert):
   entspricht den Sozialen;
2. Pragmatist (loyal, organisationsorientiert, kompromißbereit):
   entspricht den Profis;
3. Task focuser (lernzielorientiert, perfektionistisch):
   entspricht den Engagierten;
4. Contended conformist (außenorientiert, erfüllt Erwartungen, zufrieden):
   entspricht evtl. den Ordnungshütern;
5. Timeserver (ohne Ehrgeiz, aus Bequemlichkeit auf Ordnung bedacht):
   entspricht den Freizeitorientierten;
6. Ambivalent (falsche Erwartungen in Bezug auf die Realität):
   entspricht den Strengen;
7. Aliented (unzufrieden, distanziert):
   entspricht den Distanzierten.

Eine weitere Brücke ließe sich zur Lehrer-Kognitionsforschung schlagen (vgl. MANDL & HUBER, 1983b; KRAMPEN, 1986), wo Beziehungen und Wechselwirkungen zwischen individuellen Bewältigungsstilen und subjektiven Theorien des Lehrers über Schülerleistung, Unterrichtsprozesse usw. zu erforschen wären. Schaut man sich die Faktorenanalyse zu Ressourcen- und Vulnerabilitäts-Attribution sowie die Clusterprofile in dieser Untersuchung daraufhin an, so liegen Zusammenhänge auf der Hand.

5. Literaturverzeichnis

Abramson, L.Y., Seligman, M.E.P. & Teasdale, J.D. (1978). Learned help-lessness in humans: Critique and Reformulation. Journal of Abnormal Psychology, 87, 49-74.

Aldwin, C., Folkman, S., Schaefer, C., Coyne, J.C. & Lazarus, R.S. (1980). Ways of coping: A process measure. Paper presented at meeting of American Psychological Association, Montreal.

Arndt-Pagé, B., Geiger, E., Koeppen, M. & Künzel, R. (1983). Klassifizierung von Copingverhalten. Diagnostica, 29, 183-189.

Arnold, K.-H. (1981). Zur Definition des Sammelbegriffs "Situation" in Theorien der Verhaltenserklärung. Zeitschrift für Differenzielle und Diagnostische Psychologie, 2, 275-280.

Aronson, E., Pines, A.M. & Kafry, D. (1983). Ausgebrannt, Vom Überdruß zur Selbstentfaltung. Stuttgart: Klett-Cotta.

Becker, P. (1985). Bewältigungsverhalten und seelische Gesundheit. Zeitschrift für Klinische Psychologie, 14, 169-184.

Beiner, F. & Müller, T. (1982). Das Bedingungsfeld von Praxisschock und Lehrerkonflikten. In: Beiner, F. (Hrsg.), Zur Konfliktstruktur der Lehrerrolle, Praxisschock, Rollenkonflikte, Professionalisierung im Lehrerberuf. Heinsberg: Agentur Dieck.

Bergmann, G. (1985). Streß und Bewältigung: Psychologische Forschungsansätze. In: Scherer, K.R., Wallbott, H.G., Tolkmitt, F.J. & Bergmann, G. (Hrsg.), Die Streßreaktion: Physiologie und Verhalten. Göttingen: Hogrefe.

Biener, K. (1988). Streß, Epidemiologie und Prävention. Bern: Huber.

Blöschl, L. (1987). Soziales Netzwerk / Soziale Unterstützung, Lebensbelastung und Befindlichkeit, Eine Standortbestimmung aus psychologischer Sicht. Zeitschrift für Klinische Psychologie, 16, 311-320.

Broda, M. (1985). Pläne und Coping: Ein Integrationsversuch zweier Konzepte. Verhaltenstherapie und psychosoziale Praxis, 505-514.

Brück, H. (1986). Die Angst des Lehrers vor seinem Schüler. Reinbek: Rowohlt.

Brunner, R. (1976). Lehrertraining, Grundlagen-Verfahren-Ergebnisse. München: Reinhardt.

Burisch, M. (1985). Der leere Lehrer, Burn-out, ein neues Schlagwort. Hamburger Lehrerzeitung, 37, 8-11.

Burisch, M. (1989). Das Burnout-Syndrom, Theorie der inneren Erschöpfung. Berlin: Springer.

Byrne, D. (1964). Repression-sensitization as a dimension of personality. In: Maher, B.A. (Ed.), Progress in experimental personality research, Vol. 1, New York: Academic Press, 169-220.

Caselmann, C. (1964). Wesensformen des Lehrers, Versuch einer Typenlehre. Stuttgart: Klett.

Clauss, G. & Ebner, H. (1979). Grundlagen der Statistik, Für Psychologen, Pädagogen und Soziologen. Thun: Harri Deutsch.

Danish, S.J. & D'Augelli, A.R. (1990). Kompetenzerhöhung als Ziel der Intervention in Entwicklungsverläufe über die Lebensspanne. In: Filipp, S.-H. (Hrsg.), Kritische Lebensereignisse. München: Psychologie Verlags Union.

Dieterich, R. (1983). Lehrereigenschaften und ihre erzieherische Bedeutung. In: Dieterich, R., Elbing, E., Peagitsch, I. & Ritscher, H. (Hrsg.), Psychologie der Lehrerpersönlichkeit. München: Reinhardt.

Döring, K.W. (1989). Lehrerverhalten, Ein Lehr- und Arbeitsbuch. Weinheim: Deutscher Studien Verlag.

Dorrmann, W. (1989). Mehrdimensionale Attributionsgewohnheiten in Erfolgs- und Mißerfolgssituationen bei Erwachsenen: Der IE-SV-F. In: Krampen, G. (Hrsg.), Diagnostik von Attributionen und Kontrollüberzeugungen. Göttingen: Hogrefe.

Dorsch, F. (1976). Psychologisches Wörterbuch. Bern: Huber.

Eckes, T. & Rossbach, H. (1980). Clusteranalysen. Stuttgart: Kohlhammer.

Elbing, E. (1983). Das Selbstkonzept des Lehrers und seine erzieherische Bedeutung. In: Dieterich, R., Elbing, E., Peagitsch, I. & Ritscher, H. (Hrsg.), Psychologie der Lehrerpersönlichkeit. München: Reinhardt.

Engelhardt, G.v. & Lück, H.E. (1973). Aspekte der Arbeitszufriedenheit von Lehrern verschiedener schulischer Bereiche. Psychologie in Erziehung und Unterricht, 20, 113-117.

Faltermaier, T. (1988). Notwendigkeit einer sozialwissenschaftlichen Belastungskonzeption. In: Brüderl, L. (Hrsg.), Theorien und Methoden der Bewältigungsforschung. Weinheim: Juventa.

Fend, H. (1981). Theorie der Schule. München: Urban & Schwarzenberg.

Filipp, S.-H. (1990). Ein allgemeines Modell für die Analyse kritischer Lebensereignisse. In: Filipp, S.-H. (Hrsg.), Kritische Lebensereignisse. München: Psychologie Verlags Union.

Filipp, S.-H. (1990). Lebensereignisforschung - eine Bilanz. In: Filipp, S.-H. (Hrsg.), Kritische Lebensereignisse. München: Psychologie Verlags Union.

Fliegel, S., Groeger, W.M., Künzel, R., Schulte, D. & Sorgatz, H. (Hrsg.) (1981). Verhaltenstherapeutische Standardmethoden. München: Urban & Schwarzenberg.

Folkman, S., Lazarus, R.S. (1980). An analysis of coping in a middle-aged community sample. Journal of Health and Social Behavior, 21, 219-239.

Freud, A. (1982). Das Ich und die Abwehrmechanismen. München: Kindler.

Friedrichs, J. (1973). Methoden empirischer Sozialforschung. Reinbek: Rowohlt.

Götz, B. (1973). Freiheit und Zwang der Lehrerrolle. In: Die Deutsche Schule, 10, 658-674.

Gordon, C.W. (1959). Die Schulklasse als ein soziales System. In: Heintz, P. (Hrsg.), Soziologie der Schule. Köln: Westdeutscher Verlag.

Graumann, C.F. & Hofer, M. (1974). Lehrerpersönlichkeit und Lehrerverhalten. In: Weinert, F.E., Graumann, C.F., Heckhausen, H., Hofer, M. u.a. (Hrsg.), Pädagogische Psychologie, 1. Frankfurt: Fischer.

Greif, S. (1991). Streß in der Arbeit - Einführung und Grundbegriffe. In: Greif, S., Bamberg, E. & Semmer, N. (Hrsg.), Psychischer Streß am Arbeitsplatz. Göttingen: Hogrefe.

Grell, J. (1990). Techniken des Lehrerverhaltens. Weinheim: Beltz.

Haan, N. (1977). Coping and defending: Processes of self-environment organization. New York: Academic Press.

Hausser, K., Mayring, P. (1982). Berufsinteresse von Lehrern - Ein Vorschlag zur Operationalisierung. Psychologie in Erziehung und Unterricht, 29, 295-302.

Heckhausen, H. (1974). Lehrer-Schüler-Interaktion. In: Weinert, F.E., Graumann, C.F., Heckhausen, H., Hofer, M. u.a. (Hrsg.), Pädagogische Psychologie, 1. Frankfurt: Fischer.

Heckhausen, H. (1989). Motivation und Handeln. Berlin: Springer.

Heider, F. (1958). The psychology of interpersonal relations. New York: Wiley.

Herkner, W. (1981). Einführung in die Sozialpsychologie. Bern: Huber.

Hoffmann, E. (1987). Zwischen Engagement und Enttäuschung - Das ‚Burnout'-Syndrom. Die Deutsche Schule, 4, 430-439.

Ilfeld, F.W. (1980). Coping Styles of Chicago Adults: Description. Journal of Human Stress, 6, 2-10.

Izard, C.E. (1981). Die Emotionen des Menschen, Eine Einführung in die Grundlagen der Emotionspsychologie. Weinheim: Beltz.

Janke, W., Erdmann, G. & Kallus, W. (Hrsg.) (1985). Streßverarbeitungsfragebogen (SVF), Handanweisung. Göttingen: Hogrefe.

Jendrowiak, H.W. & Kreuzer, K.J. (1980). Lehrer zwischen Angst und Auftrag. Düsseldorf: Schwann.

Jerusalem, M., Schwarzer, R. (1989). Selbstkonzept und Ängstlichkeit als Einflußgrößen für Streßerleben und Bewältigungstendenzen. Zeitschrift für Entwicklungspsychologie und Pädagogische Psychologie, 21, 307-324.

Jerusalem, M. (1990). Persönliche Ressourcen, Vulnerabilität und Streßerleben. Göttingen: Hogrefe.

Kahl, T. (1987). Reduzierung der Lehrer-Arbeitsbelastung durch Teilnahme an Fortbildungsangeboten, Thesenhafte Diskussionsanstöße. In: Schönwälder, H.-G. (Hrsg.), Lehrerarbeit; GEW Forum. Freiburg: Dreisam.

Katz, P., Schmidt, A.R. (1991). Wenn der Alltag zum Problem wird, Belastende Alltagsprobleme und Bewältigungsmöglichkeiten. Stuttgart: Verlag für Angewandte Psychologie.

Kischkel, K.-H. (1984). Zur Arbeitssituation von Lehrern, Eine empirische Untersuchung an Gesamtschulen und Schulen des gegliederten Systems. Frankfurt: Lang.

Kischkel, K.-H. (1987). Zum Einfluß situativer und Einstellungsfaktoren auf die Arbeitsplatzperzeptionen und die Arbeits- und Lebenszufriedenheit von Lehrern. In: Schönwälder, H.-G. (Hrsg.), Lehrerarbeit; GEW Forum. Freiburg: Dreisam.

Kleiber, D. & Enzmann, D. (1990). Burnout, Eine internationale Bibliographie. Göttingen: Hogrefe.

Kleinbeck, U. (1977). Berufserfolg - Berufszufriedenheit - Berufliche Entwicklung. In: Seifert, K.-H. (Hrsg.), Handbuch der Berufspsychologie. Göttingen: Hogrefe.

Klose, P. (1971). Das Rollenkonzept als Untersuchungsansatz für die Berufssituation des Lehrers. Kölner Zeitschrift für Soziologie und Sozialpsychologie, 23, 78-97.

Knapp, A. (1985). Über die Auswirkungen des Organisationsklimas von Lehrerkollegien an großen und kleinen Schulen auf die Wahrnehmung des Lehrerverhaltens im Unterricht durch Schüler. Psychologie in Erziehung und Unterricht, 32, 201-214.

Kob, J. (1959). Die Rollenproblematik des Lehrerberufs. Kölner Zeitschrift für Soziologie und Sozialpsychologie, Sonderheft 4, 91-107.

Korman, A.K. (1970). Toward an hypothesis of work behavior. Journal of Applied Psychology, 54, 31-41.

Krampen, G. (1978). Über die Beziehung von Berufszufriedenheit und beruflichen Wertorientierungen bei Lehrern. Psychologie und Praxis, 22, 49-57.

Krampen, G. (1981). Berufszufriedenheit und Zielorientierungen von Lehrern: Interdependenzanalyse zweier motivationaler Variablenkomplexe. Psychologie und Praxis, 25, 45-55.

Krampen, G. & Schwab, P. (1980). Erziehungsziele und Berufszufriedenheit von Grundschul-, Hauptschul- und Gymnasiallehrern. Psychologie in Erziehung und Unterricht, 27, 174-177.

Krampen, G. (1986). Handlungsleitende Kognitionen von Lehrern, Instrumentalitätstheoretische Vorhersagen pädagogischer Präferenzen. Göttingen: Hogrefe.

Krampen, G. (1989). Mehrdimensionale Erfassung generalisierter und bereichsspezifischer Kontrollüberzeugungen. In: Krampen, G. (Hrsg.), Diagnostik von Attributionen und Kontrollüberzeugungen. Göttingen: Hogrefe.

Krech, D. & Crutchfield, R.S. (1976). Grundlagen der Psychologie, Band 1. Weinheim: Beltz.

Krieger, R., Bergmann, C., Bernath, L., Hohmann, I., Mendel, G. & Theobald, G. (1976). Erlebte Belastung des Lehrers durch verhaltensauffällige Schüler. Zeitschrift für Entwicklungspsychologie und Pädagogische Psychologie, 8, 245-251.

Kriz, J. & Lisch, R. (1988). Methodenlexikon. München: Psychologie Verlags Union.

Krohne, H.W., Rösch, W. & Kürsten, F. (1989). Die Erfassung von Angstbewältigung in physisch bedrohlichen Situationen. Zeitschrift für Klinische Psychologie, 18, 230-242.

Kyriacou, C. & Sutcliffe, J. (1978). Teacher stress: prevalence, sources and symptoms. British Journal of Educational Psychology, 48, 159-167.

Lantermann, E.D. (1982). Integration von Kognitionen und Emotionen in Handlungen. In: Hoefert, H.-W. (Hrsg.), Person und Situation, Interaktionspsychologische Untersuchungen. Göttingen: Hogrefe.

Lazarus, R.S. & Launier, R. (1978). Stress-related transactions between person and environment. In: Pervin, L.A. & Lewis, M. (Hrsg.), Perspectives in Interactional Psychology. New York: Plenum Press.

Lazarus, R.S. & Launier, R. (1981). Streßbezogene Transaktionen zwischen Person und Umwelt. In: Nitsch, J.R. (Hrsg.), Streß, Theorien, Untersuchungen, Maßnahmen. Bern: Huber.

Lazarus, R.S. (1990). Streß und Streßbewältigung - ein Paradigma. In: Filipp, S.-H. (Hrsg.), Kritische Lebensereignisse. München: Psychologie Verlags Union.

Lewin, K., Lippitt, R. & White, R.K. (1939). Patterns of aggressive behavior in experimentally created social climates. Journal of Social Psychology, 10, 271-299.

Lienert, G.A. (1969). Testaufbau und Testanalyse. Weinheim: Beltz.

Littig, K.-E. (1980). Berufszufriedenheit von Lehrern, Forschungsergebnisse und Forschungsschwerpunkte. Zeitschrift für Empirische Pädagogik, 4, 225-243.

Mandl, H. & Huber, G.L. (1983). Subjektive Theorien von Lehrern. Psychologie in Erziehung und Unterricht, 30, 98-112.

Mayring, P. (1990). Qualitative Inhaltsanalyse, Grundlagen und Techniken. Weinheim: Deutscher Studien Verlag.

Merz, J. (1980). Eine Skala zur Messung der "Allgemeinen Berufszufriedenheit von Lehrern" (ABZ). Zeitschrift für Empirische Pädagogik, 4, 59-69.

Merz, J. & Weid, A. (1981). Berufliche Wertorientierungen und Allgemeine Berufszufriedenheit von Lehrern. Psychologie in Erziehung und Unterricht, 28, 214-221.

Mrazek, J. (1989). Die Erfassung körperbezogener Kontrollüberzeugungen. In: Krampen, G. (Hrsg.), Diagnostik von Attributionen und Kontrollüberzeugungen. Göttingen: Hogrefe.

Müller-Fohrbrodt, G., Cloetta, B. & Dann, H.D. (1978). Der Praxisschock bei jungen Lehrern: Formen, Ursachen, Folgerungen. Stuttgart: Klett.

Müller-Limmroth, W. (1980). Arbeitszeit - Arbeitsbelastung im Lehrerberuf, Eine arbeitsphysiologische Bewertung der Belastung des Pädagogen unter Berücksichtigung der Lehrerarbeitszeit. Gewerkschaft Erziehung und Wissenschaft: Im Brennpunkt, Mai.

Mummendey, H.D. (1987). Die Fragebogen-Methode. Göttingen: Hogrefe.

Nave-Herz, R. (1973). Der Lehrer im Spannungsfeld antagonistischer Funktionen. Die Deutsche Schule, 10, 387-393.

Nickel, H. (1978). Psychologie des Lehrerverhaltens, Beiträge zu psychologischen Aspekten einer nichtautoritären Erziehung und Problemen des Lehrertrainings. München: Reinhardt.

Nuding, A. (1984). Lehrerangst im Schulalltag, Informelle Erhebung mit Berücksichtigung der kognitiven und emotionellen Dimension. Psychologie in Erziehung und Unterricht, 31, 292-297.

Olmsted, A.G. et al. (1974). Stances Teachers Take: A Basis for Selective Admission. Phi Delta Kappan, 1, 330-334.

Peagitsch, I. (1983). Motivationale Aspekte der Lehrerpersönlichkeit und des Lehrerberufs. In: Dieterich, R., Elbing, E., Peagitsch, I. & Ritscher, H. (Hrsg.), Psychologie der Lehrerpersönlichkeit. München: Reinhardt.

Peez, H. (1983). Angst als Begleiter im Lehrerleben. Information für Erzieher, 4.

Perrez, M. (1988). Bewältigung von Alltagsbelastungen und seelische Gesundheit, Zusammenhänge auf der Grundlage computerunterstützter Selbstbeobachtungs- und Fragebogendaten. Zeitschrift für Klinische Psychologie, 17, 292-306.

Pesta, T., Herkner, W. & Maritsch, F. (1982). Die Entwicklung einer Attributionstherapie II: Die Veränderung von Attributionen bei Leistungsstörungen. Zeitschrift für Klinische Psychologie, 11, 215-226.

Plutchik, R. (1980). A general psychoevolutionary theory of emotion. In: Plutchik, R. & Kellerman, H. (Hrsg.), Emotion. Theory, research and experience, Vol. 1: Theories of emotion. New York: Academic Press.

Prystav, G. (1981). Psychologische Copingforschung: Konzeptbildungen, Operationalisierungen und Meßinstrumente. Diagnostica, 27, 189-214.

Raible, R. (1978). "Nach einem Jahr sind sie alle gleich", Zur Berufssozialisation des Junglehrers. Westermanns Pädagogische Beiträge, 30, 352-356.

Randoll, P. (1981). Affektive Reaktionen von Lehrern auf Unterrichtsereignisse. Unveröffentlichte Diplomarbeit. Heidelberg: Psychologisches Institut, Universität.

Reicherts, M. (1988). Diagnostik der Belastungsverarbeitung, Neue Zugänge zu Streß-Bewältigungs-Prozessen. Freiburg (Schweiz): Universitätsverlag; Bern: Huber.

Reinhardt, S. (1978). Die Konfliktstruktur der Lehrerrolle. Zeitschrift für Pädagogik, 24, 515-531.

Rennen-Allhoff, B. & Allhoff, P. (1983). Anwendung von Clusteranalysen bei psychologisch-pädagogischen Fragestellungen. Psychologie in Erziehung und Unterricht, 30, 253-261.

Rheinberg, F. & Minsel, B. (1986). Psychologie des Erziehers. In: Weidenmann, B., Krapp, A., Hofer, M., Huber, G.L. & Mandl, H. (Hrsg.), Pädagogische Psychologie, Ein Lehrbuch. München: Psychologie Verlags Union.

Ritscher, H. (1983). Die Rollenfunktion des Lehrers. In: Dieterich, R., Elbing, E., Peagitsch, I. & Ritscher, H. (Hrsg.), Psychologie der Lehrerpersönlichkeit. München: Reinhardt.

Roberts, K.H. & Rost, D.H. (1974). Analyse und Bewertung empirischer Untersuchungen. Weinheim: Beltz.

Rösel, M. (1974). Was heißt "Lehrerrolle"?, Materialien zur Veranschaulichung einer sozialwissenschaftlichen Kategorie. Neue Sammlung, 34-52

Roth, E. (1984). Sozialwissenschaftliche Methoden, Lehr- und Handbuch für Forschung und Praxis. München: Oldenbourg.

Roth, W. (1972). Berufszufriedenheit im Lehrerberuf, Einige Anmerkungen zu Bestimmungsgründen und strukturellen Implikationen. Westermanns Pädagogische Beiträge, 24, 640-646.

Rotter, J.B. (1966). Generalized expectancies for internal versus external control of reinforcement. Psychological Monographs, 80, 609.

Rudow, B. (1990a). Konzepte zur Belastungs- und Beanspruchungsanalyse im Lehrerberuf. Zeitschrift für Pädagogische Psychologie, 4, 1-12.

Rudow, B. (1990b). Empirische Untersuchungen zur Belastung und Beanspruchung im Lehrerberuf. Zeitschrift für Pädagogische Psychologie, 4, 75-85.

Saupe, R. & Möller, H. (1981). Psychomentale Belastungen im Lehrerberuf, Ergebnisse einer Studie in Berlin-West. Gewerkschaft Erziehung und Wissenschaft, Landesverband Berlin.

Schenk, M. (1977). Das Verhalten von Erziehern in unterschiedlichen vorschulischen Einrichtungen. In: Tack, W.H. (Hrsg.), Bericht über den 30. Kongreß der Deutschen Gesellschaft für Psychologie in Regensburg 1976. Göttingen: Hogrefe.

Schlottke, P.F. & Wahl, D. (1983). Streß und Entspannung im Unterricht, Trainingshilfen für Lehrer, mit Toncassette. München: Hueber.

Schmale, H. (1983). Psychologie der Arbeit. Stuttgart: Klett-Cotta.

Schmalt, H.-D. (1986). Motivationspsychologie. Stuttgart: Kohlhammer.

Schmidt-Atzert, L. (1981). Emotionspsychologie. Stuttgart: Kohlhammer.

Schmidt-Atzert, L. & Ströhm, W. (1983). Ein Beitrag zur Taxonomie der Emotionswörter. Psychologische Beiträge, 25, 126-141.

Schmidt-Atzert, L. (1987). Zur umgangssprachlichen Ähnlichkeit von Emotionswörtern. Psychologische Beiträge, 29, 140-163.

Schönemeier, K. (1979). Schule zwischen Wirtschaftsinteressen und Bildungsidealen, Ein Bericht über die 34. Pädagogische Woche Cuxhaven-Duhnen. Die Deutsche Schule, 71, 166-172.

Schönpflug, W. (1987). Beanspruchung und Belastung bei der Arbeit - Konzepte und Theorien. In: Kleinbeck, U. & Rutenfranz, J. (Hrsg.), Arbeitspsychologie, Band 1 der Serie Wirtschafts-, Organisations- und Arbeitspsychologie der Enzyklopädie der Psychologie. Göttingen: Hogrefe.

Schwarzer, R. (1987). Streß, Angst und Hilflosigkeit, Die Bedeutung von Kognitionen und Emotionen bei der Regulation von Belastungssituationen. Stuttgart: Kohlhammer.

Seligman, M.E.P. (1983). Erlernte Hilflosigkeit. München: Urban & Schwarzenberg.

Selye, H. (1988). Streß. München: Piper.

Spöhring, W. (1989). Qualitative Sozialforschung. Stuttgart: Teubner.

Statistisches Bundesamt (Hrsg.) (1989). Fachserie 11, Bildung und Kultur; Reihe 1: Allgemeinbildende Schulen, Reihe 2: Berufliche Schulen.

Statistische Veröffentlichungen der Kultusministerkonferenz (Hrsg.) (1991). Dokumentation 119: Schüler, Klassen, Lehrer und Absolventen der Schulen 1981-1990.

Tausch, R. & Tausch, A.-M. (1979). Erziehungspsychologie, Begegnung von Person zu Person. Göttingen: Hogrefe.

Udris, I. (1982). Soziale Unterstützung: Hilfe gegen Streß?. Psychosozial, Zeitschrift für Analyse, Prävention und Therapie psychosozialer Konflikte und Krankheiten, 5, 78-91.

Ulich, D., Mayring, P. & Strehmel, P. (1983). Streß. In: Mandl, H. & Huber, G.L., Emotion und Kognition. München: Urban & Schwarzenberg.

Ulich, D. (1989). Das Gefühl, Eine Einführung in die Emotionspsychologie. München: Psychologie Verlags Union.

Ulich, K. (1983). Schüler und Lehrer im Schulalltag, Eine Sozialpsychologie der Schule. Weinheim: Beltz.

Weber, E. (1986). Erziehungsstile. Donauwörth: Auer.

Weidenmann, B. (1983). Lehrerangst, Ein Versuch, Emotionen aus der Tätigkeit zu begreifen. München: Ehrenwirth.

Weidenmann, B. (1984). Psychische Belastung von Lehrern - ein kritischer Überblick über neuere empirische Arbeiten. In: Ingenkamp, K. (Hrsg.), Sozial-emotionales Verhalten in Lehr- und Lernsituationen, Bericht über die 34. Tagung der Arbeitsgruppe für empirische pädagogische Forschung in der DGfE vom 28.-30.9.1983 in Landau/Pfalz. Erziehungswissenschaftliche Hochschule (EWH), Rheinland-Pfalz.

Weiner, B., Frieze, I.H., Kukla, A., Reed, L., Rest, S. & Rosenbaum, R.M. (1971). Perceiving the causes of success and failure. New York: General Learning Press.

Weiner, B. (1981). The emotional consequences of causal ascriptions. Paper presented at the 17th Annual Carnegie Symposium on Cognition (Cognition and Affect), May 29-31.

Winkel, R. (1986). Schulische und soziale Ängste. In: Spiel, W. (Hrsg.), Psychologie und Erziehung, Band 1. Weinheim: Beltz.

Wulk, J. (1988). Lehrerbelastung, Qualitative und quantitative Aspekte der psychischen und physischen Belastung von Lehrern, Eine arbeitspsychologische Untersuchung an Lehrern beruflicher Schulen. Frankfurt: Lang.

Wunder, D. (1987). Vorwort. In: Schönwälder, H.-G. (Hrsg.), Lehrerarbeit; GEW Forum. Freiburg: Dreisam.

6. Anhang

Inhaltsverzeichnis

UNIVERSITÄT HAMBURG

PSYCHOLOGISCHES
INSTITUT II

Prof.Dr.A.J. Cropley

Psychologisches Institut II
Von-Melle-Park 5, 2000 Hamburg 13

Fernsprecher: (040) 41 23 · 5487 } Durchwahl
Behördennetz: 9.38. (。)

Telex-Nr.: 2 14 732 unihhd

Februar 1989

Liebe Lehrerin, lieber Lehrer,

Lehrer/innen haben sehr unterschiedliche Erfahrungen und Erlebnisse während ihrer Unterrichtstätigkeit. Manche davon sind förderlich, andere eher beeinträchtigend. Im Rahmen einer früheren Untersuchung wurden viele Lehrer/innen nach ihren Unterrichtserfahrungen, Gefühlen und Gedanken befragt.

Die zahlreichen Erfahrungsberichte haben wir inzwischen ausgewertet. Einige Aussagen daraus möchten wir jetzt von einer weiteren Gruppe von Lehrer/innen einschätzen lassen. Alle Aussagen, die Sie im beiliegenden Fragebogen finden, wurden also nicht am "grünen Tisch" erdacht, sondern stammen unmittelbar von Lehrerinnen und Lehrern.

Mit Ihrer Beteiligung an dieser Untersuchung leisten Sie einen wichtigen Beitrag im Hinblick auf die Erkenntnis der realen Berufssituation von Lehrerinnen und Lehrern. Sie brauchen lediglich durch Ankreuzen der Aussagen Stellung zu nehmen. Es ist für die Untersuchung nicht erforderlich, Ihren Namen auf dem Fragebogen anzugeben. Auf jeden Fall werden Ihre Angaben streng vertraulich behandelt.

Sobald die Daten ausgewertet sind, informieren wir Sie gerne über die Ergebnisse. Wenn Sie dies wünschen, schreiben Sie bitte Ihren Namen sowie Ihre Anschrift auf den beiliegenden Adreßaufkleber, damit Ihnen die Ergebnisse zugehen können.

Fünf Bemerkungen zur Handhabung des Fragebogens:
- Damit ein ganzheitliches Erfahrungsbild entsteht, lassen Sie bitte k e i n e   Fragen aus.
- I h r e · Meinung ist das Interessante !
  Es gibt keine objektiv richtigen oder falschen Antworten.
- Denken Sie beim Antworten an Ihre Lebenswirklichkeit, n i c h t an das, was Ihnen als besonders wünschenswert erscheint.
- Entscheiden Sie sich jeweils für   e i n e   Stufe der Antwortskala. Bitte vergeben Sie keine Zwischenwerte.
- Senden Sie Ihren bearbeiteten Fragebogen im beiliegenden Umschlag spätestens 4 Wochen, nachdem Sie ihn erhalten haben, an uns zurück.

Bei Rückfragen wenden Sie sich bitte an Herrn M.A. Grimm unter der Rufnummer (040) 229 72 16.

Wir danken Ihnen sehr für Ihre freundliche Unterstützung !

Prof.Dr.A.J. Cropley
Professor für Psychologie

Matthias A. Grimm
Diplom - Psychologe

Bitte geben Sie uns zu Beginn des Fragebogens einige Hinweise zu Ihrer Person (Zutreffendes bitte ankreuzen):

1. Ihr Geschlecht ?
         (1) 0   weiblich
         (2) 0   männlich

2. Ihr Alter ?

			(5)	0	40 - 44 Jahre
(1)	0	unter 25 Jahren	(6)	0	45 - 49 Jahre
(2)	0	25 - 29 Jahre	(7)	0	50 - 54 Jahre
(3)	0	30 - 34 Jahre	(8)	0	55 - 59 Jahre
(4)	0	35 - 39 Jahre	(9)	0	60 Jahre und darüber

3. Seit wievielen Jahren sind Sie im Schuldienst tätig ?
(Falls Sie pensioniert sind bzw. aus anderen Gründen zur Zeit nicht im Schuldienst sind: Wielange waren Sie im Schuldienst ?)

(1)	0	weniger als 5 Jahre	(5)	0	seit 20 - 24 Jahren
(2)	0	seit 5 - 9 Jahren	(6)	0	seit 25 - 29 Jahren
(3)	0	seit 10 - 14 Jahren	(7)	0	seit 30 - 34 Jahren
(4)	0	seit 15 - 19 Jahren	(8)	0	seit mehr als 34 Jahren

4. An welcher Schulart unterrichten Sie zur Zeit ?
(Falls Sie pensioniert sind bzw. aus anderen Gründen zur Zeit nicht im Schuldienst sind: Wo haben Sie zuletzt unterrichtet ?)

(1)	0	Abendschule	(6)	0	Hauptschule
(2)	0	Berufsschule	(7)	0	Privatschule/Privatlehrer
(3)	0	Gesamtschule	(8)	0	Realschule
(4)	0	Grundschule	(9)	0	Sonderschule
(5)	0	Gymnasium	(10)	0	Sonstige,d.h.:...........

5. Welche Fächer unterrichten Sie zur Zeit ?
(Falls Sie pensioniert sind bzw. aus anderen Gründen zur Zeit nicht im Schuldienst sind: Welche Fächer haben Sie zuletzt unterrichtet ?)

(1) 0 Deutsch / Latein / Fremdsprachen
(2) 0 Mathematik / Physik / Biologie / Chemie / o.ä.
(3) 0 Gemeinschaftskunde / Geschichte / Erdkunde / Politik / Sozialkunde / o.ä.
(4) 0 Kunst / Musik / Theaterspiel / Handarbeit / Werken / o.ä.
(5) 0 Religion / Philosophie / Psychologie / Pädagogik / Recht
(6) 0 Sport
(7) 0 Kaufmännische / Praktisch - technische Fächer /o.ä.
(8) 0 Sonstige,d.h..................

6. Wie alt sind die Schüler, die Sie zur Zeit unterrichten ?
(Falls Sie pensioniert sind bzw. aus anderen Gründen zur Zeit nicht im Schuldienst sind: Wie alt waren die Schüler, die Sie zuletzt unterrichtet haben ?)

(1)	0	6 - 7 Jahre	(5)	0	14 - 15 Jahre
(2)	0	8 - 9 Jahre	(6)	0	16 - 17 Jahre
(3)	0	10 - 11 Jahre	(7)	0	18 - 19 Jahre
(4)	0	12 - 13 Jahre	(8)	0	20 Jahre und älter

7. In wievielen Klassen / Kursen unterrichten Sie zur Zeit ?
(Falls Sie pensioniert sind bzw. aus anderen Gründen zur Zeit nicht im Schuldienst sind: In wievielen Klassen / Kursen haben Sie zuletzt unterrichtet ?)

(1)	0	Anzahl: 1	(4)	0	Anzahl: 4
(2)	0	Anzahl: 2	(5)	0	Anzahl: 5
(3)	0	Anzahl: 3	(6)	0	Anzahl: 6 und mehr

8. In welchem Bundesland befindet sich die Schule, an der Sie zur Zeit unterrichten ? (Falls Sie pensioniert sind bzw. aus anderen Gründen zur Zeit nicht im Schuldienst sind: In welchem Bundesland haben Sie zuletzt unterrichtet ?)

(1)	0	Schleswig - Holstein	(7)	0	Hessen
(2)	0	Hamburg	(8)	0	Rheinland - Pfalz
(3)	0	Niedersachsen	(9)	0	Saarland
(4)	0	Bremen	(10)	0	Baden - Württemberg
(5)	0	Nordrhein - Westfalen	(11)	0	Bayern
(6)	0	Berlin			

T E I L   1

Lehrer/innen erleben im Unterricht eine Fülle unterschiedlicher
Situationen. Bitte überlegen Sie anhand folgender Situationen,
die von Lehrerinnen und Lehrern in einer früheren Untersuchung
als "angenehme" Situationen bezeichnet wurden, in welchem Maße
diese für Sie   w i c h t i g / b e d e u t u n g s v o l l
sind.

Bitte kreuzen Sie auf folgenden Skalen von 1 bis 4 den Grad
der Wichtigkeit / Bedeutsamkeit, den die genannten Situationen
für Sie haben, an, wobei die Skalenpunkte folgendes bedeuten:

Skalenpunkt 1:   ist für mich nicht wichtig / nicht bedeutungsvoll

Skalenpunkt 2:   ist für mich etwas wichtig / etwas bedeutungsvoll

Skalenpunkt 3:   ist für mich wichtig / bedeutungsvoll

Skalenpunkt 4:   ist für mich sehr wichtig / sehr bedeutungsvoll

Skala: 0   0   0   0
                1   2   3   4

Skalenpunkte:
1 : ist für mich nicht wichtig/nicht bedeutungsvoll
2 : ist für mich etwas wichtig/etwas bedeutungsvoll
3 : ist für mich wichtig/bedeutungsvoll
4 : ist für mich sehr wichtig/sehr bedeutungsvoll

WIE WICHTIG / BEDEUTUNGSVOLL IST ES FÜR MICH,.....?

1. wenn ich die Ziele und Ansprüche, die
   ich mir im Unterricht setze, wirklich
   erreiche ?
   0 1 0 2 0 3 0 4

2. wenn ich den Schülern meine persönlichen
   Probleme anvertrauen kann ?
   0 1 0 2 0 3 0 4

3. wenn mich die Schüler als "Mensch"/Partner
   und nicht in erster Linie als "Wissens-
   vermittler" ansehen ?
   0 1 0 2 0 3 0 4

4. wenn die Schüler eine kritische Frage-
   haltung entwickeln ?
   0 1 0 2 0 3 0 4

5. wenn die Schüler vergnügt sind ?
   0 1 0 2 0 3 0 4

6. wenn die Stunde so verläuft, wie ich sie
   geplant habe ?
   0 1 0 2 0 3 0 4

7. wenn die Schüler und ich die Gewißheit
   haben, gemeinsam etwas erreicht zu haben ?
   0 1 0 2 0 3 0 4

8. wenn die Schülerinteraktion zu Ergebnissen
   führt, die von den Schülern als Unterrichts-
   ergebnisse erlebt werden ?
   0 1 0 2 0 3 0 4

9. wenn mir die Schüler Zuneigung entgegenbringen ?
   0 1 0 2 0 3 0 4

10. wenn die Schüler ein Sachgebiet selbständig
    erforschen und bearbeiten ?
    0 1 0 2 0 3 0 4

11. wenn der Unterricht lebt, d.h. die Schüler
    und ich vergessen, daß wir in der Schule
    sind - wenn das Besprochene wirklich
    "unser" wird ?
    0 1 0 2 0 3 0 4

12. wenn die Schüler im Unterricht engagiert
    mitarbeiten ?
    0 1 0 2 0 3 0 4

13. wenn sich die Schüler positiv über
    meinen Unterricht äußern ?
    0 1 0 2 0 3 0 4

14. wenn mir die Schüler persönliche
    Probleme anvertrauen ?
    0 1 0 2 0 3 0 4

15. wenn im Unterricht die Schülerinter-
    aktion im Vordergrund steht und ich mich
    weitgehend zurückhalten kann ?
    0 1 0 2 0 3 0 4

Skalenpunkte:
1 : ist für mich nicht wichtig/nicht bedeutungsvoll
2 : ist für mich etwas wichtig/etwas bedeutungsvoll
3 : ist für mich wichtig/bedeutungsvoll
4 : ist für mich sehr wichtig/sehr bedeutungsvoll

WIE WICHTIG / BEDEUTUNGSVOLL IST ES FÜR MICH, ...?

16. wenn die Schüler - insbesondere leistungs-
schwächere - ihre Leistungen mit der Zeit
steigern ?

0 0 0 0
1 2 3 4

17. wenn mir die Schüler aufmerksam
zuhören ?

0 0 0 0
1 2 3 4

18. wenn die Schüler eine gute Klassen-
gemeinschaft bilden und freundlich miteinander umgehen ?

0 0 0 0
1 2 3 4

19. wenn die Schüler gegenüber Eltern/
Kollegen positiv über mich sprechen ?

0 0 0 0
1 2 3 4

20. wenn die Schüler den privaten Kontakt
zu mir suchen ?

0 0 0 0
1 2 3 4

21. wenn mein Unterricht zu Diskussionen und
inhaltlichen Auseinandersetzungen führt ?

0 0 0 0
1 2 3 4

22. wenn zwischen mir und den Schülern
Harmonie und eine vertraute Atmosphäre
herrscht ?

0 0 0 0
1 2 3 4

23. wenn die Schüler eigene Denkansätze und
Lösungswege entwickeln ?

0 0 0 0
1 2 3 4

24. wenn die Schüler bei meinen Sorgen
Mitempfinden äußern ?

0 0 0 0
1 2 3 4

25. wenn sich die Schüler wirklich anstrengen,
um gute Leistungen zu erbringen ?

0 0 0 0
1 2 3 4

26. wenn ich im Unterricht herausgefordert
werde, meine Standpunkte zu überprüfen ?

0 0 0 0
1 2 3 4

27. wenn die Schüler anhänglich sind ?

0 0 0 0
1 2 3 4

28. wenn alle Schüler ihre Hausaufgaben
gewissenhaft erledigen ?

0 0 0 0
1 2 3 4

29. wenn ich bei den Schülern etwas wachrüttele,
gewisse Erkenntnisprozesse in Gang setze ?

0 0 0 0
1 2 3 4

30. wenn die Schüler mitdenken und sich daraus
Anregungen für den weiteren Unterrichtsverlauf ergeben ?

0 0 0 0
1 2 3 4

Skalenpunkte:
1 : ist für mich nicht wichtig/nicht bedeutungsvoll
2 : ist für mich etwas wichtig/etwas bedeutungsvoll
3 : ist für mich wichtig/bedeutungsvoll
4 : ist für mich sehr wichtig/sehr bedeutungsvoll

WIE WICHTIG / BEDEUTUNGSVOLL IST ES FÜR MICH,.....?

31. wenn die Schüler meinen Anweisungen   0   0   0   0
    folgen ?   1   2   3   4

32. wenn alle Schüler den Unterrichtsstoff   0   0   0   0
    verstehen ?   1   2   3   4

33. wenn z.B. aus stillen Schülern offene,   0   0   0   0
    aufgeschlossene Persönlichkeiten oder aus   1   2   3   4
    frechen, renitenten überaus hilfsbereite
    und für den Unterricht förderliche Teil-
    nehmer werden ?

34. wenn der Unterricht dazu führt, daß ich   0   0   0   0
    mich mit mir selbst auseinandersetze ?   1   2   3   4

35. wenn die Schüler im Unterricht ganz   0   0   0   0
    offen über ihre Gefühle und Probleme   1   2   3   4
    sprechen ?

36. wenn ich im Unterricht geistige Anregungen   0   0   0   0
    erfahre, neue Ideen und Aspekte kennen-   1   2   3   4
    lerne ?

37. wenn die Schüler Erlerntes auf ein   0   0   0   0
    neues Problem anwenden ?   1   2   3   4

38. wenn die Schüler mein persönliches   0   0   0   0
    Engagement anerkennen ?   1   2   3   4

39. wenn die Schüler aus dem Unterrichtsstoff   0   0   0   0
    Gewinn für ihre persönliche Entwicklung   1   2   3   4
    ziehen ?

40. wenn sich die Schüler durch meine Art des   0   0   0   0
    Unterrichtens angesprochen fühlen und auf   1   2   3   4
    diese Weise Zugang zum Lehrstoff finden ?

41. wenn die Schüler und ich uns gegen-   0   0   0   0
    seitig motivieren ?   1   2   3   4

42. wenn die Schüler einen Unterrichtsstoff,   0   0   0   0
    den sie anfänglich ablehnen, im Verlauf   1   2   3   4
    als bereichernd und sinnvoll erleben ?

43. wenn die Schüler Freude am Lernen   0   0   0   0
    haben ?   1   2   3   4

44. wenn die Schüler meine fachliche   0   0   0   0
    Leistung anerkennen ?   1   2   3   4

45. wenn sich die Schüler untereinander   0   0   0   0
    kennenlernen und soziale Beziehungen   1   2   3   4
    entwickeln ?

T E I L 2

Wir haben die Lehrer/innen im Rahmen der früheren Untersuchung
auch nach ihren Gefühlen befragt, die sie im Zusammenhang mit
"angenehmen" Situationen empfinden. Gemeint sind damit Gefühle
der Lehrer/innen und n i c h t Gefühle, die sie bei den
Schülern wahrnehmen.

Im folgenden sind eine Reihe derartiger von den Lehrerinnen und
Lehrern als "positiv" bezeichneter Gefühle aufgeführt.

Bitte kreuzen Sie auf den Skalen der Reihe nach an, wie stark /
intensiv Sie die jeweiligen Gefühle in Ihrer Unterrichtsarbeit
bei sich selbst empfinden, wobei die Skalenpunkte folgendes bedeuten:

Skalenpunkt 1:   empfinde ich nicht
Skalenpunkt 2:   empfinde ich etwas
Skalenpunkt 3:   empfinde ich stark / intensiv
Skalenpunkt 4:   empfinde ich sehr stark / sehr intensiv

Skala: 0   0   0   0
                1   2   3   4

Bitte denken Sie an Ihre Unterrichtsarbeit allgemein, nicht
nur an die in Teil 1 genannten Situationen.

Skalenpunkte:
1 : empfinde ich nicht
2 : empfinde ich etwas
3 : empfinde ich stark/intensiv
4 : empfinde ich sehr stark/sehr intensiv

ICH EMPFINDE......

	0	0	0	0
1. Verbundensein mit den Schülern	1	2	3	4
2. Nächstenliebe für die Schüler	1	2	3	4
3. Bewunderung für die Schüler	1	2	3	4
4. Gefühl, gebraucht zu werden	1	2	3	4
5. Zufriedenheit	1	2	3	4
6. Selbstbestätigung	1	2	3	4
7. Interesse/Neugierde	1	2	3	4
8. Bereicherung	1	2	3	4
9. Dankbarkeit	1	2	3	4
10. Glück	1	2	3	4
11. Beschwingtheit	1	2	3	4
12. Entspanntsein	1	2	3	4
13. Freude	1	2	3	4
14. Faszination	1	2	3	4
15. Sinngebung/ Sinnhaftigkeit	1	2	3	4
16. Sicherheit	1	2	3	4
17. Begeisterung	1	2	3	4

Skalenpunkte:
1 : empfinde ich nicht
2 : empfinde ich etwas
3 : empfinde ich stark/intensiv
4 : empfinde ich sehr stark/sehr intensiv

ICH EMPFINDE......

18. Angenommensein/	O	O	O	O
Akzeptiertwerden	1	2	3	4
19. Stolz	O	O	O	O
	1	2	3	4
20. Freiheit/Freisein	O	O	O	O
	1	2	3	4
21. Erfolgserlebnis	O	O	O	O
	1	2	3	4
22. Erleichterung	O	O	O	O
	1	2	3	4
23. Ermutigung	O	O	O	O
	1	2	3	4
24. Aufblühen	O	O	O	O
	1	2	3	4
25. Überraschung	O	O	O	O
	1	2	3	4

T E I L   3

Lehrer/innen berichteten uns auch über eigene Gedanken, Aktivitäten
und Bedingungen, die ihnen Kraft und Energie geben, um möglichst
zahlreiche "angenehme" Situationen zu erleben.

Inwieweit trifft es auf Sie zu, daß Ihnen folgende eigenen
Gedanken, Aktivitäten und Bedingungen Ihrer Meinung nach als
"Kraft- und Energiequellen" zur Verfügung stehen ?

Bitte nehmen Sie zu jeder der folgenden Aussagen durch Ankreuzen
auf den nebenstehenden Skalen Stellung, wobei die Skalenpunkte
folgendes bedeuten:

Skalenpunkt 1:   gibt mir keine Kraft / keine Energie bzw. habe /
                 denke / mache ich nicht / ist für mich irrelevant
Skalenpunkt 2:   gibt mir etwas Kraft / etwas Energie
Skalenpunkt 3:   gibt mir viel Kraft / viel Energie
Skalenpunkt 4:   gibt mir sehr viel Kraft / sehr viel Energie

Skala: 0   0   0   0
              1   2   3   4

Manche Aussagen fassen mehrere Inhalte zusammen, z.B.:
      "Privat: Spazierengehen / Wandern / Radfahren ?"

Gibt Ihnen mindestens eine dieser Aktivitäten Ihrer Meinung
nach Kraft / Energie, kreuzen Sie den entsprechenden Skalenpunkt
an.

Skalenpunkte:
1 : gibt mir keine Kraft/keine Energie bzw. habe/denke/mache
    ich nicht/ist für mich irrelevant
2 : gibt mir etwas Kraft/etwas Energie
3 : gibt mir viel Kraft/viel Energie
4 : gibt mir sehr viel Kraft/sehr viel Energie

WAS GIBT MIR KRAFT / ENERGIE.....?

1. Neues im Unterricht ausprobieren ?   0   0   0   0
                                                          1   2   3   4

2. Die vorhandene Freiheit in der Unterrichts-   0   0   0   0
   gestaltung (inhaltlich /methodisch) ?   1   2   3   4

3. Die eigene Disziplin / Selbstkontrolle ?   0   0   0   0
                                                          1   2   3   4

4. Die eigene besondere Ausstrahlung ?   0   0   0   0
                                                          1   2   3   4

5. Unterrichtsbesuche bei Kollegen ?   0   0   0   0
                                                          1   2   3   4

6. Der persönliche Kontakt zu den   0   0   0   0
   Schülern ?   1   2   3   4

7. Regelmäßiges Loben der Schüler ?   0   0   0   0
                                                          1   2   3   4

8. Privat: Arbeit in Wohnung / Haus / Garten ?   0   0   0   0
                                                          1   2   3   4

9. Die Erinnerung an Vor- und Leitbilder ?   0   0   0   0
                                                          1   2   3   4

10. Privat: mich der Natur widmen ?   0   0   0   0
                                                          1   2   3   4

11. Die eigene Ruhe / Gelassenheit ?   0   0   0   0
                                                          1   2   3   4

12. Privat: mich meiner Familie widmen ?   0   0   0   0
                                                          1   2   3   4

13. Die eigene Souveränität / Unabhängigkeit ?   0   0   0   0
                                                          1   2   3   4

14. Die eigene Durchsetzungsfähigkeit ?   0   0   0   0
                                                          1   2   3   4

15. Privat: schöne Sachen kaufen ?   0   0   0   0
                                                          1   2   3   4

16. Privat: abends Ausgehen ?   0   0   0   0
                                                          1   2   3   4

Skalenpunkte:
1 : gibt mir keine Kraft/keine Energie bzw. habe/denke/mache
    ich nicht/ist für mich irrelevant
2 : gibt mir etwas Kraft/etwas Energie
3 : gibt mir viel Kraft/viel Energie
4 : gibt mir sehr viel Kraft/sehr viel Energie

WAS GIBT MIR KRAFT / ENERGIE.....?

17. Privat: das eigene Engagement in Vereinen ?   0   0   0   0
                                                   1   2   3   4

18. Die eigenen Erfahrungen mit unterschied-   0   0   0   0
    lichen Schultypen ?   1   2   3   4

19. Die eigene hohe Frustrationstoleranz /   0   0   0   0
    das eigene "dicke Fell" ?   1   2   3   4

20. Privat: Basteln / Handwerken /   0   0   0   0
    Handarbeiten ?   1   2   3   4

21. Informationen über das soziale Umfeld der   0   0   0   0
    Schüler erschließen und nutzen ?   1   2   3   4

22. Privat: Spazierengehen / Wandern /   0   0   0   0
    Radfahren ?   1   2   3   4

23. Privat: Theaterspielen / Musikmachen /   0   0   0   0
    Malen und dergleichen ?   1   2   3   4

24. Privat: Sport treiben (Mannschaftssport /   0   0   0   0
    Individualsport) ?   1   2   3   4

25. Das eigene Einfühlungsvermögen in die   0   0   0   0
    Welt anderer ?   1   2   3   4

26. Vorhandene technische Hilfsmittel (z.B.   0   0   0   0
    Overhead - Projektor / Filme / Bild- und   1   2   3   4
    Tonmaterial) / anregendes Unterrichts-
    material ?

27. Vermeidung eines tieferen persönlichen   0   0   0   0
    Kontaktes zu den Schülern ?   1   2   3   4

28. Privat: Lesen (mich persönlich   0   0   0   0
    interessierender Literatur) ?   1   2   3   4

29. Die eigene Offenheit für alles, was   0   0   0   0
    mich umgibt ?   1   2   3   4

30. Privat: Musikhören ?   0   0   0   0
                                                   1   2   3   4

31. Die eigene Toleranz anderen gegenüber ?   0   0   0   0
                                                   1   2   3   4

Skalenpunkte:
1 : gibt mir keine Kraft/keine Energie bzw. habe/denke/mache
    ich nicht /ist für mich irrelevant
2 : gibt mir etwas Kraft/etwas Energie
3 : gibt mir viel Kraft/viel Energie
4 : gibt mir sehr viel Kraft/sehr viel Energie

WAS GIBT MIR KRAFT / ENERGIE.....?

32. Erst das geeignete Anspruchsniveau der   0   0   0   0
    Schülergruppe herausfinden und meine   1   2   3   4
    Anforderungen danach ausrichten ?

33. Die eigene fachliche Kompetenz /   0   0   0   0
    Sicherheit ?   1   2   3   4

34. Die eigene gründliche inhaltliche und   0   0   0   0
    methodische Unterrichtsvorbereitung /   1   2   3   4
    detailliertes Unterrichtskonzept ?

35. Privat: Sprachen lernen ?   0   0   0   0
                                               1   2   3   4

36. Das eigene Interesse an den Unterrichts-   0   0   0   0
    themen ?   1   2   3   4

37. Die Einbeziehung von Ideen und Meinungen   0   0   0   0
    der Schüler in meinen Unterricht ?   1   2   3   4

38. Die vorhandenen finanziellen Mittel an   0   0   0   0
    meiner Schule ?   1   2   3   4

39. Privat: Telefonieren ?   0   0   0   0
                                               1   2   3   4

40. Erfahrungen mit eigenen Kindern ?   0   0   0   0
                                               1   2   3   4

41. Privat: Briefe / Tagebuch schreiben /   0   0   0   0
    schriftstellerische Betätigung ?   1   2   3   4

42. Gespräche mit mir selbst über meine   0   0   0   0
    Erlebnisse / Erfahrungen in der Schule ?   1   2   3   4

43. Gespräche mit Kollegen über meine Erleb-   0   0   0   0
    nisse / Erfahrungen in der Schule ?   1   2   3   4

44. Gespräche mit der Schulleitung über meine 0   0   0   0
    Erlebnisse / Erfahrungen in der Schule ?   1   2   3   4

45. Gespräche mit Freunden über meine Erleb-   0   0   0   0
    nisse / Erfahrungen in der Schule ?   1   2   3   4

46. Gespräche mit meinem Ehepartner / Lebens- 0   0   0   0
    partner über meine Erlebnisse / Erfahrungen 1   2   3   4
    in der Schule ?

Skalenpunkte:
1 : gibt mir keine Kraft/keine Energie bzw. habe/denke/mache
    ich nicht/ist für mich irrelevant
2 : gibt mir etwas Kraft/etwas Energie
3 : gibt mir viel Kraft/viel Energie
4 : gibt mir sehr viel Kraft/sehr viel Energie

WAS GIBT MIR KRAFT / ENERGIE.....?

47. Gespräche mit meiner Supervisionsgruppe /   0   0   0   0
    Lehrersupervisionsgruppe über meine Erleb-   1   2   3   4
    nisse / Erfahrungen in der Schule ?

48. Gespräche in meiner Gruppentherapie /   0   0   0   0
    Selbsterfahrungsgruppe / mit meinem   1   2   3   4
    Therapeuten über meine Erlebnisse /
    Erfahrungen in der Schule ?

49. Gespräche mit Pastor / Seelsorger / Schul-   0   0   0   0
    psychologen über meine Erlebnisse /   1   2   3   4
    Erfahrungen in der Schule ?

50. Gespräche mit Mitgliedern meiner Familie   0   0   0   0
    über meine Erlebnisse / Erfahrungen in der   1   2   3   4
    Schule ?

51. Die eigenen pädagogischen / psychologischen   0   0   0   0
    Kenntnisse ?   1   2   3   4

52. Privat: Fotografieren / Filmen ?   0   0   0   0
                                                  1   2   3   4

53. Die Auswahl eines Unterrichtsstoffes, der   0   0   0   0
    mir als am interessantesten für die Schüler   1   2   3   4
    erscheint ?

54. Die eigene Allgemeinbildung ?   0   0   0   0
                                                  1   2   3   4

55. Der eigene Glaube an Gott /   0   0   0   0
    die eigenen religiösen / philosophischen   1   2   3   4
    Vorstellungen ?

56. Das eigene Bedürfnis, anderen Menschen   0   0   0   0
    zu helfen ?   1   2   3   4

57. Die eigene ungebrochene Lebensenergie ?   0   0   0   0
                                                  1   2   3   4

58. Das Nutzen von aktuellem Informations-   0   0   0   0
    material für meinen Unterricht ?   1   2   3   4

59. Privat: Alleinsein ?   0   0   0   0
                                                  1   2   3   4

60. Die Unterstützung seitens der Schüler-   0   0   0   0
    eltern ?   1   2   3   4

Skalenpunkte:
1 : gibt mir keine Kraft/keine Energie bzw. habe/denke/mache
    ich nicht/ist für mich irrelevant
2 : gibt mir etwas Kraft/etwas Energie
3 : gibt mir viel Kraft/viel Energie
4 : gibt mir sehr viel Kraft/sehr viel Energie

WAS GIBT MIR KRAFT / ENERGIE.....?

61. Die eigene Geduld ?

    O   O   O   O
    1   2   3   4

62. Privat: Yoga / Entspannungstraining /
    Autogenes Training ?

    O   O   O   O
    1   2   3   4

63. Die eigene Lebenserfahrung ?

    O   O   O   O
    1   2   3   4

64. Privat: viel Ausruhen / viel Schlafen ?

    O   O   O   O
    1   2   3   4

65. Mich mit meinen persönlichen Stärken und
    Schwächen in den Unterricht einbringen ?

    O   O   O   O
    1   2   3   4

66. Privat: Verreisen ?

    O   O   O   O
    1   2   3   4

67. Die eigene Selbstreflexion ?

    O   O   O   O
    1   2   3   4

68. Privat: Kochen / Backen ?

    O   O   O   O
    1   2   3   4

69. Privat: in die Sauna gehen ?

    O   O   O   O
    1   2   3   4

70. Die eigene gute Beobachtungsgabe ?

    O   O   O   O
    1   2   3   4

71. Abmachungen mit den Schülern treffen,
    um eine problemlose Zusammenarbeit zu
    gewährleisten ?

    O   O   O   O
    1   2   3   4

72. Privat: Freunde treffen ?

    O   O   O   O
    1   2   3   4

73. Mich gut kleiden / schminken ?

    O   O   O   O
    1   2   3   4

74. Schülerzentriertes Unterrichten (z.B.
    Gruppenarbeiten) ?

    O   O   O   O
    1   2   3   4

75. Die eigene Teilnahme an Weiterbildungs-
    angeboten (z.B. Vorträge / Seminare /
    Kurse besuchen) ?

    O   O   O   O
    1   2   3   4

76. Den Schülern die Unterrichtsinhalte
    erlebbar machen, indem sie selbst etwas tun
    (z.B. Experimentieren / Theaterspielen) ?

    O   O   O   O
    1   2   3   4

Skalenpunkte:
1 : gibt mir keine Kraft/keine Energie bzw. habe/denke/mache
    ich nicht/ist für mich irrelevant
2 : gibt mir etwas Kraft/etwas Energie
3 : gibt mir viel Kraft/viel Energie
4 : gibt mir sehr viel Kraft/sehr viel Energie

WAS GIBT MIR KRAFT / ENERGIE.....?

77. Der eigene Sinn für Humor ?

    0   0   0   0
    1   2   3   4

78. Die eigene optimistische
    Lebensgrundhaltung ?

    0   0   0   0
    1   2   3   4

79. Gemeinsame Aktivitäten mit den Schülern
    über den Unterricht hinaus pflegen ?

    0   0   0   0
    1   2   3   4

80. Privat: Fernsehen ?

    0   0   0   0
    1   2   3   4

81. Das eigene positive Selbstwertgefühl ?

    0   0   0   0
    1   2   3   4

82. Privat: Beten / Meditieren ?

    0   0   0   0
    1   2   3   4

83. Die eigene Gewißheit, den richtigen Beruf
    gewählt zu haben ?

    0   0   0   0
    1   2   3   4

84. Privat: Beschäftigung mit Religion /
    Philosophie ?

    0   0   0   0
    1   2   3   4

85. Die eigene Fähigkeit, mich selbst nicht
    so wichtig zu nehmen ?

    0   0   0   0
    1   2   3   4

86. Privat: Körpernähe / Sexualität ?

    0   0   0   0
    1   2   3   4

87. Das eigene grundsätzliche Interesse
    für andere Menschen ?

    0   0   0   0
    1   2   3   4

88. Für ein Gemeinschaftsgefühl sorgen /
    Gefühl geben, daß die Schüler und ich
    "in einem Boot sitzen" ?

    0   0   0   0
    1   2   3   4

89. Die eigene Schlagfertigkeit / Rede-
    gewandtheit / Ausdrucksfähigkeit ?

    0   0   0   0
    1   2   3   4

90. Die eigene Zuneigung / Sympathie
    für die Schüler ?

    0   0   0   0
    1   2   3   4

91. Die Beteiligung der Schüler an der
    thematischen und methodischen
    Unterrichtsgestaltung ?

    0   0   0   0
    1   2   3   4

92. Die vorhandenen räumlichen Bedingungen
    in der Schule ?

    0   0   0   0
    1   2   3   4

1 B / Seite 16

Skalenpunkte:
1 : gibt mir keine Kraft/keine Energie bzw. habe/denke/mache
    ich nicht/ist für mich irrelevant
2 : gibt mir etwas Kraft/etwas Energie
3 : gibt mir viel Kraft/viel Energie
4 : gibt mir sehr viel Kraft/sehr viel Energie

WAS GIBT MIR KRAFT / ENERGIE.....?

93. Privat: eigenes politisches Engagement ?

   0   0   0   0
   1   2   3   4

94. Privat: eigenes Engagement in der
    Kirchengemeinde / Gottesdienstbesuche ?

   0   0   0   0
   1   2   3   4

95. Die vorhandene Klassengröße / Kurs-
    größe ?

   0   0   0   0
   1   2   3   4

96. Die eigene Intuition ?

   0   0   0   0
   1   2   3   4

97. Privat: Besuche in Museen / Galerien /
    Besuch von Konzerten / Oper / Theatervor-
    stellungen und dergleichen ?

   0   0   0   0
   1   2   3   4

98. Die eigene gesunde Lebensweise (d.h.
    Vermeidung von Alkohol / Rauchen /
    Tabletten) ?

   0   0   0   0
   1   2   3   4

99. Die dynamische Anwendung verschiedener
    Unterrichtsmethoden ?

   0   0   0   0
   1   2   3   4

100. Die eigenen Unterrichtsaufzeichnungen /
     Konzepte aus früheren Jahren ?

   0   0   0   0
   1   2   3   4

101. Der eigene berufliche Erfolg ?

   0   0   0   0
   1   2   3   4

102. Die eigene gesunde Ernährung (z.B. vege-
     tarisch / makrobiotisch / Vollwertkost) ?

   0   0   0   0
   1   2   3   4

103. Die vorhandenen Lehrbücher ?

   0   0   0   0
   1   2   3   4

104. Die eigene Leistungsfähigkeit ?

   0   0   0   0
   1   2   3   4

105. Das eigene Verantwortungsgefühl ?

   0   0   0   0
   1   2   3   4

106. Die Schüler zu provozieren mit dem Ziel,
     mich überzeugen zu lassen ?

   0   0   0   0
   1   2   3   4

107. Das Lesen von Fachliteratur ?

   0   0   0   0
   1   2   3   4

108. Die vorhandene Zeit für die Schüler ?

   0   0   0   0
   1   2   3   4

1 B / Seite 17

Skalenpunkte:
1 : gibt mir keine Kraft/keine Energie bzw. habe/denke/mache
    ich nicht / ist für mich irrelevant
2 : gibt mir etwas Kraft/etwas Energie
3 : gibt mir viel Kraft/viel Energie
4 : gibt mir sehr viel Kraft/sehr viel Energie

WAS GIBT MIR KRAFT / ENERGIE.....?

109. Flexibilität in der Unterrichts-
     durchführung ?

$$\begin{array}{cccc} 0 & 0 & 0 & 0 \\ 1 & 2 & 3 & 4 \end{array}$$

110. Das Zusammensein mit vielen unterschied-
     lichen Temperamenten und Charakteren im
     Klassenraum ?

$$\begin{array}{cccc} 0 & 0 & 0 & 0 \\ 1 & 2 & 3 & 4 \end{array}$$

111. Einsatz der eigenen schauspielerischen
     Fähigkeiten, um die Schüler zu überzeugen ?

$$\begin{array}{cccc} 0 & 0 & 0 & 0 \\ 1 & 2 & 3 & 4 \end{array}$$

112. Die eigene langjährige Berufserfahrung
     (Routine) ?

$$\begin{array}{cccc} 0 & 0 & 0 & 0 \\ 1 & 2 & 3 & 4 \end{array}$$

113. Die Erinnerung an meine eigene Schul-
     zeit ?

$$\begin{array}{cccc} 0 & 0 & 0 & 0 \\ 1 & 2 & 3 & 4 \end{array}$$

T E I L   4
- - - - - - - - - - -

Nachdem Sie sich von den Fragen in den Teilen 1 bis 3
"gedanklich gelöst" haben, beantworten Sie bitte noch folgende
Frage:

Wenn Sie Ihre Unterrichtstätigkeit insgesamt überblicken:
Wie zufrieden fühlen Sie sich in Ihrem Beruf als Lehrer ?

Bitte kreuzen Sie auf der untenstehenden Skala von -3 bis +3
den Grad Ihrer Zufriedenheit in Ihrem Beruf als Lehrer/in an,
wobei die Skalenpunkte folgendes bedeuten:

Skalenpunkt -3:   sehr unzufrieden
Skalenpunkt -2:   unzufrieden
Skalenpunkt -1:   eher unzufrieden
Skalenpunkt +1:   eher zufrieden
Skalenpunkt +2:   zufrieden
Skalenpunkt +3:   sehr zufrieden

Skala: O   O   O   O   O   O
              -3   -2   -1   +1   +2   +3

Wir bedanken uns bei Ihnen nochmal sehr herzlich für Ihre Mitarbeit !

Auf dieser Seite haben Sie Gelegenheit, sich frei über Ihre
Unterrichtserfahrungen und diesen Fragebogen zu äußern:

2 B / Seite 1

Bitte geben Sie uns zu Beginn des Fragebogens einige Hinweise zu Ihrer Person (Zutreffendes bitte ankreuzen):

1. Ihr Geschlecht ?
   - (1) O weiblich
   - (2) O männlich

2. Ihr Alter ?
   - (1) O unter 25 Jahren
   - (2) O 25 - 29 Jahre
   - (3) O 30 - 34 Jahre
   - (4) O 35 - 39 Jahre
   - (5) O 40 - 44 Jahre
   - (6) O 45 - 49 Jahre
   - (7) O 50 - 54 Jahre
   - (8) O 55 - 59 Jahre
   - (9) O 60 Jahre und darüber

3. Seit wievielen Jahren sind Sie im Schuldienst tätig ?
   (Falls Sie pensioniert sind bzw. aus anderen Gründen zur Zeit nicht im Schuldienst sind: Wielange waren Sie im Schuldienst ?)
   - (1) O weniger als 5 Jahre
   - (2) O seit 5 - 9 Jahren
   - (3) O seit 10 - 14 Jahren
   - (4) O seit 15 - 19 Jahren
   - (5) O seit 20 - 24 Jahren
   - (6) O seit 25 - 29 Jahren
   - (7) O seit 30 - 34 Jahren
   - (8) O seit mehr als 34 Jahren

4. An welcher Schulart unterrichten Sie zur Zeit ?
   (Falls Sie pensioniert sind bzw. aus anderen Gründen zur Zeit nicht im Schuldienst sind: Wo haben Sie zuletzt unterrichtet ?)
   - (1) O Abendschule
   - (2) O Berufsschule
   - (3) O Gesamtschule
   - (4) O Grundschule
   - (5) O Gymnasium
   - (6) O Hauptschule
   - (7) O Privatschule/Privatlehrer
   - (8) O Realschule
   - (9) O Sonderschule
   - (10) O Sonstige,d.h.:............

5. Welche Fächer unterrichten Sie zur Zeit ?
   (Falls Sie pensioniert sind bzw. aus anderen Gründen zur Zeit nicht im Schuldienst sind: Welche Fächer haben Sie zuletzt unterrichtet ?)
   - (1) O Deutsch / Latein / Fremdsprachen
   - (2) O Mathematik / Physik / Biologie / Chemie / o.ä.
   - (3) O Gemeinschaftskunde / Geschichte / Erdkunde / Politik / Sozialkunde / o.ä.
   - (4) O Kunst / Musik / Theaterspiel / Handarbeit / Werken / o.ä.
   - (5) O Religion / Philosophie / Psychologie / Pädagogik / Recht
   - (6) O Sport
   - (7) O Kaufmännische / Praktisch - technische Fächer /o.ä.
   - (8) O Sonstige,d.h...................

6. Wie alt sind die Schüler, die Sie zur Zeit unterrichten ?
   (Falls Sie pensioniert sind bzw. aus anderen Gründen zur Zeit nicht im Schuldienst sind: Wie alt waren die Schüler, die Sie zuletzt unterrichtet haben ?)
   - (1) O 6 - 7 Jahre
   - (2) O 8 - 9 Jahre
   - (3) O 10 - 11 Jahre
   - (4) O 12 - 13 Jahre
   - (5) O 14 - 15 Jahre
   - (6) O 16 - 17 Jahre
   - (7) O 18 - 19 Jahre
   - (8) O 20 Jahre und älter

7. In wievielen Klassen / Kursen unterrichten Sie zur Zeit ?
   (Falls Sie pensioniert sind bzw. aus anderen Gründen zur Zeit nicht im Schuldienst sind: In wievielen Klassen / Kursen haben Sie zuletzt unterrichtet ?)
   - (1) O Anzahl: 1
   - (2) O Anzahl: 2
   - (3) O Anzahl: 3
   - (4) O Anzahl: 4
   - (5) O Anzahl: 5
   - (6) O Anzahl: 6 und mehr

8. In welchem Bundesland befindet sich die Schule, an der Sie zur Zeit unterrichten ? (Falls Sie pensioniert sind bzw. aus anderen Gründen zur Zeit nicht im Schuldienst sind: In welchem Bundesland haben Sie zuletzt unterrichtet ?)
   - (1) O Schleswig - Holstein
   - (2) O Hamburg
   - (3) O Niedersachsen
   - (4) O Bremen
   - (5) O Nordrhein - Westfalen
   - (6) O Berlin
   - (7) O Hessen
   - (8) O Rheinland - Pfalz
   - (9) O Saarland
   - (10) O Baden - Württemberg
   - (11) O Bayern

T E I L   1

Lehrer/innen erleben im Unterricht eine Fülle unterschiedlicher
Situationen. Bitte überlegen Sie anhand folgender Situationen,
die von Lehrerinnen und Lehrern in einer früheren Untersuchung
als "unangenehme" Situationen bezeichnet wurden, in welchem Maße
diese für Sie b e e i n t r ä c h t i g e n d / b e l a s t e n d
sind.

Bitte kreuzen Sie auf folgenden Skalen von 1 bis 4 den Grad der
Beeinträchtigung / Belastung, den die genannten Situationen für
Sie haben, an, wobei die Skalenpunkte folgendes bedeuten:

Skalenpunkt 1:   ist für mich nicht beeinträchtigend / nicht
                 belastend
Skalenpunkt 2:   ist für mich etwas beeinträchtigend / etwas
                 belastend
Skalenpunkt 3:   ist für mich beeinträchtigend / belastend
Skalenpunkt 4:   ist für mich sehr beeinträchtigend / sehr
                 belastend

Skala: 0   0   0   0
                 1   2   3   4

Skalenpunkte:
1 : ist für mich nicht beeinträchtigend/nicht belastend
2 : ist für mich etwas beeinträchtigend/etwas belastend
3 : ist für mich beeinträchtigend/belastend
4 : ist für mich sehr beeinträchtigend/sehr belastend

WIE BEEINTRÄCHTIGEND / BELASTEND IST ES FÜR MICH,.....?

1. wenn sich Schüler in ihrer Persönlichkeit
nicht weiterentwickeln ?
0 0 0 0
1 2 3 4

2. wenn sich Schüler profilieren, um bei
anderen "anzukommen" ?
0 0 0 0
1 2 3 4

3. wenn die Schüler Erlerntes nicht anwenden,
sondern am Beispiel kleben bleiben ?
0 0 0 0
1 2 3 4

4. wenn die Schüler ihre Hausaufgaben schlampig
und fehlerhaft ausführen ?
0 0 0 0
1 2 3 4

5. wenn mich Schüler ausloten: "Wielange hält
sie/er meine Provokation aus?"
(Psychoterror) ?
0 0 0 0
1 2 3 4

6. wenn Schüler meine Schwächen bewußt
ausnutzen, um mich zu treffen (Psychoterror)?
0 0 0 0
1 2 3 4

7. wenn ich vom Thema begeistert bin, von den
Schülern jedoch nur Kritik, Unverständnis
und Skepsis erfahre ?
0 0 0 0
1 2 3 4

8. wenn die Schüler meinen Anweisungen nicht
folgen ?
0 0 0 0
1 2 3 4

9. wenn die Schüler nichts in Frage stellen,
sondern Sachverhalte unkritisch hinnehmen ?
0 0 0 0
1 2 3 4

10. wenn ich ständig nachfragen und mich rück-
versichern muß, ob die Schüler den
Unterrichtsstoff verstanden haben ?
0 0 0 0
1 2 3 4

11. wenn die Schüler eine Konsumhaltung ein-
nehmen: "Der Lehrer soll mich mal unter-
halten" ?
0 0 0 0
1 2 3 4

12. wenn die Schüler gegen mich aggressiv
sind ?
0 0 0 0
1 2 3 4

13. wenn Schüleräußerungen für mich im ersten
Moment unverständlich sind (Schrecksekunde)
und ich diese nicht ins Unterrichtsgeschehen
integrieren kann ?
0 0 0 0
1 2 3 4

14. wenn ich zu bestimmten Schülern eine
problematische persönliche Beziehung habe ?
0 0 0 0
1 2 3 4

15. wenn mein Kontakt zu den Schülern an der
Oberfläche bleibt ?
0 0 0 0
1 2 3 4

Skalenpunkte:
1 : ist für mich nicht beeinträchtigend/nicht belastend
2 : ist für mich etwas beeinträchtigend/etwas belastend
3 : ist für mich beeinträchtigend/belastend
4 : ist für mich sehr beeinträchtigend/sehr belastend

WIE BEEINTRÄCHTIGEND / BELASTEND IST ES FÜR MICH,.....?

16. wenn ich zu manchen Schülern keinen Zugang
    finde ?

17. wenn die Schüler den Lernstoff nur langsam
    verarbeiten ?

18. wenn ich mich persönlich nicht weiter-
    entwickele, sondern stehenbleibe ?

19. wenn ich der Klasse / einigen Schülern
    gegenüber unsicher bin ?

20. wenn die Schüler nicht einsehen, daß auch
    sie für den Unterrichtsverlauf verantwortlich
    sind, ihn inhaltlich mittragen müssen ?

21. wenn ich, weil ich viel verlange,
    Gefahr laufe, unbeliebt zu werden ?

22. wenn die Schüler frustriert sind, weil sie
    einen Sachverhalt nicht sofort begreifen ?

23. wenn die Schüler zueinander
    physisch / psychisch brutal sind ?

24. wenn ich im Unterricht plötzlich nicht
    mehr weiterweiß ?

25. wenn die Schüler geistige Auseinander-
    setzungen abblocken ?

26. wenn die Unterrichtsatmosphäre gespannt
    und gereizt ist ?

27. wenn Schüler ständig meinen Unterricht
    stören ?

28. wenn die Schüler gegenüber Eltern / Kollegen
    negativ über mich sprechen ?

29. wenn ich nicht Kommunikation und Gruppen-
    prozesse in Gang setze ?

30. wenn ich nicht voll bei der Sache bin ?

31. wenn das Desinteresse der Schüler auf mich
    demotivierend wirkt ?

32. wenn mir die Schüler zeigen, daß ich ihnen
    gleichgültig bin ?

239

Skalenpunkte:
1 : ist für mich nicht beeinträchtigend/nicht belastend
2 : ist für mich etwas beeinträchtigend/etwas belastend
3 : ist für mich beeinträchtigend/belastend
4 : ist für mich sehr beeinträchtigend/sehr belastend

WIE BEEINTRÄCHTIGEND / BELASTEND IST ES FÜR MICH,......?

33. wenn Schüler trotz Anstrengung das Klassen-
ziel / Leistungskriterium nicht erreichen ?
   O O O O
   1 2 3 4

34. wenn die Schüler Ansprüche an mich haben
und ich diesen nicht gerecht werden kann ?
   O O O O
   1 2 3 4

35. wenn sich Schüler sprunghaft - nicht
voraussagbar - verhalten ?
   O O O O
   1 2 3 4

36. wenn ich mich mit den Schülern streite ?
   O O O O
   1 2 3 4

37. wenn die Schüler untereinander Konkurrenzdenken entwickeln ?
   O O O O
   1 2 3 4

38. wenn die Schüler im Unterricht nicht
aufpassen ?
   O O O O
   1 2 3 4

39. wenn die Schüler desinteressiert und
unmotiviert sind ?
   O O O O
   1 2 3 4

40. wenn sich die Schüler negativ über meinen
Unterricht äußern ?
   O O O O
   1 2 3 4

41. wenn ich die Schüler mit meinen Unterrichts-
inhalten nicht begeistere, nicht erreiche,
nicht bewege ?
   O O O O
   1 2 3 4

42. wenn mich die Schüler nicht anerkennen
und achten ?
   O O O O
   1 2 3 4

43. wenn der Unterricht nicht so verläuft,
wie ich ihn geplant habe ?
   O O O O
   1 2 3 4

44. wenn die Schüler schlechte Umgangsformen
haben ?
   O O O O
   1 2 3 4

45. wenn mich Schüler und Unterricht nicht
anregen und herausfordern ?
   O O O O
   1 2 3 4

46. wenn die Schüler nicht erkennen, welche
Chancen ihnen im Unterricht geboten werden ?
   O O O O
   1 2 3 4

47. wenn die Schüler nur im Hinblick auf
Zensuren lernen ?
   O O O O
   1 2 3 4

T E I L   2

Wir haben die Lehrer/innen im Rahmen der früheren Untersuchung
auch nach ihren Gefühlen und Körperreaktionen befragt, die sie
im Zusammenhang mit "unangenehmen" Situationen empfinden. Gemeint
sind damit Gefühle und Körperreaktionen der Lehrer/innen und
n i c h t   Gefühle und Körperreaktionen, die sie bei den
Schülern wahrnehmen.

Im folgenden sind eine Reihe derartiger von den Lehrer/innen als
"negativ" bezeichneter Gefühle und - auch langfristiger - Körperreaktionen aufgeführt.

Bitte kreuzen Sie auf den Skalen der Reihe nach an, wie stark /
intensiv Sie die jeweiligen Gefühle in Ihrer Unterrichtsarbeit
und die Körperreaktionen bei sich selbst empfinden, wobei
die Skalenpunkte folgendes bedeuten:

Skalenpunkt 1:   empfinde ich nicht

Skalenpunkt 2:   empfinde ich etwas

Skalenpunkt 3:   empfinde ich stark / intensiv

Skalenpunkt 4:   empfinde ich sehr stark / sehr intensiv

Skala: 0   0   0   0
             1   2   3   4

Bitte denken Sie an Ihre Unterrichtsarbeit allgemein, nicht
nur an die in Teil 1 genannten Situationen.

Skalenpunkte:
1 : empfinde ich nicht
2 : empfinde ich etwas
3 : empfinde ich stark/intensiv
4 : empfinde ich sehr stark/sehr intensiv

ICH EMPFINDE.....

1. Unerträglichkeit	0 1	0 2	0 3	0 4
2. Desinteresse	0 1	0 2	0 3	0 4
3. Verachtung für die Schüler	0 1	0 2	0 3	0 4
4. Sinnlosigkeit meines Tuns	0 1	0 2	0 3	0 4
5. Haß auf die Schüler	0 1	0 2	0 3	0 4
6. Traurigkeit	0 1	0 2	0 3	0 4
7. Lustlosigkeit	0 1	0 2	0 3	0 4
8. Einsamkeit	0 1	0 2	0 3	0 4
9. Ärger/Wut auf die Schüler	0 1	0 2	0 3	0 4
10. Ohnmacht/ Hilflosigkeit	0 1	0 2	0 3	0 4
11. Gereiztheit	0 1	0 2	0 3	0 4
12. Abneigung/Abscheu gegenüber den Schülern	0 1	0 2	0 3	0 4
13. Resignation/ Entmutigung	0 1	0 2	0 3	0 4
14. Angst/Bedrohung	0 1	0 2	0 3	0 4
15. Ungeduld	0 1	0 2	0 3	0 4
16. Unfähigkeit/ Unzulänglichkeit/ Minderwertigkeits- gefühl	0 1	0 2	0 3	0 4

Skalenpunkte:
1 : empfinde ich nicht
2 : empfinde ich etwas
3 : empfinde ich stark/intensiv
4 : empfinde ich sehr stark/sehr intensiv

ICH EMPFINDE.....

17. Frustration	O 1	O 2	O 3	O 4
18. Unsicherheit/ Verunsicherung	O 1	O 2	O 3	O 4
19. Unzufriedenheit	O 1	O 2	O 3	O 4
20. Schuldgefühl	O 1	O 2	O 3	O 4
21. Mitleid mit den Schülern	O 1	O 2	O 3	O 4
22. Deplazierung	O 1	O 2	O 3	O 4
23. Enttäuschung	O 1	O 2	O 3	O 4
24. Selbstzweifel/ Gefühl, versagt zu haben	O 1	O 2	O 3	O 4
25. Selbstmitleid	O 1	O 2	O 3	O 4
26. Langeweile	O 1	O 2	O 3	O 4
27. Depression	O 1	O 2	O 3	O 4
28. Heiserkeit oder Sprechstörungen	O 1	O 2	O 3	O 4
29. Sehstörungen	O 1	O 2	O 3	O 4
30. Schwindelgefühl	O 1	O 2	O 3	O 4

243

Skalenpunkte:
1 : empfinde ich nicht
2 : empfinde ich etwas
3 . empfinde ich stark/intensiv
4 : empfinde ich sehr stark/sehr intensiv

ICH EMPFINDE . . . . .

31. Übelkeit	0	0	0	0
	1	2	3	4
32. Fieberhafte Erkrankung	0	0	0	0
	1	2	3	4
33. Magenbeschwerden	0	0	0	0
	1	2	3	4
34. Muskelverspannungen	0	0	0	0
	1	2	3	4
35. Kreislaufstörungen	0	0	0	0
	1	2	3	4
36. Müdigkeit/ Mattheit	0	0	0	0
	1	2	3	4
37. Heißhunger	0	0	0	0
	1	2	3	4
38. Appetitlosigkeit	0	0	0	0
	1	2	3	4
39. Verdauungsstörungen	0	0	0	0
	1	2	3	4
40. Alpträume	0	0	0	0
	1	2	3	4
41. Schlafstörungen	0	0	0	0
	1	2	3	4
42. Kopfschmerzen	0	0	0	0
	1	2	3	4
43. Herzklopfen	0	0	0	0
	1	2	3	4
44. Zittern	0	0	0	0
	1	2	3	4

T E I L   3

Wie gehen Lehrer/innen mit den für sie "unangenehmen" Erfahrungen
und Gefühlen um ? In der früheren Untersuchung nannten uns
Lehrer/innen dazu die unterschiedlichsten Reaktionen, Gedanken
und Aktivitäten - kurzfristiger und langfristiger Art.

Inwieweit treffen folgende Aussagen auf Sie zu ?
Bitte nehmen Sie zu jeder Aussage durch Ankreuzen auf den nebenstehenden Skalen Stellung, wobei die Skalenpunkte folgendes bedeuten:

Skalenpunkt 1:   trifft auf mich nicht zu

Skalenpunkt 2:   trifft auf mich etwas zu

Skalenpunkt 3:   trifft auf mich weitgehend zu

Skalenpunkt 4:   trifft auf mich voll zu

Skala: 0   0   0   0
              1   2   3   4

Bitte denken Sie bei der Beantwortung an Ihre Unterrichtsarbeit
allgemein, nicht nur an die in Teil 1 genannten Situationen und
die in Teil 2 genannten Gefühle und Körperreaktionen.

Skalenpunkte:
1 : trifft auf mich nicht zu
2 : trifft auf mich etwas zu
3 : trifft auf mich weitgehend zu
4 : trifft auf mich voll zu

WIE GEHE ICH MIT "UNANGENEHMEN" ERFAHRUNGEN UND GEFÜHLEN UM ?

1. Ich denke, daß der nächste Tag wieder eine Chance zum Neuanfang bietet.	0 1	0 2	0 3	0 4
2. Ich mache den Schülern deutlich, daß ich in meiner Rolle Pflichten als "Funktionär" wahrnehmen muß.	0 1	0 2	0 3	0 4
3. Ich unterbreche den Unterricht und suche thematisch einen neuen Anfang.	0 1	0 2	0 3	0 4
4. Ich werde laut und schimpfe auf die Schüler.	0 1	0 2	0 3	0 4
5. Ich stelle eine packende Frage zum Thema / stelle eine verblüffende Idee zur Diskussion.	0 1	0 2	0 3	0 4
6. Ich denke daran, daß andere Lehrer noch viel mehr Probleme haben als ich.	0 1	0 2	0 3	0 4
7. Ich kürze spontan das von mir vorgenommene Unterrichtskonzept und beschränke den Inhalt auf das Wesentliche.	0 1	0 2	0 3	0 4
8. Ich kann mit negativen Erfahrungen gut leben, da ich weiß, daß es vielen Lehrern so ergeht und dies nicht nur mein Problem ist.	0 1	0 2	0 3	0 4
9. Für mich gibt es Wichtigeres, als sich über Schulärger lange Zeit das Herz schwer- zumachen.	0 1	0 2	0 3	0 4
10. Ich fange an zu weinen.	0 1	0 2	0 3	0 4
11. Ich überlege mir, ob ich spontan etwas an der Situation von mir aus verbessern kann.	0 1	0 2	0 3	0 4
12. Ich denke "trotzig", z.B.: " Wenn der nicht will, soll er doch sehen, wie er fertig wird - jeder ist seines Glückes Schmied!".	0 1	0 2	0 3	0 4
13. Ich wechsele unmittelbar meine Unterrichts- methode, z.B. von Lehrervortrag oder Diskussion zu Gruppenarbeit oder Stillarbeit.	0 1	0 2	0 3	0 4
14. Ich bleibe ruhig und gelassen.	0 1	0 2	0 3	0 4
15. Ich reagiere mit einem kurzen, humorvollen, geistigen Schlagabtausch mit den Schülern.	0 1	0 2	0 3	0 4

Skalenpunkte:
1 : trifft auf mich nicht zu
2 : trifft auf mich etwas zu
3 : trifft auf mich weitgehend zu
4 : trifft auf mich voll zu

WIE GEHE ICH MIT "UNANGENEHMEN" ERFAHRUNGEN UND GEFÜHLEN UM ?

16. Ich ermahne die Schüler.   0   0   0   0 / 1   2   3   4

17. Ich ziehe mich zurück und sage nichts mehr.   0   0   0   0 / 1   2   3   4

18. Ich reduziere das Maß an Anforderungen an die Schüler.   0   0   0   0 / 1   2   3   4

19. Ich schimpfe über die Schüler unmittelbar nach der Stunde bei Kollegen im Lehrerzimmer.   0   0   0   0 / 1   2   3   4

20. Ich beschäftige mich ständig mit dem Schul- alltag und kann die Gedanken daran nicht ablegen.   0   0   0   0 / 1   2   3   4

21. Ich verteile Strafarbeiten.   0   0   0   0 / 1   2   3   4

22. Ich drohe den Schülern mit Schulleitung / Benachrichtigung der Eltern / anderen disziplinarischen Maßnahmen.   0   0   0   0 / 1   2   3   4

23. Ich frage mich, was ich mir als erwachsener Mensch alles bieten lassen muß.   0   0   0   0 / 1   2   3   4

24. Ich wende mich bewußt freundlichen / motivierten Schülern zu.   0   0   0   0 / 1   2   3   4

25. Ich schreibe einen Vermerk ins Klassenbuch / in die Akte.   0   0   0   0 / 1   2   3   4

26. Ich mache den Schülern klar, daß sie die Leidtragenden der Konfliktsituation sind.   0   0   0   0 / 1   2   3   4

27. Ich schiebe die negativen Erfahrungen und Gefühle innerlich beiseite.   0   0   0   0 / 1   2   3   4

28. Ich sage den Schülern, daß ich betroffen und verletzt bin.   0   0   0   0 / 1   2   3   4

29. Ich mache Frontalunterricht.   0   0   0   0 / 1   2   3   4

30. Ein frecher und renitenter Schüler ist für mich eine wichtige Erfahrung, an der ich reifen und mich entwickeln kann.   0   0   0   0 / 1   2   3   4

31. Ich vermeide Diskussionen über Konflikte.   0   0   0   0 / 1   2   3   4

Skalenpunkte:
1 : trifft auf mich nicht zu
2 : trifft auf mich etwas zu
3 : trifft auf mich weitgehend zu
4 : trifft auf mich voll zu

WIE GEHE ICH MIT "UNANGENEHMEN" ERFAHRUNGEN UND GEFÜHLEN UM ?

32. Ich ergründe die Ursachen und Motive des
    Schülerverhaltens und modifiziere mein
    Verhalten entsprechend.
    0 0 0 0
    1 2 3 4

33. Ich denke - offen gestanden - wenig über
    Probleme und Lösungen nach.
    0 0 0 0
    1 2 3 4

34. Ich versuche, privaten Kontakt zu den
    Schülern aufzubauen.
    0 0 0 0
    1 2 3 4

35. Ich schätze ab, was ich ändern kann und
    womit ich mich abfinden muß.
    0 0 0 0
    1 2 3 4

36. Ich sage den Schülern, daß sie mich nicht
    verletzen können.
    0 0 0 0
    1 2 3 4

37. Ich konzentriere mich auf die Motivierten,
    um diese mitzureißen.
    0 0 0 0
    1 2 3 4

38. Ich beginne mit den Schülern ein Gespräch
    über private / außerschulische Themen.
    0 0 0 0
    1 2 3 4

39. Ich lasse mir meine gute Laune und Lebens-
    freude nicht von der Frustration der Schüler
    beeinträchtigen.
    0 0 0 0
    1 2 3 4

40. Ich erzähle einen Witz / eine lustige
    Geschichte, um die Situation zu entkrampfen.
    0 0 0 0
    1 2 3 4

41. Ich denke an meine eigene Schulzeit und
    möchte es besser machen als meine Lehrer
    damals.
    0 0 0 0
    1 2 3 4

42. Ich fordere die Schüler noch mehr.
    0 0 0 0
    1 2 3 4

43. Ich beziehe die Probleme bewußt in meine
    Unterrichtskonzeption ein.
    0 0 0 0
    1 2 3 4

44. Ich bemühe mich um Ablösung aus der Klasse.
    0 0 0 0
    1 2 3 4

45. Ich erkläre den Schülern, warum mich ihr
    Verhalten stört.
    0 0 0 0
    1 2 3 4

46. Ich vermute, daß die Schüler nur in meinem
    Unterricht auffällig / lernunwillig sind,
    bei Kollegen jedoch nicht.
    0 0 0 0
    1 2 3 4

Skalenpunkte:
1 : trifft auf mich nicht zu
2 : trifft auf mich etwas zu
3 : trifft auf mich weitgehend zu
4 : trifft auf mich voll zu

WIE GEHE ICH MIT "UNANGENEHMEN" ERFAHRUNGEN UND GEFÜHLEN UM ?

47. Ich sage mir, daß ich für diese Situation
nicht verantwortlich bin.

   0   0   0   0
   1   2   3   4

48. Ich benote die Leistungen der problematischen
Schüler entsprechend schlecht.

   0   0   0   0
   1   2   3   4

49. Ich bin tief verletzt, so daß ich unfähig
bin, in den folgenden Stunden zu unterrichten.

   0   0   0   0
   1   2   3   4

50. Ich mache mir klar, daß ich als Lehrer
nicht immer alle Zügel in der Hand haben
muß.

   0   0   0   0
   1   2   3   4

51. Ich weiß, daß sich Schüler immer unterschiedlich verhalten, schnell vergessen und
der folgende Tag völlig anders verlaufen kann.

   0   0   0   0
   1   2   3   4

52. Ich wende neue Unterrichtsmethoden an /
probiere neuen Unterrichtsstil aus.

   0   0   0   0
   1   2   3   4

53. Ich beschwere mich bei der Schulleitung.

   0   0   0   0
   1   2   3   4

54. Ich befürchte, mich mit meinem Unterricht
bei den Schülern unbeliebt zu machen.

   0   0   0   0
   1   2   3   4

55. Ich versuche, die Schülereltern in das
"Kontrollsystem" zu integrieren.

   0   0   0   0
   1   2   3   4

56. Ich werte nicht, sondern überlasse die
Schüler ihrem Schicksal, lasse sie ihren
Weg gehen, der ihnen bestimmt ist.

   0   0   0   0
   1   2   3   4

57. Ich suche mit den Schülern gemeinsam eine
Lösung, die für alle akzeptabel ist.

   0   0   0   0
   1   2   3   4

58. Ich tröste mich, indem ich mir sage, daß es
keinem Lehrer möglich ist, der ideale
Pädagoge für jeden Schüler zu sein.

   0   0   0   0
   1   2   3   4

59. Ich verfolge mein Unterrichtsziel weniger
energisch.

   0   0   0   0
   1   2   3   4

60. Ich mache mir im Nachhinein die Situation
bewußt, spiele sie allein in Gedanken nach.

   0   0   0   0
   1   2   3   4

61. Ich denke, daß mein Verhalten in bestimmten
Situationen unangemessen ist.

   0   0   0   0
   1   2   3   4

Skalenpunkte:
1 : trifft auf mich nicht zu
2 : trifft auf mich etwas zu
3 : trifft auf mich weitgehend zu
4 : trifft auf mich voll zu

WIE GEHE ICH MIT "UNANGENEHMEN" ERFAHRUNGEN UND GEFÜHLEN UM ?

62. Ich setze mich mit der Situation und mit   0   0   0   0
    mir selbst auseinander, um zu mehr Bewußt-   1   2   3   4
    sein und Erkenntnis zu gelangen.

63. Ich arbeite aktiv mit an der Veränderung   0   0   0   0
    hemmender Unterrichtsstrukturen.   1   2   3   4

64. Ich beende den Unterricht.   0   0   0   0
                                                    1   2   3   4

65. Ich überlege, was Schüler zu ihrem Verhalten   0   0   0   0
    bewegt.   1   2   3   4

66. Ich mache mir klar, daß ich die Fäden in   0   0   0   0
    der Hand halten muß.   1   2   3   4

67. Ich werde beleidigend, d.h. ich greife   0   0   0   0
    Schüler auch persönlich an.   1   2   3   4

68. Ich höre mit dem Unterrichten auf und lasse   0   0   0   0
    die entstandene Stille solange wirken, bis   1   2   3   4
    alle Schüler wieder bei der Sache sind.

69. Ich verlasse den Unterrichtsraum.   0   0   0   0
                                                    1   2   3   4

70. Ich mache "Gedankenstopp" und denke an   0   0   0   0
    etwas ganz anderes.   1   2   3   4

71. Ich bin ironisch und mache sarkastisch -   0   0   0   0
    zynische Bemerkungen.   1   2   3   4

72. Ich frage mich, was diese als unangenehm   0   0   0   0
    empfundene Situation mit mir persönlich zu   1   2   3   4
    tun hat, was sie mich lehren könnte, in mir
    verändern könnte.

73. Ich überlasse die Schüler sich selbst.   0   0   0   0
                                                    1   2   3   4

74. Ich kehre an den Anfang des Themas zurück   0   0   0   0
    und fange nochmal an.   1   2   3   4

75. Ich denke, daß schädliche Erfahrungen für   0   0   0   0
    mich nie endgültig sind, sondern vorüber-   1   2   3   4
    gehend.

76. Ich gebe den Schülern eine schriftliche   0   0   0   0
    Aufgabe zur Bearbeitung.   1   2   3   4

Skalenpunkte:
1 : trifft auf mich nicht zu
2 : trifft auf mich etwas zu
3 : trifft auf mich weitgehend zu
4 : trifft auf mich voll zu

WIE GEHE ICH MIT "UNANGENEHMEN" ERFAHRUNGEN UND GEFÜHLEN UM ?

77. Ich teile den Schülern meine Beobachtungen und Gefühle mit.	0 1	0 2	0 3	0 4
78. Ich akzeptiere für mich, daß es negative Erfahrungen gibt.	0 1	0 2	0 3	0 4
79. Ich überdenke meine Unterrichtskonzepte und -methoden.	0 1	0 2	0 3	0 4
80. Probleme mit den Schülern verfolgen mich solange, bis ein positives Erlebnis mit der Lerngruppe das Problem überdeckt oder löst.	0 1	0 2	0 3	0 4
81. Ich schicke die problematischen Schüler aus dem Raum.	0 1	0 2	0 3	0 4
82. Ich appelliere an die ruhige / vernünftige Schülermehrheit.	0 1	0 2	0 3	0 4
83. Ich bin am folgenden Tag früher in der Schule, um mich auf den Unterricht einzustellen.	0 1	0 2	0 3	0 4
84. Ich zeige Verständnis für die Schüler.	0 1	0 2	0 3	0 4
85. Ich mache mir Vorwürfe, daß ich versagt habe.	0 1	0 2	0 3	0 4
86. Ich versuche, die Schüler von der Richtigkeit meiner Methode / meines Vorgehens zu überzeugen.	0 1	0 2	0 3	0 4
87. Ich höre mir die unterschiedlichen Meinungen der Schüler an.	0 1	0 2	0 3	0 4
88. Ich setze meinen Unterricht ungeachtet der Störungen fort.	0 1	0 2	0 3	0 4
89. Ich mache mir klar, daß auch ich Fehler machen darf.	0 1	0 2	0 3	0 4
90. Ich greife Schülervorschläge auf und verfolge dabei mein Unterrichtsziel.	0 1	0 2	0 3	0 4
91. Ich bespreche Konflikte am Ende / nach Beendigung des Unterrichtes.	0 1	0 2	0 3	0 4

Skalenpunkte:
1 : trifft auf mich nicht zu
2 : trifft auf mich etwas zu
3 : trifft auf mich weitgehend zu
4 : trifft auf mich voll zu

WIE GEHE ICH MIT "UNANGENEHMEN" ERFAHRUNGEN UND GEFÜHLEN UM ?

92. Ich lasse die Kritik der Schüler an mir zu
    und setze mich selbstkritisch mit mir aus-
    einander.

    0 0 0 0
    1 2 3 4

93. Ich betrachte mein Lehrersein als Job, der
    mir einige unangenehme Seiten beschert, mir
    aber meinen Lebensunterhalt sichert und
    einige Freiheiten bietet.

    0 0 0 0
    1 2 3 4

94. Ich spreche mit den Schülern erst dann
    über die Situation, wenn ich mir selbst
    Gedanken dazu gemacht habe.

    0 0 0 0
    1 2 3 4

95. Ich denke, daß sich die meisten Probleme
    von selbst erledigen.

    0 0 0 0
    1 2 3 4

96. Ich rette mich irgendwie bis ans Ende der
    Unterrichtsstunde.

    0 0 0 0
    1 2 3 4

97. Ich erzähle den Schülern, daß Schüler
    in früheren Zeiten viel mehr lernen mußten
    als heutzutage.

    0 0 0 0
    1 2 3 4

98. Ich kümmere mich verstärkt um die
    Problemschüler.

    0 0 0 0
    1 2 3 4

99. Ich versuche, die Unterrichtsstunden
    harmonisch zu beenden, damit es zu keiner
    Beeinträchtigung meines Privatlebens kommt.

    0 0 0 0
    1 2 3 4

100. Ich thematisiere mein Unbehagen über die
     Situation nur in Fällen, in denen mir dies
     für den Entwicklungsprozeß der Schüler
     förderlich erscheint.

     0 0 0 0
     1 2 3 4

101. Ich mache mir klar, daß die positiven
     Erfahrungen überwiegen.

     0 0 0 0
     1 2 3 4

102. Ich verurteile das Schülerverhalten.

     0 0 0 0
     1 2 3 4

103. Ich mache mir klar, daß sich aus
     problematischen Schülern meist "nette
     Menschen" entwickeln.

     0 0 0 0
     1 2 3 4

104. Ich kompensiere meine negativen Gefühle
     mit positiven Empfindungen in anderen
     Situationen oder Klassen.

     0 0 0 0
     1 2 3 4

Skalenpunkte:
1 : trifft auf mich nicht zu
2 : trifft auf mich etwas zu
3 : trifft auf mich weitgehend zu
4 : trifft auf mich voll zu

WIE GEHE ICH MIT "UNANGENEHMEN" ERFAHRUNGEN UND GEFÜHLEN UM ?

105. Ich rufe in mir positive Gedanken hervor.
   0 1 0 2 0 3 0 4

106. Ich mache mir klar, daß mein Können als
Lehrer und als Mensch begrenzt ist.
   0 1 0 2 0 3 0 4

107. Ich drohe den Schülern mit schlechten
Noten.
   0 1 0 2 0 3 0 4

108. Ich benachrichtige die Eltern der
problematischen Schüler.
   0 1 0 2 0 3 0 4

109. Ich entschuldige mich gegebenenfalls bei
den Schülern.
   0 1 0 2 0 3 0 4

110. Ich versuche herauszufinden, warum meine
Erwartungen nicht erfüllt werden. Ich frage
mich, wie meine Ansprüche sind.
   0 1 0 2 0 3 0 4

111. Ich suche das Gespräch mit den
problematischen Schülern.
   0 1 0 2 0 3 0 4

112. Ich sage den Schülern, daß auch ich Fehler
mache / Unsicherheiten habe.
   0 1 0 2 0 3 0 4

113. Ich bin nicht darauf angewiesen, von den
Schülern gemocht zu werden.
   0 1 0 2 0 3 0 4

114. Ich stürze mich zu Hause in die Arbeit
(z.B. Korrigieren).
   0 1 0 2 0 3 0 4

115. Ich nehme Sympathie- und Antipathiebekundungen der Schüler mir gegenüber nicht
so ernst.
   0 1 0 2 0 3 0 4

116. Ich kann an den unangenehmen Erlebnissen
und Gefühlen nichts ändern.
   0 1 0 2 0 3 0 4

117. Ich frage die Schüler, worin ihrer Meinung
nach die Ursache des Konfliktes liegt.
   0 1 0 2 0 3 0 4

118. Ich denke sehr lange über die unangenehmen
Erlebnisse nach.
   0 1 0 2 0 3 0 4

119. Ich versuche, die Anzahl der Unterrichtsstunden zu reduzieren.
   0 1 0 2 0 3 0 4

120. Ich erfrage Vorstellungen / Verbesserungs-
vorschläge von den Schülern.
   0 1 0 2 0 3 0 4

T E I L   4

Lehrer/innen berichteten uns auch über eigene Gedanken, Aktivitäten,
Zustände und Bedingungen, die zu den "unangenehmen" Situationen und
Gefühlen beitragen.

Inwieweit tragen Ihrer Meinung nach folgende eigenen Gedanken,
Aktivitäten, Zustände und Bedingungen zu "unangenehmen" Situationen
und Gefühlen bei ?

Bitte nehmen Sie zu jeder Aussage durch Ankreuzen auf den nebenstehenden Skalen Stellung, wobei die Skalenpunkte folgendes bedeuten:

Skalenpunkt 1:   trägt nicht dazu bei / ist für mich irrelevant
Skalenpunkt 2:   trägt etwas dazu bei
Skalenpunkt 3:   trägt stark dazu bei
Skalenpunkt 4:   trägt sehr stark dazu bei

Skala: 0   0   0   0
                1   2   3   4

Manche Aussagen fassen mehrere Inhalte zusammen, z.B.:
        "Das eigene körperliche Unwohlsein / die eigene Müdigkeit?"
Trägt mindestens einer dieser Zustände Ihrer Meinung nach zu
"unangenehmen" Situationen und Gefühlen bei, so kreuzen Sie den
entsprechenden Skalenpunkt an.

Bitte denken Sie bei der Beantwortung an Ihre Unterrichtsarbeit
allgemein, nicht nur an die in Teil 1 genannten Situationen und
die in Teil 2 genannten Gefühle und Körperreaktionen.

Skalenpunkte:
1 : trägt nicht dazu bei/ist für mich irrelevant
2 : trägt etwas dazu bei
3 : trägt stark dazu bei
4 : trägt sehr stark dazu bei

WAS TRÄGT ZU "UNANGENEHMEN" SITUATIONEN UND GEFÜHLEN BEI ?

1. Das eigene schlechte Unterrichtskonzept ? 0 0 0 0 / 1 2 3 4

2. Anstehende Ereignisse (z.B. Weihnachten / Ferien / Zeugnisse / Klassenreisen) ? 0 0 0 0 / 1 2 3 4

3. Privat: der eigene mangelnde Kontakt zu anderen Menschen / Einsamkeit ? 0 0 0 0 / 1 2 3 4

4. Privat: der eigene Mangel an Entspannung / der eigene Mangel an Schlaf ? 0 0 0 0 / 1 2 3 4

5. Die eigene Wahrnehmung meiner Doppelrolle als Lehrer: Schulpflicht und Leistungs- beurteilung kollidieren mit dem Anspruch, zu helfen, zu beraten ? 0 0 0 0 / 1 2 3 4

6. Der eigene Hang, mich selbst zu wichtig zu nehmen ? 0 0 0 0 / 1 2 3 4

7. Die eigene mangelnde Unterrichtserfahrung ? 0 0 0 0 / 1 2 3 4

8. Die eigene ungesunde Lebensweise (z.B. Rauchen / Alkohol / Tabletten) ? 0 0 0 0 / 1 2 3 4

9. Die Kürze der Unterrichtsstunde ? 0 0 0 0 / 1 2 3 4

10. Die Probleme, die die Schüler mit sich selbst haben ? 0 0 0 0 / 1 2 3 4

11. Die Sinnlosigkeit der Lerninhalte ? 0 0 0 0 / 1 2 3 4

12. Der eigene Mangel an Durchsetzungsfähigkeit ? 0 0 0 0 / 1 2 3 4

13. Die Verantwortung, die ich als Lehrer für den Unterrichtsverlauf tragen muß ? 0 0 0 0 / 1 2 3 4

14. Die schlechten Lehrbücher ? 0 0 0 0 / 1 2 3 4

15. Die eigene hohe Sensibilität gegenüber belastenden Situationen ? 0 0 0 0 / 1 2 3 4

16. Die fehlenden außerschulischen Aktivitäten mit den Schülern ? 0 0 0 0 / 1 2 3 4

Skalenpunkte:
1 : trägt nicht dazu bei/ist für mich irrelevant
2 : trägt etwas dazu bei
3 : trägt stark dazu bei
4 : trägt sehr stark dazu bei

WAS TRÄGT ZU "UNANGENEHMEN" SITUATIONEN UND GEFÜHLEN BEI ?

17. Die fehlende Anerkennung von der Schulleitung / der Schulbehörde ?

    0   0   0   0
    1   2   3   4

18. Der eigene Anspruch, den Schülern nicht nur
Wissen zu vermitteln, sondern sie auch in
ihrer Persönlichkeit voranzubringen ?

    0   0   0   0
    1   2   3   4

19. Die fehlenden finanziellen Mittel zur
Ausstattung der Schule und des Unterrichtes ?

    0   0   0   0
    1   2   3   4

20. Die starke Kontrolle von der Schulleitung /
der Schulbehörde ?

    0   0   0   0
    1   2   3   4

21. Schlechte Stimmung im Kollegium /
unzureichende Kommunikation / Kooperation
im Kollegium ?

    0   0   0   0
    1   2   3   4

22. Privat: die eigene mangelnde Fähigkeit,
meine Freizeit sinnvoll zu nutzen ?

    0   0   0   0
    1   2   3   4

23. Die enge Begrenzung der Unterrichtszeiten ?

    0   0   0   0
    1   2   3   4

24. Der eigene Mangel an Selbstreflexion ?

    0   0   0   0
    1   2   3   4

25. Die große Anzahl von Unterrichtsstunden ?

    0   0   0   0
    1   2   3   4

26. Die eigene unzureichende Selbstdisziplin ?

    0   0   0   0
    1   2   3   4

27. Die Faulheit der Schüler ?

    0   0   0   0
    1   2   3   4

28. Die eigene unzureichende Vorbereitung ?

    0   0   0   0
    1   2   3   4

29. Der Zensurendruck / das zensurenorientierte
Schulsystem ?

    0   0   0   0
    1   2   3   4

30. Die eigene Vorstellung, diesem oder jenem
Schüler nicht gerecht geworden zu sein ?

    0   0   0   0
    1   2   3   4

31. Die schlecht / zu liberal erzogenen Schüler ?

    0   0   0   0
    1   2   3   4

32. Der eigene Hang zum "Weltschmerz" ?

    0   0   0   0
    1   2   3   4

33. Die eigene fachliche Unsicherheit ?

    0   0   0   0
    1   2   3   4

Skalenpunkte:
1 : trägt nicht dazu bei/ist für mich irrelevant
2 : trägt etwas dazu bei
3 : trägt stark dazu bei
4 : trägt sehr stark dazu bei

WAS TRÄGT ZU "UNANGENEHMEN" SITUATIONEN UND GEFÜHLEN BEI ?

34. Privat: die eigene unbefriedigende
    sexuelle Situation ?
    0 0 0 0
    1 2 3 4

35. Die negative bildungs- und finanzpolitische
    Situation in diesem Bundesland ?
    0 0 0 0
    1 2 3 4

36. Die fehlende Unterstützung seitens der
    Schülereltern ?
    0 0 0 0
    1 2 3 4

37. Die Quantität der Korrekturen ?
    0 0 0 0
    1 2 3 4

38. Die eigene schwankende Leistungsfähigkeit ?
    0 0 0 0
    1 2 3 4

39. Das eigene Desinteresse an den Unterrichts-
    themen ?
    0 0 0 0
    1 2 3 4

40. Die Tatsache, daß es mehr oder weniger
    talentierte Schüler gibt ?
    0 0 0 0
    1 2 3 4

41. Die eigenen einseitigen Unterrichtsmethoden ?
    0 0 0 0
    1 2 3 4

42. Das spezifische Alter der Schüler (z.B.
    Pubertät) ?
    0 0 0 0
    1 2 3 4

43. Die Tatsache, zu wenig Zeit für einzelne
    Schüler zu haben ?
    0 0 0 0
    1 2 3 4

44. Die eigene Neigung, zu wenig auf mich und
    meine Bedürfnisse zu achten ?
    0 0 0 0
    1 2 3 4

45. Das Fehlen einer qualifizierten Person, mit
    der ich mich aussprechen kann (z.B. Schul-
    psychologe) ?
    0 0 0 0
    1 2 3 4

46. Der Zeitpunkt der Unterrichtsstunde im
    Stundenplan (z.B. 1. oder 6. Stunde) ?
    0 0 0 0
    1 2 3 4

47. Die eigene ungesunde Ernährung
    (z.B. zu viel Zucker, Fett) ?
    0 0 0 0
    1 2 3 4

48. Ich gehe zu wenig auf die Schüler ein ?
    0 0 0 0
    1 2 3 4

49. Die eigene mangelnde Fähigkeit, mich in die
    Welt der Schüler einzufühlen ?
    0 0 0 0
    1 2 3 4

50. Privat: zu wenig Zeit für die eigenen
    Interessen / Hobbys ?
    0 0 0 0
    1 2 3 4

Skalenpunkte:
1 : trägt nicht dazu bei/ist für mich irrelevant
2 : trägt etwas dazu bei
3 : trägt stark dazu bei
4 : trägt sehr stark dazu bei

WAS TRÄGT ZU "UNANGENEHMEN" SITUATIONEN UND GEFÜHLEN BEI ?

51. Die eigenen unzureichenden Kenntnisse   0   0   0   0
    im Umgang mit neuen Medien ?   1   2   3   4

52. Die medien- und computergesteuerte   0   0   0   0
    Arbeits- und Freizeitwelt ?   1   2   3   4

53. Privat: die eigenen persönlichen Probleme /   0   0   0   0
    die eigenen privaten Krisensituationen ?   1   2   3   4

54. Das Fehlen von Personen, denen ich mich   0   0   0   0
    anvertrauen kann (z.B. Familienangehörigen /   1   2   3   4
    Freunden) ?

55. Die Klassen- / Kursgröße ?   0   0   0   0
                         1   2   3   4

56. Die eigene Vorstellung, daß ich für den   0   0   0   0
    Lehrerberuf nicht geeignet bin ?   1   2   3   4

57. Der allgemeine Leistungsdruck ?   0   0   0   0
                         1   2   3   4

58. Die eigene mangelnde Selbstsicherheit ?   0   0   0   0
                         1   2   3   4

59. Der Zwang für Schüler, zur Schule gehen   0   0   0   0
    zu müssen / Schulpflicht ?   1   2   3   4

60. Der eigene Mangel an Schlagfertigkeit /   0   0   0   0
    Redegewandtheit / Ausdrucksfähigkeit ?   1   2   3   4

61. Das uneinheitliche pädagogische Vorgehen   0   0   0   0
    der verschiedenen Lehrer ?   1   2   3   4

62. Die Tatsache, daß ich manchmal auf einer   0   0   0   0
    anderen Frequenz sende, als die Schüler   1   2   3   4
    empfangen ?

63. Die eigenen emotionalen Schwankungen ?   0   0   0   0
                         1   2   3   4

64. Der häusliche Background der Schüler / das   0   0   0   0
    soziale Umfeld, aus dem die Schüler stammen ?   1   2   3   4

65. Die Probleme in den Schülerfamilien, die   0   0   0   0
    von den Schülern ins Klassenzimmer getragen   1   2   3   4
    werden ?

66. Die mangelnde Zeit zum Entspannen zwischen   0   0   0   0
    den Unterrichtsstunden ?   1   2   3   4

67. Das eigene Bedürfnis, die Schüler nach   0   0   0   0
    meinen Vorstellungen zu formen ?   1   2   3   4

Skalenpunkte:
1 : trägt nicht dazu bei/ist für mich irrelevant
2 : trägt etwas dazu bei
3 : trägt stark dazu bei
4 : trägt sehr stark dazu bei

WAS TRÄGT ZU "UNANGENEHMEN" SITUATIONEN UND GEFÜHLEN BEI ?

68. Die eigenen unzureichenden pädagogischen /
    psychologischen Kenntnisse ?   0 0 0 0
                                                    1 2 3 4

69. Das hohe Maß an Engagement / Verpflichtungen   0 0 0 0
    im privaten Bereich (z.B. Familie /   1 2 3 4
    Interessen) ?

70. Die eigene unzureichende körperliche   0 0 0 0
    Attraktivität ?   1 2 3 4

71. Die eigene mangelnde Fähigkeit, Situationen   0 0 0 0
    schneller zu durchschauen und entsprechend   1 2 3 4
    zu reagieren ?

72. Die Überstrahlung der Probleme der Schüler   0 0 0 0
    mit anderen Lehrern auf meinen Unterricht ?   1 2 3 4

73. Nachmittagskonferenzen ?   0 0 0 0
                                                    1 2 3 4

74. Die eigene unzureichende persönliche   0 0 0 0
    Ausstrahlung ?   1 2 3 4

75. Privat: der eigene Mangel an sportlicher   0 0 0 0
    Betätigung ?   1 2 3 4

76. Die passiven Schüler, die sich mit dem   0 0 0 0
    "System Schule" abgefunden haben ?   1 2 3 4

77. Besondere Unterrichtssituationen (z.B.   0 0 0 0
    technische Pannen) ?   1 2 3 4

78. Die eigene unzureichende Flexibilität im   0 0 0 0
    Unterricht ?   1 2 3 4

79. Das Fehlen geeigneter Schülerprojekte, die   0 0 0 0
    das praktische Umsetzen des Gelernten er-   1 2 3 4
    möglichen ?

80. Der Lehrplandruck ?   0 0 0 0
                                                    1 2 3 4

81. Das niedrige Intelligenzniveau der Schüler ?   0 0 0 0
                                                    1 2 3 4

82. Die auf die Schüler einstürmende Medien-   0 0 0 0
    flut (z.B. Fernsehen, Video) ?   1 2 3 4

83. Die eigene Erkenntnis, daß es im Lehrer-   0 0 0 0
    beruf wenig Erfolgserlebnisse gibt ?   1 2 3 4

84. Privat: der eigene Mangel an Bewegung ?   0 0 0 0
                                                    1 2 3 4

Skalenpunkte:
1 : trägt nicht dazu bei/ist für mich irrelevant
2 : trägt etwas dazu bei
3 : trägt stark dazu bei
4 : trägt sehr stark dazu bei

WAS TRÄGT ZU "UNANGENEHMEN" SITUATIONEN UND GEFÜHLEN BEI ?

85. (Welt-)politische Ereignisse, die auch die
    Schüler verunsichern ?   0   0   0   0
                                                    1   2   3   4

86. Das eigene Gefühl, mit meiner Arbeit
    niemals fertig zu sein ?   0   0   0   0
                                                    1   2   3   4

87. Die Gedankenlosigkeit / Rücksichtslosigkeit
    der Schüler ?   0   0   0   0
                                                    1   2   3   4

88. Die eigene Ungeduld ?   0   0   0   0
                                                    1   2   3   4

89. Die eigene unzureichende Selbstkontrolle ?   0   0   0   0
                                                    1   2   3   4

90. Die eigenen organisatorischen Verpflichtungen
    / Zusatzaufgaben (z.B. Amt als Klassenlehrer / 0   0   0   0
    Tutor) ?   1   2   3   4

91. Das eigene körperliche Unwohlsein / die
    eigene Müdigkeit ?   0   0   0   0
                                                    1   2   3   4

92. Der eigene Wunsch, geliebt und geschätzt
    zu werden ?   0   0   0   0
                                                    1   2   3   4

93. Das Fehlen geeigneter Weiterbildungsangebote ? 0   0   0   0
                                                    1   2   3   4

94. Die eigene Neigung, die Schüler zu häufig
    zu kritisieren ?   0   0   0   0
                                                    1   2   3   4

95. Die Anzahl der an einem Tag bereits gemachten
    eigenen negativen Erlebnisse / Erfahrungen ?   0   0   0   0
                                                    1   2   3   4

96. Das Schulsystem, das sowohl begabten als auch
    unbegabten Schülern wenig Entwicklungs-   0   0   0   0
    möglichkeiten anzubieten hat ?   1   2   3   4

97. Die allgemeine Überforderung der Schüler ?   0   0   0   0
                                                    1   2   3   4

98. Wettereinflüsse ?   0   0   0   0
                                                    1   2   3   4

99. Die eigenen unzureichenden Kenntnisse über
    die Persönlichkeit der einzelnen Schüler ?   0   0   0   0
                                                    1   2   3   4

100. Die eigene fehlende Lebensenergie ?   0   0   0   0
                                                    1   2   3   4

T E I L   5
- - - - - - - - - - -

Nachdem Sie sich von den Fragen in den Teilen 1 bis 4
"gedanklich gelöst" haben, beantworten Sie bitte noch folgende
Frage:

Wenn Sie Ihre Unterrichtstätigkeit insgesamt überblicken:
Wie zufrieden fühlen Sie sich in Ihrem Beruf als Lehrer ?

Bitte kreuzen Sie auf der untenstehenden Skala von -3 bis +3
den Grad Ihrer Zufriedenheit in Ihrem Beruf als Lehrer/in an,
wobei die Skalenpunkte folgendes bedeuten:

Skalenpunkt -3:   sehr unzufrieden
Skalenpunkt -2:   unzufrieden
Skalenpunkt -1:   eher unzufrieden
Skalenpunkt +1:   eher zufrieden
Skalenpunkt +2:   zufrieden
Skalenpunkt +3:   sehr zufrieden

Skala: O   O   O   O   O   O

               -3   -2   -1   +1   +2   +3

Wir bedanken uns bei Ihnen nochmal sehr herzlich für Ihre Mitarbeit !

Auf dieser Seite haben Sie Gelegenheit, sich frei über Ihre
Unterrichtserfahrungen und diesen Fragebogen zu äußern:

PSYCHOLOGISCHES
INSTITUT III

Prof.Dr.Reinhard Tausch

┌   Psychologisches Institut III   ┐
      2 Hamburg 13, Von-Melle-Park 5

Fernsprecher: 41 23 - 5 3 6 5 } Durchwahl
Behördennetz: 9.38. (   ) }

Telex-Nr.: 2 14732

└   ┘

Datum   Februar 1986

Liebe Lehrerinnen, liebe Lehrer,

Lehrer berichten oft von sehr unterschiedlichen Erfahrungen
und Erlebnissen, die sie während ihrer Unterrichtstätigkeit
machen. Manche Erfahrungen sind eher förderlich, andere
eher beeinträchtigend.

Wir möchten Lehrern behilflich sein, das Geschehen im
Unterricht deutlicher und bewußter wahrzunehmen.
Durch diese Forschungsuntersuchung möchten wir ermitteln,
welche Erfahrungen, Gefühle und Gedanken Lehrer während
ihres Unterrichts haben und womit diese förderlichen und
beeinträchtigenden Erfahrungen zusammenhängen. Wo gibt es
Hilfsquellen oder Faktoren, die eher schädlich sind?

Diese Erfahrungen und Aussagen möchten wir anschließend Lehrern
zur Verfügung stellen. Wir hoffen, daß Sie dadurch sich selbst
und ihren Unterricht bewußter wahrnehmen können und sich eher
so verhalten können, wie Sie es möchten.

Wir möchten Sie nun herzlich bitten, uns mit Ihren Erfahrungen
bei dieser Untersuchung zu helfen. Alle Ihre Angaben werden
streng vertraulich behandelt. Sie brauchen auch nicht Ihren
Namen auf dem Fragebogen anzugeben. Schreiben Sie bitte so
ausführlich,wie Sie möchten. Es steht Ihnen auch die Rückseite
der Bögen zur Verfügung.

Wir möchten Ihnen als Dank zwei psychologische Texte im Umfang
von etwa 25 Seiten übersenden. Die Ergebnisse dieser jetzigen
Untersuchung werden in ungefähr einem Jahr verfügbar sein.
Wenn Sie Informationen darüber wünschen, teilen Sie uns dies
bitte mit. Bitte heften Sie einen Zettel mit Ihrem Namen und
Ihrer Adresse an den anonymen Fragebogen, so daß wir Ihnen
die Texte und, bei Bedarf, die Informationen über Ergebnisse
dieser Untersuchung zusenden können.

Prof.Dr.Reinhard Tausch
Professor für Psychologie

Dipl.-Psych.Matthias Alexander Grimm
Herbert-Weichmann-Str. 35
2000 Hamburg 76
Tel.: 040/2297216

Im folgenden finden Sie einige Fragen, die für Lehrer in ihrem
Unterricht nach unseren Erfahrungen wichtig sind.
Vielen Dank, daß Sie uns bei dieser Untersuchung helfen wollen.
Es bleibt Ihnen überlassen, wieviel oder wiewenig Sie bei
jeder Frage schreiben möchten. Sollten Sie aber bei der
Beantwortung der Fragen mit dem Platz nicht auskommen, so
können Sie auch die Rückseite benutzen.
Bitte äußern Sie sich möglichst konkret, d.h. so, wie Sie
es erleben (mit Beispielen).

1. Welche angenehmen, förderlichen Erfahrungen machen Sie
   des öfteren während Ihrer Unterrichtstätigkeit?
   Welche Gedanken und Gefühle sind damit verbunden?

2.a. Wodurch wird es Ihnen möglich, diese förderlichen,
     hilfreichen Erfahrungen im Unterricht zu machen?

b. Welche inneren oder/und äußeren Hilfsquellen stehen
   Ihnen dabei zur Verfügung?

c. Was gibt Ihnen Kraft, schädliche, beeinträchtigende
   Erfahrungen nicht zu erleben?

3. Was würde Ihnen noch sehr helfen, förderliche Erfahrungen
   zu machen, etwas, worüber Sie nicht oder noch nicht
   verfügen?

4. Welche unangenehmen, beeinträchtigenden Erfahrungen,
   Gefühle und Gedanken haben Sie des öfteren während des
   Unterrichtens im Klassenraum?

5. In welcher Weise gehen Sie mit diesen unangenehmen
Erfahrungen, Gefühlen und Gedanken um?

6. In welcher Weise reagieren Sie im Moment

a. auf die konflikthafte Situation?

b. auf Ihre beeinträchtigenden Gefühle?

7. Was trägt dazu bei, daß Sie diese unangenehmen Gefühle
   und Gedanken im Unterricht haben? Was davon ist in Ihnen?
   Was davon sind äußere Geschehnisse?

8. Gibt es etwas, das zu einer Verminderung bzw. Vermehrung
   dieser Erfahrungen, Gefühle und Gedanken führt?

9. Was würde für Sie hilfreich sein, was Sie nicht oder noch
   nicht haben, damit Sie diese unangenehmen Erfahrungen,
   Gedanken und Gefühle nicht erleben?
   Anders gefragt: Gibt es Energiequellen oder Einstellungen,
   die Sie sich wünschen, um während des Schulunterrichts
   überwiegend angenehme Erfahrungen zu machen?

10. Unternehmen Sie etwas, damit diese unangenehmen Erfahrungen,
    Gefühle und Gedanken Sie nicht auch noch nach Beendigung
    des Unterrichts, in den darauffolgenden Tagen und Wochen
    beeinträchtigen?
    Was ist dabei für Sie hilfreich?

11. Konkret: Wenn es Ihnen nach einem Schultag seelisch schlecht geht, gehen Sie dann in gezielter Weise, z.B. durch eine besondere Aktivität, dagegen vor?

12. Gibt es eine Person/Personen, der Sie sich bei inneren Schwierigkeiten/Konflikten, bedingt durch Ihren Beruf, anvertrauen?

13. a. Was tun Sie außerhalb der Schule, um sich körperlich fit/ aktiv zu halten?

    b. Was tun Sie außerhalb der Schule, um für Ihren seelischen Bereich zu sorgen?

14. Haben Sie noch andere wichtige Erfahrungen gemacht, die
    noch nicht angesprochen wurden?

Wir danken Ihnen, daß Sie uns Ihre Erfahrungen so offen und
bereitwillig geschildert haben.
Bitte geben Sie uns am Ende noch einige formale Auskünfte:

a. An welcher Schulart unterrichten Sie (z.B.Volksschule,Gymnasium)?

....

b. Welche Fächer unterrichten Sie?

....

c. In wievielen Klassen unterrichten Sie?

....

d. Aus wievielen Schülern bestehen in etwa die Klassen, in
   denen Sie unterrichten?

....

e. Wie alt sind die Schüler, die Sie unterrichten?

....

f. Wielange sind Sie schon als Lehrer tätig?

   ....Jahre

g. Ihr Alter?

   ....Jahre

h. Ihr Geschlecht?

   ....

15. Wenn Sie Ihre Unterrichtstätigkeit insgesamt überblicken: Wie zufrieden fühlen Sie sich in Ihrem Beruf als Lehrer?

sehr unzufrieden
unzufrieden
eher unzufrieden
weder/noch   (zutreffendes
eher zufrieden   bitte ankreuzen)
zufrieden
sehr zufrieden

16. Wenn Sie Ihr heutiges Ausmaß an Zufriedenheit/Unzufriedenheit mit dem von früher vergleichen, hat es sich bei Ihnen verändert?
Ich war früher:

eher unzufrieden
weder/noch   (zutreffendes
eher zufrieden   bitte ankreuzen)

17. Wie war für Sie das Ausfüllen dieses Bogens und das Nachdenken über Ihre Erfahrungen?

Es hat mir:

sehr gutgetan
gutgetan   (zutreffendes
eher gutgetan   bitte ankreuzen)
nicht gutgetan

Wir danken Ihnen nochmals für Ihre Mitarbeit!